严州古今文丛

第四辑

淳安

人文辑要

方本昌 / 编著

文汇出版社

图书在版编目（CIP）数据

淳安人文辑要 / 方本昌编著 . — 上海：文汇出
版社，2023.4
ISBN 978-7-5496-4022-5

Ⅰ.①淳… Ⅱ.①方… Ⅲ.①文化史-淳安县
Ⅳ.①K295.54

中国国家版本馆 CIP 数据核字（2023）第 066243 号

淳安人文辑要

编　　著 / 方本昌
责任编辑 / 熊　勇
装帧设计 / 书香力扬

出版发行 / **文匯**出版社

上海市威海路 755 号

（邮政编码 200041）

经　　销 / 全国新华书店
印刷装订 / 成都兴怡包装装潢有限公司
版　　次 / 2023 年 4 月第 1 版
印　　次 / 2023 年 4 月第 1 次印刷
开　　本 / 787×1092　1/16
字　　数 / 280 千
印　　张 / 19.25

ISBN 978-7-5496-4022-5
定　　价 / 98.00 元

总　序

　　隋文帝仁寿三年（603）设立睦州，是严州建制之始。初期区域与州治多变，到武周神功元年（697）所辖六县逐渐固定，并开始以建德为州治，以迄于后世。新中国成立后，继民国建制，设立建德专区，1950年3月，建德专区与衢州合并，1955年3月又重设建德专区，直至1959年最后撤销。所属六县，寿昌并入建德，遂安并入淳安，分水并入桐庐，先后划入金华地区和今之杭州市。但是，前后千余年间所形成的严州文化，仍附丽于原来六县的大地上，积淀于原来六县人民的血脉中。它的民风士气，它的核心价值观，曾指导严州人千余年间的思想与行为，并且至今仍在继续发挥作用。

　　严州是浙江人类历史的发祥地，习近平总书记在论"浙江精神"时，对这一重大历史史实有过专门的论述。距今有十万年历史的"建德人"是浙江人类文明的始祖。正是他们在严州这片土地上繁衍生息，进而走向良渚和河姆渡，才有了浙江人类文明的开端。古人云：一方水土养一方人。人与自然的和谐相处，从而也滋养出一方灿烂的文化。文化是民族的血脉，是人类共同的精神家园。作为严州人"心灵家园"的严州文化，内涵十分丰厚，对这一古代地域文化进行抢救性发掘和研究，对这一地域古今名人进行研究评点，是今人的责任。目的是使严州传统文化的精华，与中国新文化、新思想进行对接，扎实推进社会主义文化强国的建设。这是全面建成小康社会、实现中华民族伟大复兴的需要，也是引领风尚、教育人民、服务社会、推动发展的需要，更是建立社会主义核心价值观的需要。

故乡建德市的"严州文化研究会"是因此而成立的，《严州古今文丛》也是因此而编辑出版的。现值文丛陆续出版之际，特作总序如上。

潘志浩

2014年3月十一日

目录

建置沿革

位于浙江西部的淳安，地广物丰，历史悠久，环万山以为邑，自古以来，享有"锦山秀水，文献名邦"的盛誉。

10万年前的"智人"化石在建德乌龟洞被发现表明，它临近的上游新安江两岸也早就开始孕育人类的祖先。据考古发现，早在新石器时代，新安江两岸就有人类活动的足迹。迄今为止，考古工作者先后在淳安县发掘了"进贤文化遗址""富德遗址""小塘坞遗址""五龙岛遗址"。包括威坪地区，出土了大量有价值的文物。其中"进贤文化遗址"出土的几何印纹陶和举世闻名的"良渚文化"有地层迭压关系，其年代上限至少可以追溯到中原的商代以前。可以说，几何印陶纹的出现，标志着浙江青铜时代的到来。

远古时期，淳安属山越之地；春秋时期，这里先后由吴国、越国管辖；战国时期，又归属楚国管辖。

秦始皇横扫六合，一统天下，在郭郡下增设黟县和歙县，淳安属于歙县辖地。西汉元狩二年（前121），郭郡改名为丹阳郡，淳安仍属于它的管辖之内。

东汉建安十三年（208），孙权为扩张势力，立足江东，派遣威武中郎将贺齐击山越，平定黟、歙二县，从此山越人民与外面的交流增多了。民族的融合，增强了孙吴的实力。是年，分歙县东之叶乡置始新县，县治设在新定里，即后来的威坪镇（在今威坪镇南 3.5 公里水域区），从丹阳郡中分出的新都郡郡治也设于此，这是淳安建县的开始，属新都郡管辖。次年，新都郡治迁入贺城，始新县治随迁到贺城城东的附廓。

三国时期，淳安一直是东吴境域，郡县建置不变，西晋太康元年（280），晋灭吴，改新都郡为新安郡，始新县仍为郡治所在地，遂安县属新安郡管辖，此后，县名一直未改。

隋朝开皇九年（589），废新安郡，改始新县为新安县，遂安、寿昌两县并入新安县，归属婺州管辖。仁寿三年（603），在新安郡城置睦州，遂安从新安县分出，复立县，属睦州管辖。隋大业三年（607），改新安县为雉山县，改睦州为遂安郡，郡治设在雉山县。

唐武德四年（621），复改遂安郡为睦州，州治不变，遂安县仍属睦州管辖。武周神功元年（697），睦州州治迁往建德，新安县治从县城东廓迁入城内，唐神龙元年（705），寿昌以原辖地析出复置县。开元二十年（732），改新安县为还淳县。永贞元年（805），为避唐宪宗李纯名讳，改还淳为青溪县。五代十国属吴越国境地，州县建置不变。

北宋宣和三年（1121）方腊起义被镇压。北宋封建统治者为加强统治，改青溪为淳化，改睦州为严州。南宋绍兴元年（1131），淳化改名为淳安，此后淳安县名一直沿用至今。咸淳元年（1265）升严州为建德府。

元至正十八年（1358），明兵攻取建德路，改为建安府。明洪武元年（1368），改建安府为严州府。民国元年（1912），废严州府，淳安县直属浙江省。民国三年，淳安、遂安归属浙江省金华道。民国十六年，废除道制，淳、遂直属省辖。民国二十四年，省下设置行政督察区，淳遂属第五行政督察区。民国三十二年，淳安属第十一行政督察区，并为该区专员公署驻地（民国三十五年署治移至建德）。遂安仍属第五行政督察区。民国三十六年，撤销第十一行政督察区，淳安直属浙江省，遂安仍属第五行政督察区。民国三十七年，淳安、遂安属第四行政督察区，署治设在淳安。

1949 年 5 月 2 日，淳安解放，属浙江省第四专署（后改为建德专署），

1950年，撤销建德专署，淳安改属金华专署。1955年复设建德专署，淳安属建德专署管辖。

从东汉建安十四年（209），贺齐筑郡治于贺城起，至武周神功元年（697），凡489年，贺城一直为新都、新安、睦州的州（郡）治所在地，淳安县为睦州第一县，所以人们习惯称淳安为睦州。

县境变迁

淳安县境几经变迁，范围时小时大。据南宋《严州图经》记载，原淳安县"东至建德县界80里，以铜官岭为界；西至遂安县界73里，以扬岭为界；南至遂安县界43里，以云蒙山安砌岭为界；北至临安府昌化县界159里，以审岭为界；西南至遂安县界20里，以桐桥为界；东北至分水县界86里，以塔岭为界；西北至歙县界97里，以深渡为界"。全境东西长170里，南北宽150里。淳安自建县以来，曾先后有遂安、寿昌县及建德县部分地区并入。隋开皇九年（589），遂安、寿昌两县并入新安（淳安）时，县境面积达5100平方公里。隋仁寿三年（603），遂安县以原地析出复置，时淳安县境面积约3500平方公里。唐武德七年（624），建德县部分辖地并入雉山（淳安）县，县境面积约4300多平方公里。唐永淳二年（683），建德以原辖地析出复置；唐神龙元年（705），寿昌以原辖地析出复置，县境恢复建县时县境。民国三十七年，淳安县境面积为2870平方公里。

历史回眸

878 年，黄巢农民起义军一部占据青溪（现淳安）县治。

1202 年，淳安里商鱼泉村杨桂枝被宁宗立为皇后，嘉定十七年（1224），理宗即位，杨桂枝被尊为皇太后。

1250 年，淳安方逢辰状元及第，理宗赋诗嘉勉。

1271 年，宋度宗为淳安县石硖书院书写匾额。

1357 年，建德路万户员讷所部，在遂歙边境为朱元璋部将胡大海击败，退守遂安。胡大海引兵追至白际岭，复击败之，讷自杀。

1358 年 3 月，朱元璋部将胡大海率起义军入淳安。遂安守将洪某率军五千前往狙击，为胡大海部所败，官兵四百余被俘，同时期，朱元璋由歙率军入淳境，曾宿县人应道惠家三日，道惠为之助画方略。

1367 年左右，淳安徐畖所著《杀狗记》行世，为元明间四大传奇之一。

1369 年正月，明太祖朱元璋遣使者至淳安，礼聘淳安县人徐尊生参与纂修元史。

1370 年，朱元璋屡使使者礼请应道惠晋京。道惠至京后上书恳辞归故乡。

1445 年，淳安里商人商辂中进士第一，后官至谨身殿大学士。

1453 年，宋代状元方逢辰《蛟峰先生》辑成，商辂为之作序。

1566 年 3 月，都司陈大成镇压遂安矿民起义，屠杀两千七百余人，5 月钦差总督立"告示牌"（在今安阳乡境内），将各山场严加封禁。同年县人徐楚辑淳安历代名家诗篇为《青溪诗集》，并作序。

1581年，淳安知县萧元冈建"文献名邦"坊于县治前，又为商辂建"三元宰相"石坊于县衙门前。

1695年，淳安训导鲍楹辑刻《青溪先正诗集》，内收39名淳安历代诗人遗诗。

1730年，淳安云峰村吴秉和、吴樟考中进士，至此，该村历代共考中进士21人，人称云峰村为"进士村"。

乾隆年间，淳安方登善丹青，考取浙江画士超等第二名。

1860年3月，太平天国起义军攻占淳遂两县，次年2月下旬，干王洪仁玕莅遂巡视。1862年2月，左宗棠率湘军攻占遂安。1864年8月，天京沦陷后，洪仁玕护幼主洪天贵福途经淳遂，向江西撤退。

1898年，英籍耶稣教徒在淳城古城庄建堂传教。翌年，法籍天主教徒在横山巷建教堂。两年后传入遂安。

1906年，县师范学堂创设。1908年，东陵女士小学堂创设。

1912年12月，淳安邵瑞彭当选为国会众议院议员，时年25岁。

1921年，淳安胡润桐独资建成威坪电灯厂，此为县第一座火力发电厂。

1923年10月18日，国会议员邵瑞彭反对曹锟贿选，返淳时县民召开欢迎大会，石硖师范讲习所学生大书"揭发五千贿选，先生万里归来"的横幅欢迎。

1925年6月，人民集会声援上海"五卅运动"，学生上街游行，散发传单。

1927年2月3日，国民革命军二军一部攻占淳安，孙传芳残部经威坪镇败退安徽。自上年12月至该年8月，县民为国民革命军筹款七万余元。3月，国民革命军二军六师北伐途经遂安狮城、淳安威坪等地。六师党代表肖劲光在狮城主持召开军民联欢会。

1932年3月，淳安各界捐款1690元，慰劳淞沪"一·二八"抗日将士。

1934年9月，中国工农红军北上抗日先遣队途经送驾岭，同国民党军队

激战，毙敌百余人。

1935 年 1 月，方志敏率红十军团由开化入淳遂，两日后又去开化。

4 月，中国共产党淳安县委在千亩田成立，下属八个区委，有 200 多名党员。

1937 年 11 月 25 日上午 9 时，日机首次轰炸淳城。

1939 年 3 月 17 日，时任国民政府军事委员会政治部副部长的周恩来，由皖南入境赴金华，19 日由金华返回天目山，当晚留宿于淳安县府，20 日离淳前往分水。

1941 年 4 月，省立严州中学迁至港口镇程村，同年秋迁回梅城。次年 5 月复迁港口。直至 1944 年 7 月迁回。

1942 年春，淳、遂县民为修建衢州飞机场运送木料 18.7 万株。5 月为防日军入侵，淳、遂二县破坏公路 148 公里，是年底抢修通车。

1943 年 4 月，国民党军统头目戴笠抵遂安、淳安，在淳城镇、港口镇活动后赴皖南。7 月，国民党中央委员陈立夫来淳遂活动，在淳中礼堂向党政军警负责人发表讲话。

1945 年 7 月 28 日，淳安新登富阳汽轮公司试航开业，有小汽艇四艘，航线起自淳城镇，终至富阳场口。9 月 5 日，淳安各界在中山公园召开庆祝抗战胜利大会，省主席黄绍竑出席。淳安在抗战中有抗属 7913 户，已知阵亡将士 261 人。

1949 年 5 月 2 日，中国人民解放军 12 军 35 师师长李德生率部解放淳安。

文献名邦

淳安历史悠久，人才辈出，素有文献名邦之誉。隋唐以来，逐渐形成了具有地域特色的新安文化。

"睦州诗派"是新安文化的异花奇葩，其代表人物有唐代的吴少微、皇甫湜、方干，宋代的方葵、方闶、方闻、方逢辰、何梦桂，元代的洪震老、吴暾、鲁渊，明代的徐楚等。他们的诗文以写山水见长，格调清丽，自成一体。元代的睦州诗派代表人物洪震老、吴暾与方一夔、夏溥、徐畹叟、翁民瞻、余炎叟，以诗会友，交往甚密（有"新安七子"之称），他们的唱和诗称作《七子韵语集》。至元末明初有徐畹的剧作问世，他的《杀狗记》为元明四大传奇之一。清代有文学家方婺如，近代有著名学者词人邵瑞彭，作家和文艺理论家方海春等。

唐代著名文学家皇甫湜、皇甫松

皇甫湜（约777—835），字持正，睦州新安（今淳安）人，中唐著名文学家，著有《皇甫先生文集》。

皇甫湜出生在讲究道德修养的书香门第，从小受到严格的儒家思想教育。十多岁时，就漫游各地。师从韩愈，与白居易、李翱、刘敦质等人交游。元和元年（806）中进士。

元和三年（808），他参加由宪宗亲自主持的"贤良方正真言极谏"科考试，在《对策》中，他毫不隐讳地直陈时政得失，切中时弊，得对策第一，但遭到宰相李吉甫的忌恨，被贬黜为陆浑（今河南嵩县）县尉。此后，几经沉浮，曾官至工部郎中。

皇甫湜才华过人，文学与李翱、张籍齐名。他曾应东都留守裴度之召，任留守府从事，其间裴度重修洛阳福先寺，欲请白居易撰写建寺碑文。湜闻讯后说："近舍湜而远取居易，请从此辞！"裴度向他致歉并请他撰文，"湜即请斗酒，饮酣，援笔立就"。

那时，韩愈、柳宗元倡导"古文运动"，皇甫湜追随韩愈，积极参与"古文运动"，是著名的韩门弟子之一。他曾阐述自己写文章注重"怪奇"的主张，认为"意新则异于常，异于常则怪矣；词意则出于众，出于众则奇矣"，即著文力求立意新，文笔奇，求新求奇成为他的风格与特色。韩愈称他的文章"雄深雅健"，陆游赞他的诗为"杰作"，《四部丛刊》与《全唐诗》都收录了他的部分诗文。他的最后一篇文章《谕业》，总结了文学创作的基本原理与经验。

湜子皇甫松，字子奇，自称檀栾子。工诗善词，在文学上与父齐名。但屡试不第，后隐居不出。死后，唐昭宗追赠为进士。

皇甫松的词，风格与其父迥异，婉丽隽美，在晚唐词史上占有重要的地位。他的词被收入《花间集》的就有十二首，其中《梦江南》尤为后人所赞美："兰烬落，屏上暗红蕉。闲梦江南梅熟日，夜船吹笛雨潇潇，人语驿边桥。"王国维曾赞它"情味深长，在乐天（白居易）、梦得（刘禹锡）之上也"；清代著名画家费晓楼曾以"夜船吹笛"的意境，画成一幅江南水乡风景图，可见这首词感人之深。

晚唐诗人方干

方干（约809—888），字雄飞，号玄英，新定（今淳安）人。他生活的年代，唐王朝正处于藩镇割据、宦官专权、朋党之争、阶级矛盾非常尖锐之时。

方干少小聪颖，爱吟咏，深得师长徐凝的器重。一次偶得佳句，欢喜雀跃，不慎跌破嘴唇，故被人呼为"缺唇先生"。桐庐人章八元爱其文才，招为入赘婿，此后方干就住在桐庐的白云源。

方干曾多次赴考，但因政治黑暗，考官以貌取人，嫌他"容貌丑陋，嘴唇残缺"而屡试不第。此后，虽有人向朝廷推荐，他自己也曾请人引荐，终因朝廷腐败、嫉贤妒能而没有被起用，只好绝意科举，开始了隐居生活。先居桐庐县，后流寓会稽（今绍兴）鉴湖梅花岛，登临山水，日以吟咏为娱。

方干擅长律诗，尤工五言诗，在晚唐许多成名的诗人中，方干也算得上是佼佼者，江南一带，难有人比得上他。他的诗"高坚峻拔"，气格清隽，意度闲远。虽是白衣处士，但当地甚至外地的州县官员、文人雅士，慕他的才名，都愿与他交往。方干常与寓居桐江的喻凫为友，与乡人李频唱和，诗人贾岛、喻坦之、孙郃、姚合等常和他诗歌唱酬，往来密切，因此后人赞叹他："身无一寸禄，名扬千万里。"

方干去世后，归葬桐庐。唐昭宗时追赠为进士，门人尊他为"玄英先生"。后来，他的门人杨弇和居远和尚，收集他的遗诗370余篇，编成十卷本《玄英先生诗集》。《四库全书》收有方干诗八卷，《全唐诗》编有方干诗六卷，流传至今，影响颇大。

元代的"淳安七子"

方一夔、洪震老、吴曒、夏溥、徐賸叟、翁民瞻、余炎叟均友善，编所唱和诗为《七子韵语集》，人称"淳安七子"。

"淳安七子"是睦州诗派在元代的主要代表人物。方一夔，富山人，曾被荐为郡考试官，不久退隐富山则安之麓，授徒讲学，门人称他为"富山先生"。一夔工诗，尤擅长五言，著有《富山先生遗稿》十卷，收入《四库全

书》。洪震老，光昌乡银塘（今塘乡村）人。弃官回家后，隐居故里石壁峰下，收徒讲学，人称"石峰先生"。震老尤长于诗，其诗气格昂藏，词锋艳发，览物品游，往往超脱，著有《观光集》传世。吴暾，淳安人，解印归里后，授徒讲学。暾留心性理之学，讲授《春秋》，与宋梦鼎、鲁渊、张得并称"春秋四家"，有《吴修撰集》传世。

元末明初剧作家徐畖

徐畖（1330—1398），字仲由，号巢松病叟，淳安徐村人，以文章著名于时。明洪武十四年（1381）被征召，但他"至藩省辞归"，隐居不仕，游赏山水，诗酒度日。诗文有《巢松集》行世。畖工于戏曲，以南戏《杀狗记》为最有名，该剧取材于元代萧德祥的《贤达妇杀狗劝夫》，加以扩充、丰满，使故事曲折生动，人物性格鲜明，文辞质朴，具有乡土气息。该剧与《荆钗记》《白兔记》《拜月亭》并称为元明间四大传奇。另著有《耿直张志诚》《王文兴月夜追倩魂》《杵蓝田裴航遇仙》《柳文直元旦贺升平》等剧，可惜都已失传。

明代诗人徐楚

徐楚，字世望，淳安蜀阜人。嘉靖时进士，素有诗名，并以政绩著称。在任山东兵备道副使时，跋涉在沙石滩、盐碱地中，绘制了《塞垣图》，并疏陈《备边六策》，朝中大臣称赞他"有文武才，宜节钺重镇"。任云南屯副使时，一到任，便着手"兴水利，辟荒芜，正疆界"，并将先前黔国公家族强占的民地收回，发还原主，深受边民爱戴。在任四川参政时，革除贿礼等陋习。由于得罪了达官显贵，终被免职回家。但云南、四川一带的人民很爱戴他，为他立祠纪念。

徐楚工诗文，著有《吾溪集》《蜀阜小志》《杜律解》等，并收集淳安历代诗人的诗作，辑成《青溪诗集》。

淳安的书院

淳安自古以来尊师重教，办学之风，历盛不衰，宋代，淳安兴办书院成风，有石硖、蜀阜等多所书院。明代书院猛增。

石硖书院建于南宋淳熙元年（1174），位于距淳安老县城 2.5 公里的龙山。当时榜眼黄蜕、状元方逢辰、探花何梦桂都曾在这里就读，何梦桂和他的侄子何景文又在淳咸元年同榜登进士，为此，宋度宗钦赐"石硖书院"匾额一块，并书赠"一门登两第，百里足三元"的对联。被誉为"进士村"的云村，有民谣："云村云一云，旗杆织麻林，寒窗苦读攻两榜，一堂进士廿一名。"淳安在历史上考中进士的共有 256 人，其中，武进士 5 人，状元 3 人，榜眼 1 人，探花 1 人。明代，三元宰相商辂三元及第，使淳安达到封建科举时代的辉煌阶段。

悠久的历史，发达的文化，风光旖旎的新安江，古往今来，吸引着多少文人硕儒：南朝的沈约，唐代诗人李白、王维、刘长卿，宋代的范仲淹、朱熹、陆游，当代的郭沫若、夏承焘、巴金，等等，都与淳安的山山水水结下了不解情缘，给淳安留下了许多脍炙人口的诗文佳作。

淳安又是民间文学的宝库。一位熟知淳安的外籍作家说过：淳安遍地都是动人的故事、美丽的传说。的确，不少村名、地名和物名，追根溯源，都充满哲理，闪耀着历史的光辉，启迪着后人。如有送子随张良参军的送兵村，纪念宋宁宗皇后出生地的皇后坪村，常遇春蓄志隐居深山、伺机报国的隐将村，状元、榜眼、探花同出一村的文昌村，有纪念陈硕真战斗的文佳岭，有纪念商辂三元及第的"三元坊"石碑楼。

文化内涵

淳安，古有"锦山秀水，文献名邦"之美称。县境内的庙宇寺观、书院、书楼，也是比较多的。经过历史上多次整修和重建，留下了一批重要的文物古迹和一批建筑群。这些建筑大多造型优美，飞檐翘角，无处不凝结着劳动人民的智慧和心血，蕴含着传统文化的精髓。

据清光绪年间编的《淳安县志》记载：自晋朝到清末，全县约有庙宇寺观169处。其中：庙宇45处，寺23处，庵、观57处，院20处，祠19处，宫1处，社稷坛4处。尚有一些乡村的坛主小庙、忠义节孝祠、社坛等近200处未计算在内。

这些较大的庙宇寺观，据志书记载：建于晋朝的有6处，建于南北朝的有8处，建于唐代的有31处，建于宋代的有35处，其他的均为明、清两代所建。

如建于晋代的"贺太守祠"，主要神像为贺齐，他是东吴的大将，于建安十三年（208）击定山越，分歙县东乡叶乡置始新县，并创建新都郡，自任郡守。死后百姓立祠祀之，曰"叶乡土地"。祠址在原威坪镇的后山。

再如建于东晋升平三年（359）的"转教寺"，又名"都团转教寺"。寺址在贺城西门外之西廓村，是过去的郡、县官员于冬全日集中在此敬神和操演礼仪之所，又名"祝圣坊"。古人有诗赞曰："山门东转步廓深，长日禅房占绿阴。松径雨晴添虎迹，竹潭风冷听龙吟。上林人说相如赋，故里徒夸季子金。独坐匡林看明月，不知凉月湿衣襟。"

另外，还有县西的"保安寺"和进贤乡的"富岩寺"等，均为后晋天福年间（936-945）兴建的。有的至清末已倒坍。

庙宇兴建最早的要数贺城对岸一里龟山脚下的"忠烈庙"，又名"都督庙"，是为纪念方储之弟方俨建的。方俨曾任后汉的大都督，因年久塌圮。至宋嘉定年间，由县尉何元寿请表重建于南山之麓，凭新安江而建。

"洪仁广信王庙"，建于东晋，位于永平寨右（原威坪镇后山），神姓柳，为晋时新安郡内史，为官清正，爱民如子，死后百姓立庙祀之。

"花果庵"，唐永徽前建。据调查，唐永徽初年，中国第一个女皇帝——陈硕真曾在花果庵当过尼姑，她曾在花果庵前后栽种银杏树。至解放前，庵堂已倒坍，废墟边还有一块碑石记载此事。如今，陈硕真栽的一株银杏树，经过一千多年的沧桑变迁，已长成为大树王，它的直径达 2.64 米，高 30 余米，比天目山大树王（直径 2.4 米）还大。

西庙（贺城西门的"山阴侯庙"），建筑最为讲究，雕梁画栋，飞檐翘角，所有梁、柱均雕琢花鸟虫鱼、龙凤狮象、历史人物、戏剧故事等，而且朱漆描金，油光锃亮，富丽堂皇。庙前，还建有飞檐彩壁的古戏台和八角观戏亭。从前，每年农历正月十二日至十八日，都要演戏酬神，台前观众可容纳一二千人，十分热闹。

东庙（贺城东门的"山阴侯庙"），建筑面积最大，约占地七八亩，除前庭、庙门、戏台等与西庙相同外，雕刻比西庙差些，也没有油漆过，主要是东庙地势低，又处于新安江、东源河的交汇处，每年梅季都受水淹。但有后庭、花园、石池、石桥，石桥上还有石雕凉亭，可供人游玩休憩。

文庙，兵（太平军）燹之后，学宫俱为灰烬，唯大成殿尚存。经同治光绪年间重修，恢复原貌。大成殿旁为两庑，前为戟门，戟门之左为菁莪祠，文庙庑下为乡贤祠，共祀乡贤 43 人。文庙前为崇台，台下为泮池，环以石栏，栏西为棂星门，棂星门外又有黉门，正对云源之鱼口峰，俗名状元峰，为邑中人文之瑞征。门之东者魁星楼，楼东北为崇圣宫。大成殿后为明伦堂，

光绪癸未知县李诗筹捐重建。

山阴侯贺齐庙二，一在县东门外，明嘉靖年间知县姚鸣鸾写有《重修东庙记》；一在县西门外里许，有商辂《重建西庙记》。清光绪年间，东西庙重又修饰为一邑壮丽之观。

海公祠，原在县西察院左，明万历间，邑令吴天洪改建于南山麓，邑人吴希哲有记。

乌龙王庙，全县有三处。据《县志》载，三国时，始新县令邵坦，率九男一女带领全县百姓治理新安江水患，免除了淳安、建德一带的水害。邵坦劳累过度而死。传说死后托梦给富春郡令和睦州郡守，言自己已被玉帝封为这一带的乌龙大王，要他们在梅花城（今建德梅城）后山为其造庙祭祀。据说，淳安赋溪乡的九龙源、乌龙弯就是邵坦的子孙落脚的地方，当地的邵姓居民是他的后裔。直到解放前，乌龙王庙的香火长盛不衰。淳安、建德一带民间传说中，有关乌龙大王的故事也不少。

汪公老爷庙（忠烈庙），据《资治通鉴》和《汪氏宗谱》载，隋末唐初，汪华（安徽绩溪人）为反隋炀帝在歙州起义，占领歙、睦、婺、衢、信、宣六州，自封吴王，统治了十八年，保障了一方安宁。后归降李世民，仍封歙州总管，于公元624年殁。

汪公庙（忠烈庙）、汪公老佛庙，淳（安）遂（安）一带较多，大都建在高山峻岭之中。庙宇虽不大，但前去参拜的人很多，大概是敬仰其忠烈吧。也有少数几座大庙（汪华庙）在正月十八有庙会（传说是汪华生日），也是非常热闹。

陈胡方庙，在淳安西部较多。据《县志》载："为滁黄州三神，一陈一胡一方，隐此学道，累示奇状，为地方所敬信。"当地群众称其为"三大元帅"，民间传说他们三人是结拜兄弟，很有本领，隐居于七都源头（即唐村合富一带）。为了解决七都人的吃粮困难，他们取来千年葛藤搓成绳索，套在太姥山尖上，想把太姥山扳倒弄平造田，并计划在石柱峰上搭条水渠，将徽州的水引来灌田。但在他们拉绳时用力过猛，绳索绷断，三人跌下山沟死了。后人为纪念他们的移山造田精神，尊他们为"陈胡方三大元帅"，立庙祀奉。

八都源头闻家一带，每年山玉米收获后有一庙会，所供之神称为"陈督元帅"。据《县志》载："山越"人有一首领名陈仆，被贺齐剿灭。当地人可能是"山越"后裔，故而立庙祀奉。"陈督"可能是"陈仆"谐音，陈胡方也可能是"山越"人首领，尚待考证。

齐天大圣庙，唐村、叶家乡交界的凤凰山上有座古庙，庙中除供奉观音菩萨外，主殿供奉的神为"齐天大圣"。但其神像却又是戴平天冠，红袍白面，并不像传说中的孙悟空。为何称之为"齐天大圣"呢？相传在元朝初年，有一老汉上山砍柴，见一只红毛猴子蹲在石崖上。走近一看，却是一个木雕菩萨。于是回村一说，大家出钱出力，在山顶上兴建一座凤凰庙，供奉这个"齐天大圣"。另有一个说法是，北宋农民起义首领方腊是这一带人，曾自称"圣公"，后被官军镇压，统治者不准立庙。直到宋末，人们为了纪念他，用改头换面方式为他立庙。

方腊庙，县西五都、六都一带都有，但多为小庙，且都建在山坞里。只有"血污岭"（方腊与宋兵决战，流血成河，故名）上的方腊庙较大，香火也较盛，一直延续到解放初。

坛主庙（殿），淳安最多，大村一村一座，小村几村一个，供奉的都是各姓始祖或名人。

张七相公庙（又称"七老爷"庙），淳安立庙也不少，但《县志》无记载。民间传说他原是烧炭佬，因练就真功夫，能把头上的癞痢皮屑变米煮饭，能把脚踝伸进灶膛里当柴烧，吐点唾沫进锅里当油炒菜。他在烧炭队里当伙夫，有一次他的举动被一个滑头滑脑的人看见了，出于嫉妒就在大伙儿面前说他坏话，大伙赶来要打他。等大伙赶到灶房一看，人没有了，只有地上用手指划写的四句诗："张七为人重义行，伴尔烧炭为穷人。好心当作歹心报，尔作炭佬我作神。"人们醒悟后，为他立庙，尊他为神。

方仙翁庙，淳安方姓始祖方储，是汉代黟县侯。据《县志》载："有歙人方俦、方储、方俨三兄弟，俱讲授孟氏易，精图识。储建初间举贤良方正，

对策为天下第一，拜议郎，转洛阳令，封黟县侯。"民间传说他死后乘鹤而去，方储懂医识易，故尊为"方仙翁"。墓葬淳安老城，淳安方姓多为他的后裔。方仙翁庙颇多，亦是方姓的坛主庙。

项王庙，即楚霸王项羽庙，淳安有好几座。相传明代三元宰相商辂，一次从京返里探亲，路过乌江，江上风浪很大，船不能行，商辂想："当年楚汉相争，项王兵败自刎于此，莫不是他愤愤之心未平？"忙跪在船头祷告："如风平浪静，就在家乡建庙祀奉。"祷毕，果然风平浪静，商辂就在家乡村口兴建一座规模宏大的项王庙。商辂是宰相，他一发起兴建，全县许多地方也跟着兴建，这是淳安项王庙多的原因。

郑公庙，传说是祀奉方腊农民起义将领郑魔王的。方腊是个箍桶匠，郑魔王是个铁匠，两人一起组织摩尼教，一同揭竿起义。农民起义军的刀枪剑戟都是郑魔王躲在山上打制的，预先藏在山洞内，到九月十九观音庙会时，一人一样带下山，十月初就举行了起义。

金锣殿，殿里供奉的是一女皇像，人称"番芋皇帝"，庙在清朝倒塌。《县志》无记载。民间传说是祀奉唐代农民起义首领陈硕真的。相传梓桐源屏村山坞里有座高山叫雌凤山，山顶有一石穴，穴内有一对凤凰，一牝一牡，据称千年之后要出皇帝。有个跛脚道人想破坏，便撬起一块大石头朝石穴砸去，一只雄凤飞到唐村凤凰山，后来出了方腊；一只雌凤凰脚被砸伤，飞不动了，就地一变成了陈硕真，只得先起义打天下。后来起义失败，陈硕真战死文佳岭。老百姓为了纪念她，就假托"番芋皇帝"是保佑番芋丰收的神来为她建庙。实际上陈硕真小名叫"芳玉"，后来出家当了尼姑，才改为"硕真"的。

何仙姑庙（洞），淳安有几处，如赋溪、富文、白马等乡。但此人不是八仙中的何仙姑，而是当地一名善良的何姓姑娘。传说这位姑娘心很慈善，有一年大旱，附近农田都干枯了，只有她家的田有眼泉水，又在上丘，大旱不干。她父亲很霸道，有一天，父亲叫她去看田水，她到田头一看，其他人家都田裂苗黄，只有她家的田水满苗青，就偷偷地用自己的小脚布把自家田里的水引到别人田里。后来被父亲知道了，要打她，她吓得逃进山洞，再也没有出来。第二年，山洞里竟有一股清水哗哗流出，这一带大旱消除。人们说是何仙姑成仙后作法得来的，所以为她建庙祭拜。

山公庙，淳安是个山区，过去靠种山过活的要占全县人口大半数。他们住的是泥墙茅屋，穿的是麻布衣，点灯用松明，生产工具主要靠"三斤锄头两斤刀"。每年春节过后，山民就要上山"拔火地"，把柴草砍倒放火烧山，清明前后上山挖火地种山玉米。这时，就要在山上找几块石头搭个小庙，庙里竖块砖或长方形石头，压上一叠黄表纸，就算是"山公"的神位了。有的地方山民上山，还要讲一种"山话"，譬如，种玉米叫"种珠"，背玉米称"背珠"，山老鼠叫"粮正"，畚箕称"阔口"，扫帚叫"孵母鸡"等，讲错了就要罚跪在"山公"庙前。据传，"山公"可能是"山越"的始祖，我们可从供请山公的东西看出，上山挖地和山玉米收获时，他们都要用油煎豆腐、米粿两样供品祭请山公，从不用荤腥供品。

除以上几种地方神外，尚有五龙庙、广信王庙、孚惠庙、禹王庙、占公祠、朱文公庙、狗神庙等。总之，淳安过去的庙宇寺观是比较多的，而且特点鲜明：就是这些庙宇寺观中，大多都是供奉一些当地历史人物的地方神；而供奉像如来、观音、四大金刚、十八罗汉、二十八宿等佛教神像的比较少，约占总数的三分之一。这就是淳安县的庙宇寺观的一大特色。

淳安祠堂、会堂也不少。祠堂有汪家祠堂、徐家祠堂、邵家祠堂、应家祠堂；会堂有江西会馆、商会等，还有天主耶稣教堂，以及中山公园、公共体育场。

石峡书院：在县东北三里龙山麓，方蛟峰先生讲学之所。堂二：曰知行、曰颜乐。斋四：曰居仁、曰由义、曰复礼、曰近知。院后为周程张朱四先生祠。咸淳七年（1271），先生复侍讲闱，度宗赐御书石峡书院额。宋末寇焚宫舍民居，唯书院独存。至元年从按察司佥事谷之奇，请敕先生长子梁为山长。至大二年（1309），达鲁花赤爱祖丁重修堂斋及祠堂，又别为二祠，东祠以奉先生，以先生之弟山房先生配，西祠以奉黄警斋、何潜斋二先生。梁以平江

田二百一十亩为赡，远莫时致，爱祖丁，复率四百九十二亩立养贤仓以赡来学。明初，田入于官，士养于学，而书院遂废，正统四年（1439）县令洪公渊即旧址重建祠堂。成化十三年（1477），县令汪公贵修之，正德间，县令高公鹏重修。

柘山书院：在县东，合洋黄警斋创立，为讲授之所。

五峰书院：宋黄蜕、徐梦高、徐唐佐、吕人龙读书于此，张栻题额，徐廷绶重修。

易峰书院：在县北文昌，何潜斋建。

翰峰书院：在县东云峰，宋进士吴攀龙建，明进士吴钦重整。

蜀阜书院：在县西招贤里，宋儒钱融堂聚徒讲学之所。

仙居书院：在县南辽源深洞岭畔，商略以其去人境远，即中峰构堂，命子侄诸生读书其中。

南山书院：在县南南山下，按察副使应颙建。

吾溪书院：在县西永平乡，藩参徐楚致仕，归老于钱融堂故址东建，为诸子侄肄业所。

雉峰书院：在县西隅，藩参徐楚建，后改为雉峰社学。

蛟池书院：在县西环水左，布政使王子言建。

梅村书院：在县北奎峰，宋进士洪应高建。

云起书院：在县东云峰，明进士、吏科给事中吴希哲建。

琼林书院：在县东玉带山左，明进士方学龙建。

龙山书院：在县东二里，明进士方学龙建。

凤山书院：一在县北八十里凤山下，明进士何淳建；一在县东富溪，吴至善建；一在县西，陆震发创建，洪扬祖题额。

青溪书院：在县东城隍庙之东南，成化十一年（1475），通判刘永宽建，弘治四年（1491），县令刘公重修，嘉靖三十九年（1560），县令海公瑞改建。

宝兴书院：在县西西湖上，县令萧公元冈建，旧名鹿鸣书院。

高山书院：在县城隍庙左，县令记公秉衡为明进士吴希哲立。

怀棠书院：顺治十四年，合邑士民为县令张一魁建。

东山书院：在茶坡，进士方瑞合读书讲学处。

文献名邦坊：在县治前，旧额严陵首邑，明邑令萧公元冈高广其制，下为三门，乾隆十九年，邑令刘公世宁重建，改为十二柱。

承流坊、宣化坊：在县治门外东西隅。

蛟腾凤起坊：在学宫棂星门厅，明邑令萧公元冈题名。

三元宰相坊：在文献名邦坊之前，明邑令萧公元冈为商辂立。

三元坊二：一在县治南为榜眼黄蜕、状元方逢辰、探花何梦桂立；一在学宫前为商辂立。

状元坊五：一在学宫前为宋黄蜕立；一在新桥为宋方逢辰立；一在文昌为宋何梦桂立；一在县治前，一在仁寿乡芝山下，皆为明商辂立。

大司马坊：在进贤里，为晋尚书方操、明大仆卿方汉立。

勋阶极品坊：在蜀阜，为明太保徐贯立。

青宫少保坊：在蜀阜，为明太子少保工部尚书徐贯立。

尚书坊二：一在梓桐，为明胡拱辰立；一在蜀阜，为明徐贯立。

同朝尚书坊：在县治中街，明邑令萧公元冈为胡拱辰、徐贯立。

晚节重恩坊：在县西隅，明巡按御史陈公铨、布政孙公需为尚书胡拱辰立。

父子公卿坊：在县治前，故名三元，为商辂及其子侍讲良臣、少卿良辅立。

都宪坊二：一在桃源凤山，为宋旻立；一在蜀阜，为徐贯立。

春官藩参坊：在县治前，邑令萧公元冈为少参程愈立。

外台秉宪坊：在文明桥内，为宪副周瑄立。

总宪坊：在凤山，为何淳立。

世荣坊：在县西南，为礼部主事商良辅及从子尚宝司丞汝谦、举人汝顺立。

太仆坊：在县东，为寺丞邵瞰立。

大夫坊：在县西，为知州汪绅立。

兄弟大夫坊：在文昌，为知州何荣善、知府何敦善立。

凤鸣坊：在西源，为推官方杲立。

百里侯坊：在赋溪，为知县方鼎立。

兄弟花封坊：在赋溪，为知县方鼎立。

花县拜封坊：在县东南，为县丞方鼐立余壁立。

三楚福星坊：在赋溪，为分守湖北道按察司副使方尚恂立。

晋缨奕世坊：在官贤里，为知县应与权、御史应惟善、光禄署丞应惟贤、参政应颗和知县应顼、应颢立。

双翰坊：在云峰为吴祚、吴璋立。

科甲世承坊：在县治前，邑令萧公元冈为进士徐贯、徐鉴、徐汝圭、徐楚，乡进士徐宪、徐淑立。

太平桥：在县中街，一名状元桥。

青溪桥：在县南，原名青溪渡。

东湖：在县东，中有石亭，旧名砥柱亭，一名迁官亭。

东井：在县东，东湖之侧。

铁井：在县西，旧名西井，宋绍圣间进士汪常开，井围一丈五尺，水极清冽，政和七年铸铁栏以护之。

清心泉：在县东，宋知县陈晔即其旧而浚之名，曰清心泉。

桂泉：在县西。

社稷坛：在邑之西郭一里，立石为柱，周以垣墙，宋淳熙间邑令陈公晔建，有斋庐二间。淳祐八年（1248），邑令虞公烇修之。明洪武八年（1375），邑令李公信重建。后斋庐废。

山川坛：在县南一里善观前，洪武二年（1369）邑令和公鼎建于南山之麓，成化十二年（1476）邑令汪公贵始移今处。神主三，制同社稷，一曰风云雷雨之神居中，一曰淳安县境内山川之神居左，一曰淳安县城隍之神居右。

先农坛：在县东郊二里。

城隍庙：在邑治东南真应庙后，明正统十三年（1448）县丞沈公宗贤建，弘治元年（1488）邑令刘虎重修，隆庆间邑令郑公应龄、万历间邑令潘公云凤俱修之，崇祯间邑令重修。清顺治十八年（1661）邑令房公循重修，康熙十六年（1677）邑令刘公可仕重修，康熙三十二年（1693）邑令路公坦重修，康熙四十七年（1708）邑人徐公益哲重建钟楼，乾隆十八年（1753）邑令赵公云龙修庙，重建钟楼工未竣，邑令刘公世宁踵成之。

龙王庙：在县南山之麓，清雍正七年县令王公仕源改米公书院为之，而迁米公之主居庙后殿。

真应庙：在县学东南，祀汉尚书令黟县侯方储。茶坡、上方、赋溪俱有真应庙。

忠烈侯庙：在县南一里龟山上，旧名都督庙，相传方储之弟方俨建，后汉时方俨为大都督，原庙在青溪南濒江，改建于南山因名都督山。宋嘉定丙子，县尉何元寿考神封爵，匾曰忠烈侯。明成化十三年（1477）邑人应颢重新之，今废。

关帝庙：在县城东郭，清雍正七年（1729），县令王公仕源奉旨特建。

迎恩楼：在县东二里，明正统十三年（1448）主簿朱恩孝建。

赐书楼：在县南七十里芝山之麓，商辂建以贮御书。

诰敕楼：徐楚建，以贮累朝诰敕，状元杨慎书匾。

御书楼：在县东正溪，明御使洪堪建。

青溪砥术亭：在县东，明邑令萧公元冈建，为送迎驻节之所。

联辉阁：在县西六十里文殊庵，宋胡一之、胡南逢、胡诚一先后读书于此，联登进士故名。

青溪寺：在县南岸，旧名青溪胜乐楼，后更名青溪古刹。

淳安婚俗

在漫长的封建社会里，淳安百姓沿袭以夫权为核心的婚姻制度。男子可以一夫多妻；寡妇再嫁则备受歧视。男婚女嫁，全凭父母之命，媒妁之言；自由恋爱则被视为大逆不道。辛亥革命以后，自由恋爱的风尚在城镇知识界逐渐兴起，多妻现象逐渐消失。直至《中华人民共和国婚姻法》颁布后，旧的封建婚姻制度被摧垮，但封建婚姻的遗风尚存。旧婚姻制度的表现有：

旧婚姻讲究门当户对、身价彩礼，而不管儿女意愿如何，概由父母一手操办。淳安尤喜姨表结婚，认为是"亲上加亲"。这种包办、买卖婚姻没有感情基础，往往造成夫妻不和，乃至家庭关系破裂。男方如要遗弃女方，只需一纸休书；女方一般不得提出离婚，实在不堪忍受，只得私奔，甚至导致人生悲剧。

穷苦人家被迫将女孩送婆家，称"童养媳"。只要双方父母同意，经媒人说合，便可择日过门。一般只拜天地、祖先；夫妻对拜要等到双方长大成人，圆亲（一作配亲）时再补。童养媳在婆家备受虐待，故中华人民共和国成立初期多有要求政府支持解除婚约的，时称"童养媳翻身"。

妻丧夫，一般不许再嫁，所谓"好女不嫁二夫"；守寡不嫁者，则被誉为守节。即便是订有婚约而未过门的未婚女子，如遇丧夫，一到原定婚期，仍要被迫同亡夫牌位完婚，并终生在夫家守节。寡妇如再嫁，前夫家属要向寡妇续夫索取身价钱，而且非得走出村庄后才准坐轿。再嫁寡妇被称作"二婚头"，其随嫁过门的前夫子女，则被贬称为"拖油瓶"，淳安也有叫"轿后子"的。

冲喜亲，即男女订婚后，由于未婚夫或公婆病危，而提前迎娶者。这种意欲用喜事冲邪气的迷信做法，往往使一些年轻女子，成婚之时便是守寡之日。

抢亲是一种习俗，是指双方愿意成婚，通过"抢亲"仪式而成婚，山区居多；另一种是女方不愿意，或姑娘本人不愿意，采取抢的手段逼婚。

此外，渔户婚礼诸事从简。畲族过去有招女婿的习惯，并以婿为子。

淳安解放后，实行一夫一妻制；提倡婚姻自由，以爱情为基础的婚姻逐步取代包办婚姻；禁止纳妾、典妻、抱童养媳；寡妇再嫁受法律保护，男女丧偶，可以名正言顺地再婚再嫁；男女平等，入赘（招女婿）不再受歧视。

岁时习俗

　　旧时淳安县的岁时习俗，各地有所不同，稍有差异，通行的农历时节，大致有春节、立春、元宵、春社、清明、立夏、四月八、端午、六月六、七月七、中元、中秋、重阳、冬至、腊月二十四、除夕，以及局部地区风行的三月三等节日。

　　淳安解放后，政府提倡移风易俗，摒弃许多有悖精神文明的遗风陋俗，除政府规定的新节日外，仅通行春节、元宵、清明、端午、中元、中秋、重阳、冬至等传统节日。

春　节

　　俗称过年，包括送灶神、祝福、除夕和春节（即大年初一）等一系列活动。农历十二月二十四，开始掸尘、洗扫、杀猪宰鸡筹办菜肴，当夜送灶神；廿七、廿八接菩萨，俗称"祝福"；除夕夜祭拜祖宗、贴春联，合家团聚，吃年夜饭，俗称"分岁"。饭后，长辈要向未成年的家庭成员送压岁钱，俗称"分红纸包"。是夜，张灯结彩，燃放爆竹，全家彻夜不眠，俗称"守岁"；想睡觉也听其便，趣称为"享福"。正月初一黎明前夕要按约定时辰开门接福，家家户户焚香点烛，鸣放鞭炮，备茶叶、米、豆等敬祭天地，然后到坛主庙祭神，名曰"拜年"。这一天，讲话行事要格外小心谨慎，务求平安顺利。早餐要喝糖水，吃长寿面。村人相逢要拱手作揖，恭贺新禧，相互拜年。从初二开始，亲戚朋友间互往拜年。在此期间，有的村庄请来戏班演"新年戏"，一般到正月十五方止。

淳安解放后，节前搞清洁卫生，开春节茶话会，开展拥军优属和拥政爱民活动。

元宵节

正月十五为元宵节，又叫上元节。以往家家户户做馃备酒，上坟祭祖。傍晚，合家再次相聚吃团圆饭。晚上舞龙灯、演古戏、跳竹马，俗称"闹元宵"。有的地方接神问年、预卜丰歉。

元宵后的次晨，家家将挂在中堂的祖宗画像除下卷藏，过年的各项活动结束。

清明节

是日，掺入碾碎的艾青做馃，称清明馃。家家上坟祭祖，小辈在坟上除草、添土。有"清明会"的地方，会首将祀田中的一部分收入，做成清明馃或粽子，分赠各房各支儿孙。"吃了清明馃，就到田里过"，表明农事繁忙季节从此开始。

淳安解放后，清明节吃清明馃、扫墓祭祖之俗仍相沿袭，各群众团体组织青少年祭扫革命烈士墓。

端午节

五月初五为端午节。这天，家家户户要裹粽子、备酒菜、吃鸡蛋。大门上插艾叶、菖蒲，名叫："艾旗菖剑"，有的大门上还贴钟馗像，挂上端阳符，

传说可以"驱邪避毒"。孩子穿红戴绿，挂肚裆、香袋，内装雄黄、栀子解毒避瘟。各家都要在房屋四周撒石灰，边撒边说："蜈蚣毒虫赶出去。"

淳安解放后，封建迷信活动基本绝迹，讲卫生，除四害的风气逐步形成。

中元节

七月十五为中元节，俗称"七月半"。这一天，要做米馃、馒头，炸油糖馃，上坟祭奠祖先。

中秋节

八月十五为中秋节，离家在外者，一般都赶回家团聚。节前，亲眷朋友常以月饼相馈赠，女婿要给岳丈家送节礼。晚上，赏月分吃月饼。县东南一带的孩子们喜欢做结稻草垫子游戏，用稻草绳拴扎垫子顶部，人坐其上，在晒场或街头巷尾拖拉相戏，称为拖中秋索或舞草龙；有的地方还用稻草编成一头粗一头细长的草鞭，用力往石头上掼，名为"掼中秋鞭"。

重　阳

九月初九为重阳节，农家蒸枣糕、裹粽子。亦有上坟祭祖的，但城镇多以登高赏秋为乐事。

冬　至

俗称"冬至大如年"，乡间多有做麻糍、备菜肴、家祭祖先的习俗，间或也有上坟挂纸培土者。

此外，渔户与畲族的岁时习俗独具一格。春节，渔户多讲究菜肴，而不像岸上居户那样讲究衣冠。畲族虽无此习，却亦喜欢在正月间做寿。元宵节，渔户在船头高扎竹竿，悬灯结彩。畲族不过四月八，但有吃乌饭之俗，乌饭即取乌饭柴叶汁和米煮之，色成乌黑，味香可口。渔户喜过七月七，畲族亦过中元节，用于接神求雨活动。除夕，渔户拢船南岸，互相欢庆，虽远必至。

礼仪习俗

婚 嫁

淳安解放前，婚嫁讲究"父母之命，媒妁之言"。男方向女方求亲，先遣媒妁，取姑娘八字合之。如"龙凤八字"相合，就商订聘仪，互换庚帖。聘仪分前后节，前节在押帖时送女方，称为定亲；后节在迎娶前一日送去，俗称"开号"。届时雇请轿夫抬轿赴女家，次日早晨迎归。花轿进村，先在宗祠内举行结婚仪式，俗称拜堂。拜堂后，利市爷将新娘抱至新郎大门上，然后新娘双脚踏在青色新麻袋上，利市爷边撒喜果，边喊"一代传一代"，直至新房内。当日下午，在新房内，新郎新娘要吃交杯酒。晚上，新郎家摆喜宴，招待诸路亲朋，娘舅坐上座。宴毕，送房时，利市爷要一边说利市话，一边拿各色果子往帐上帐下撒，俗称撒帐。亲友开始闹新房讨喜果。次晨，新娘拜见公婆，亲自下厨烧鸡蛋茶给诸亲友吃。三朝回花轿，新女婿上门拜见岳父母，婚礼结束。

寡妇再婚，则由双方面约，定期迎归。迎娶时不许敲锣吹号，寡妇步行出村后才许上轿。夫亡不嫁，另赘他婿，称"招亲"；独养女招夫入门，亦称"招亲"，或称上门女婿。

童养媳成年，延亲朋证婚，送房结为夫妻，称"圆亲"。

民国后期，文明结婚的习俗开始在城镇中兴起。结婚仪式大都在学校礼堂中举行。介绍人、证婚人和双方家长都坐在台上，请证婚人讲话。新郎穿新中山装，新娘穿旗袍。婚礼完毕合影纪念，然后回家设宴庆贺。

淳安解放后，国家新婚姻法颁布，政府提倡自由结合，一夫一妻，不许纳妾重婚，青年男女自由恋爱，烦琐结婚礼俗逐步革除。自20世纪50年代起，花轿、仪仗队已不复见。20世纪80年代后，城镇时兴坐小轿车迎送。

丧　葬

淳安解放前，家境贫苦者众，丧事多从简。死者用普通棺材安葬，墓以砖砌为椁，俗称"坟"。坟前立小石碑，坟的上部用浮土垒成三角形，用石灰撒一"土"字。

凡老人亡故，俗称"过辈""老掉""走了"。咽气后替死者抹身更衣，穿寿衣、寿鞋，给死者口中放一枚铜钱，俗称"衔口钱"；死者生前喜爱的衣物和亲友送的寿衣、寿被放入棺中，然后将棺材盖钉死，名曰"入殓"。停灵于祠堂，请道士做法事，超度亡灵，俗称"盘灯"。少数家境富有的，停灵期间还专门开祭，延请当地官绅主祭。出殡，又称发引，一般定在晨间，先请亲友等送葬者吃"老米饭"。出殡时，孝子披麻执杖俯首扶棺而行，沿途散发纸钱，俗称"买路钱"。到达墓地，移柩入椁。封椁时外立碑石，家属迎回木主，送入宗祠内安置。

死后四十九日内要七日一祭，俗称"做七"或"祭七"。在此期间，不许着红戴绿，不许参与喜庆宴会，男儿不理发，女子不洗头。

淳安解放后，迷信活动减少。在机关、部队、企事业单位工作的职工亡故，或他们的长辈去世，家属臂戴黑纱、献花圈，以寄托哀思。如今，人亡后已全部实行火葬。

郡州专署首官名录

序号	姓　名	籍　贯	任职时间
1	贺齐	会稽山阴	东汉建安十三年（208）
2	孙韶	吴郡	三国吴
3	沈宪	吴兴	三国吴
4	沈矫	吴兴	三国吴
5	牵秀	观津	西晋
6	方郊	始新	西晋
7	方干	始新	西晋
8	方巢	始新	西晋
9	黄积	江夏	西晋永嘉元年（307）
10	周嵩	汝南安成	东晋建武元年（317）
11	程元潭	新安休阳	东晋大兴二年（319）
12	贾宁	长乐	东晋大兴年间（320）
13	殷仲文	陈郡	东晋太宁年间（323）
14	孙泰	琅琊	东晋太元年间（376）

续表

序号	姓　名	籍　贯	任职时间
15	杜　炯		
16	羊　欣	泰山南城	东晋义熙末年（418）
17	臧　绰	东莞	
18	江秉之	济阳考城	南朝宋元嘉十二年（435）
19	刘元度	彭城武原	南朝宋元嘉二十年在任（443）
20	王恢之	临沂	南朝宋元嘉年间
21	张　镜	吴郡	南朝宋元嘉年间
22	沈登之	武康	南朝宋元嘉年间
23	沈　宣	武康	南朝宋元嘉年间
24	何愉之		南朝宋孝建、大明年间
25	阳伯子	鄢陵	南朝宋泰始二年任中被杀（466）
26	巢尚之	鲁郡	南朝宋泰始七年（471）
27	庾登之	鲁郡	南朝宋泰始年间
28	柳　惔	河东	南朝齐建元元年（479）
29	羊　义	临沂	
30	王　慈	济阳考城	南朝齐建元、永明年间
31	蔡　约	南兰陵	南朝齐永明年间
32	萧颖胄	临沂	
33	王　深	临沂	
34	萧　敏	南兰陵	南朝齐
35	萧　几	齐宗室	南朝梁齐

续表

序号	姓　名	籍　贯	任职时间
36	臧未甄	东莞	南朝梁天监年间
37	任　昉	乐安博昌	南朝梁天监六年（507）
38	谢　览	陈郡阳夏	南朝梁天监九年（510）
39	伏　暅	平昌安丘	南朝梁天监年间
40	王　泰	临沂	南朝梁天监十七年（518）
41	张　率	吴郡	南朝梁普通二年（521）
42	王　规	吴郡	南朝梁大通三年（529）
43	萧　隐		南朝梁
44	陆　缮	东阳新安	南朝陈永定元年（557）
45	陆山才	吴　郡	南朝陈天嘉元年（560）
46	程文季	新安海阳	南朝陈天嘉二年（561）
47	周景曜	寿昌	
48	方　亮	雉山	唐朝武德四年（621）
49	沈成福		唐朝永徽三年（652）任司马
50	张后嗣	苏州昆山	唐朝显庆二年正月（657）
51	尤如钦		唐朝乾封元年二月（666）
52	高择言		唐朝乾封元年七月
53	高贞行		唐朝永隆元年九月（680）
54	张大安		唐朝永淳二年五月（683）
55	路惟恕		
56	长孙谊		

序号	姓 名	籍 贯	任职时间
57	李上善		武周天授元年九月（690）
58	娄 蕴		武周天授二年八月（691）
59	谢 禧		武周如意元年（692）
60	元延寿		武周万岁通天二年（697）
61	谭计全	广东台山	1943年4月13日任浙江省十一区行政专员兼保安司令
62	余森文	广东梅县	1948年5月任浙江省四区行政专员兼保安司令
63	陈 重		1949年2月任浙江省四区行政专员兼保安司令

淳安县首官简介

三国吴

汪文和

汪文和，东汉末年歙县人。三国吴时为龙骧将军、会稽令，后迁始新令。守习形家言，引贺城郭西水渠东流，绕郭若盘带，广寻有二，深潏而潢。唐仍其旧。此水渠长流一千七百多年，至中华民国十七年（1928）冯世范任淳安县长时对古渠进行治理，其上铺以茶园石板以利行人，称为"冯公街"。

晋代

邵坦

邵坦，江苏常州宜兴（今无锡宜兴）人。西晋永嘉元年（307），其先人邵详以石勒之乱，自北而南迁居常州宜兴县。邵坦于东晋末为始新令，廉平有声，任满时，老幼攀辕卧辙，民不忍其去，因居龙山乡之坦村。南朝宋元嘉二年（425）卒，葬于县东南15里现王山，俗名飞沙墓。是邵氏淳安始祖。唐元和四年（809）翰林学士白居易为记。

南北朝

洪篡

洪篡字令元，江南丹阳人，其父洪绍，约于南朝宋元嘉年间（424—453）为始新县令，清廉平恕，惠政及民，秩满居于淳安北乡之偃村。洪篡墓在淳安县东北45里昌期乡天乐观。

傅岐

傅岐，字景平，南朝梁代人。其父傅翙，有能名，为吴令，为政清勤。傅岐承父风，恤民情，历始新、建康令。离任始新之日，县人扶老携幼出境拜送，洒泪而别。任建康令后，位至太仆司农卿，兼中书通事舍人。后发生侯景之乱，宫城失守，傅岐带疾突围而卒。

唐朝

陈明府

陈明府，青州人，唐乾符年间任青溪县令。乾符二年（875）黄巢起义，攻至青溪县城，陈县令带着两个儿子，率邑人逃避于屏峰岩。黄巢兵围攻了七日，陈县令指挥引弓发石，居高临下阻击巢兵，杀伤不可计数，山涧血流为丹，陈明府父子同时殉难。邑人怀其德，在县东30里进贤乡建起陈府君祠，并在屏峰岩祀之。

宋朝

孙谠

孙谠，宋至道三年（997），任青溪县知县。倡建文庙学宫和大成殿，在县东北昌期乡（今文昌）重造栅源院殿宇。此年，孙谠以"文林郎守秘书省

校书郎知县事"之名撰《重建殿宇记》。

李陶

李陶,字唐父,华阳人,学于司马光,贤而通经。其父李天临和宋代大文学家苏东坡同为嘉祐进士,均反对王安石变法,因成通家之好。苏东坡外放任杭州通判时,李陶来青溪任知县,苏东坡很高兴,写了首《送李陶通直赴青溪》:"忠文文正二大老,苏李广平三舍人。喜见通家贤子弟,自言得邑少风尘。从来势利关心薄,此去溪山琢句新。肯向西湖留数月,钱塘初识小麒麟。"后来,郑湜于宋开禧三年(1207)来淳安任知县,还以苏诗"此去溪山琢句新"建了间"琢句堂"。

何友直

何友直,宋著作郎,熙宁丙辰(1076)秋任青溪知县。上任后即寻访古迹,考查图牒,并晓谕民间:凡告之有利于县民之事,本县悉以见纳。不久就有三十多位父宿列状于县庭,要求疏浚县城古渠。何友直从其言,欣然亲自监视,又谕临渠居民备居界分,叠石固岸,以图经久,众皆悦从。沟渠既通,而流泉清冷,合邑潇洒,众人熙熙如登春台之上。当时为朝奉郎殿中丞的方仲谋写了《重兴古渠记》,说:"……昔潘岳治河阳,陶潜宰彭泽,潘种花,陶种柳,二公有风流之名,花柳因二公而增价。今何公以文章登甲科,不以赏心乐事为美,而以爱人济物为务,则渠之兴,民受其赐,贤令何公之名不在渊明、安仁之下矣!"

陈光

陈光,北宋宣和初年为青溪知县。方腊起义前,帮源里正方有常指使次子方熊赶往青溪县衙报官,陈光以无凭置不问,反系方熊于狱中。方腊怒杀方有常一家四十余口,聚众起义,进攻青溪县城,知县陈光弃职逃走。方腊起义被镇压后,陈光亦伏诛。

孔括

孔括,宋绍兴六年(1136)任淳安知县,始倡率学田。据咸淳四年(1268)进士徐唐佐撰写的《淳安县儒学增田记》记载:"……淳之学创于崇宁而未有田，绍兴癸亥邑令孔君括始倡率为之亩不登百，文明日盛，魁彦踵兴，家诵户弦……"孔括兴学重教，在淳安首倡学田，功不可没。

曾怀

曾怀，宋绍兴十四年（1144）为淳安知县，曾立"绍兴御书籍田手诏碑"。曾怀在淳还为鳏寡孤独及疾病者修建安老坊。后为丞相。

陈烨

陈烨，字日华，南宋福唐人。淳熙五年（1178）任淳安知县。创义仓，赈灾民，举义役，解民困。义役之举当时受到州府嘉奖，好的乡称"仁义里"，县被称为"归善县"。县有古渠淤塞，他亲为浚治，并清淤西塘铁井。建青溪桥、百丈桥、合洋"惠人桥"。他还筑锦溪馆，使宾客往来有憩泊之所。又在南山之麓修建了社稷山川坛，敬承先哲，福佑邑民。陈晔善诗文，曾写下十一首《我爱淳安好》诗，其中一首曰："我爱淳安好，忧民缺致盈。渠通庐避湿，滩击浪难生。利涉津梁固，安行道路平。夙霄虽黾勉，终愧汉公卿。"淳安人民在他离任后塑像建祠纪念他。

石宗万

石宗万，南宋开禧元年（1205）任淳安知县。淳邑之西郊，旧有安老坊，规模苟简，已漫为瓦砾之场。石宗万到任后即营度材植，创屋凡十楹，坚壮可久，器用悉备，易名安养院，使孤老笃疾之人，咸得居之。又募得田地二十亩，凡岁收谷一千三百二十八斛，米一石五斗，钱六千八百文，绢五匹，以赡洒扫且备修葺之用。淳民颂之。

郑湜

郑湜，字溥之，南宋信安人，乾道进士。光宗即位，为秘书郎。庆元初权直学士院。开禧三年（1207）任淳安知县，倡募建造嘉定桥。始于春二月，辛酉落成，浅水者长桥十九节，累石为址，如水之深者，浮桥二十有八节，是岁改元嘉定，因名之曰嘉定桥。湜在职期间，修葺县治，凡规模短长略皆如旧，遂为县治环伟绝特之观。郑知县说："吾邑在严最大，然处万山间，溪山之胜闻天下，本朝东坡公《送李陶通直赴青溪》诗，有'此去溪山琢句

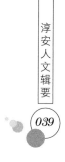
新'之云，故以'琢句'名堂。"郑湜后入朝为刑部侍郎。卒谥文肃。

杨恕

杨恕，字仲如，南宋京口人。杨恕笃学力行，嘉定三年（1210）任淳安知县，公勤廉慎，吏畏而民怀之。书"勤清堂"匾悬于县衙。主簿范镕有《勤清堂记》，称杨恕勤听断而刑清，勤教化而俗清，勤驭吏而官清，勤抚民而间清，清明在躬，志气不违。历官宪司知事。宋亡，不食数日，投菱塘而死。

应与权

应与权，字守经。其父应肇，辞"贤良方正"之召，由黄岩迁居淳安，遂为淳安人。宋嘉定间，与权从学于族兄，即时任缉熙殿大学士应与武。后参加京师试为太学生，本当受职，因亲老而不愿仕。宁宗嘉其孝，特授本县（即淳安）令，以便终养双亲。在任期间，公勤廉恕，修学校，课农桑，建起广惠行祠，民皆敬之。他因爱淳安溪山之胜，遂迁居邑之西隅，淳安应姓多为应与权后裔。明代在县城应氏居住的官贤里建了"簪缨奕世坊"，为知县应与权、御史应惟善、光禄署丞应惟贤、参政应颛和知县应项、应颙立，还为应项、应颙兄弟立了"联芳坊"，以昭示后人。

胡惟贤

胡惟贤，曲阳人，淳祐元年（1241）任淳安知县。据嘉靖《淳安县志》的《淳安县重修儒学记》载，"……去年，曲阳胡君惟贤来长兹邑……顾瞻上下，荒棘秽壤，步履蹙然，辍已资及诱掖人士助益……而新之。贰丞安辉、主簿王荣祖、典史方孟仁，又从而佐赞之"重修县儒学，"而生徒有归，是年冬，分司单公实来劝奖督励嘉胡君……"。

虞炎

虞炎，字退夫，四川陵阳人。南宋淳祐五年（1245）任淳安知县。当时县内积弊，猾胥相缘为奸朋。虞曰：邑以淳得名，安可厚诬？他向父老询诘致弊之原因，整吏治，抑豪强，布信宽。修学宫，建社坛斋庐，尊乡贤硕儒，修葺大成殿，建七十二哲之祠，对淳安读书人科甲频登，极为褒扬。他在宴请得中举子的"鹿鸣宴"上高歌："儒雅从来说雄山，抱琴何幸预荣观。六人同榜昔犹有，一邑三魁今所难。方喜棘闱连鹗荐，又欣碧海起鹏抟。联科甲第庆余事，须把名声久远看。"他对淳祐年间，宋理宗辟召六人——钱时、应镛、应组、方夔、洪应桂、洪震五的"六人同榜"和状元方逢辰、榜眼黄蜕、探花何梦桂的"一邑三魁"极力赞颂。

石孝闻

石孝闻，四明人，南宋淳祐十年（1250）四月来淳任知县。越明年，夏发大水，祸半天下，而严尤甚，城郭毁坏，室庐十荡。石孝闻救灾济困，体恤民情。而次年又逢大旱，他扶伤救死，四处奔波。在灾荒年月，首倡捐俸，乡民闻风兴起，修学宫，整道路，政绩卓著。淳安状元方逢辰特撰《修学记》称石知县"以礼义救人心之溺""穷以忍，贫贱不能移；苦以坚，富贵不能夺，教之人也！"

曾子良

曾子良，号平山，南宋临川人（《严州府志》称南丰人，《中国人名大辞典》称金溪人），咸淳进士。咸淳末任淳安县知县。为官清慎自守，时边事已急，子良多方保障，民赖以安。后以谗籍抄家，其家唯故书和破败之絮，众皆惜之。后宋亡，入元。当时程钜夫荐子良为宪佥，他拒任。其室书曰"节居"，学者称平山先生。

元朝

线荣

线荣，字子华，元代大德三年（1299）任淳安县尹。当时，永安寺僧仗势欺压乡民，线荣奋力挫而辱之，江浙省平章也速答儿至其寺，僧谮使辱荣。线荣义正词严以对，也速答儿理屈，左右皆慑，线荣由是名重一时。由于兵燹战乱，魁星楼破败不堪，线荣来尹兹邑，首辍己俸以倡，且寅协赞襄，乃刲羊酾酒，登进诸生而告谕之，众莫敢不敬听度，力相役差，始于大德戊戌（1298），落成于己亥（1299）。淳安探花何梦桂写有《魁星楼》一文，盛赞

线荣任政时"政明讼简,吏肃民恬"。

爱祖丁

爱祖丁,蒙古族。至大元年(1308)来淳任达鲁花赤。他尊重汉文化,崇儒重道,一到任就视察文庙,发现破旧,即倡募修葺。接着他又发动为儒学增田,义助田土总计田一顷十八亩五分、基地二十四间。爱祖丁还倡募重修石峡书院。

别都鲁丁

别都鲁丁,蒙古族,元至大三年(1310)任淳安县达鲁花赤,尊重汉文化。当时歙县人郑千龄为建德县尉,称郑少府,来淳谒庙学,觉朱子(朱熹)未有祠,时任淳安达鲁花赤的别都鲁丁欣然共谋新建朱文公祠堂,至治元年(1321)即竣工。邑人王仪撰《新建朱文公祠堂记》,以彰达鲁花赤别都鲁丁。

孛罗

孛罗,蒙古族,元至顺四年(1333)中进士,同年任淳安达鲁花赤。主政时,尊儒重教,拓展礼殿庭宇,至顺四年塑方蛟峰先生之像。

亦不剌金

亦不剌金,蒙古族,元至正十一年(1351)任淳安县达鲁花赤。在任期间重教兴学,增学田二百余亩,为淳安历代置学田最多者。同时整礼殿、学宫,政绩可观。

李原

李原,字文德,瀛州(今河北河间)名家,元大德七年(1303)任淳安县尹。四月初,入学奠谒先圣先师,见其学校、文庙,屋瓦榛塞,廊壁薜剥,上漏下湿,栋桡檐颓,当即捐俸若干倡之修葺。学宫于大德九年(1305)十二月初三修复,由通议大夫前建德路总管兼府尹方回撰写《修学记》,称李原"礼士爱民,年甫四十而学未艾,官亦未艾"。

李思明

李思明,字元亮,睢水人,元至治元年(1321)任淳安县尹。李自幼崇儒尊孔,上任即整修杏坛。杏坛古为孔子讲学之处,当时称泮宫。邑人郑玉专为李思明撰《修杏坛记》，曰"坛在县学戟门外之西，其崇一丈一尺，广称是深加五尺，有奇垒石为固，前植以杏，后覆以屋，此旧制也。李侯因其弊而新之，视旧无所加损，以工计若干，以缗计若干，民不知役，工不告劳，越月而竣。李侯其为是外柔而内刚，视民如子，信孚于人，而人信之宜其为是为不难也"。后还参与新建朱文公祠堂等诸多公益事业。

杜明显

杜明显，元代至正元年（1341）任淳安县尹，重建大成殿。邑人吴暾撰写《重建大成殿记》中云："淳安有庙，宋至道中，邑令孙说建焉。崇宁中诏州兴学，即庙为之。宣和寇毁，遂归煨烬。绍兴九年（1139），邑人士捐资营之，丞汪仔、尉周操共创学会舍。（德祐）丙子（1276）更遭盗贼焚掠，市区独遗礼殿。今六十年间，或易梁栋，或更柱础，或拓庭宇，因仍旧制，以加葺治，然材相虫腐又不可支柱……方以工大役重为忧。至正元年（1341），邑令承务杜侯明显，至止顾瞻，颓弊不称……捐俸为倡……杜侯可谓用心之勤。"杜明显主修大成殿，政绩昭后。

明朝

和鼎

和鼎，明代洪武二年（1369）任淳安知县。在任期间，于南山麓建起山川坛，兴建按察分司署，并重建淳安县治。据姚鸣鸾《修县治记》记述："至宋绍兴间而淳安之名始定，迄今因之，洪武二年（1369）知县和君鼎始即新安旧址而肯构之，若所若堂若室若门若楼台，莫不次第修举，厥功伟矣！"并改建文庙"居仁""由义"两斋。

韩钝

韩钝，字鲁伯，河南人，明洪武十年（1377）任淳安知县。一上任即与县丞刘思学、主簿张士廉共谋修葺增创学舍正室之事，于县治西拓射圃，筑周垣构堂曰"观德"，为师生游息之所。韩钝此举，深得县人翰林文学承事

郎、同知制诰兼国史院编官徐尊生称赞，其撰写的《修学记》云："淳安之学，自国初至今，更邑宰几人，往往视其弊陋而未暇恤。韩侯独于县政丛沓之际，从容注措，以成宏伟之功，可谓知本矣。虽然，淳安自昔多产秀民，易教易治，以其淳而能安。故昔人以之名县。邑宰，民之父也，民之师也……益信其为淳而能安之俗，不亦善夫！"

吴孟肃

吴孟肃，金溪人，明代洪武二十三年（1390）任淳安知县。上任后见东庙年久失修，吴知县曰"庙宇如此，何以示威灵？"遂捐己俸，率吏民修复，工讫后焕然一新。当时典史朱泽民撰写《重建叶府君东庙记》称他"大施宽平之政，行惠民之德"。

洪渊

洪渊，明代正统四年（1439）任淳安知县。在任中新建淳安县布政分司署。还在明伦堂后开工建筑"尊经阁""公馆"及"阴阳学""医学"为邑民治病，有政声。

邓廷瓒

邓廷瓒，字宗器，四川巴陵人，明代景泰进士，景泰六年（1455）任淳安县知县。自宋元来，士之第进士者皆刻石树立学宫，明朝崇重进士赶超前代，而淳安进士数倍他邑，题名之石未立，深感缺憾。于是命工砻石，自洪武开科以来，凡邑士之登名乡试、会试、廷试，悉次第刻之。邓知县在淳安，平易廉明，处群下小民如家人父子，民恩其德，久而不忘。秩满升太仆丞，擢知贵州程番府，弘治初累迁右副都御史，巡抚贵州，有平苗功。进掌南京都察院事，寻迁提督两广军务，恩威益著，民夷怀服。后复召掌南院，未行卒。谥襄敏。廷瓒有雅量，待人不疑，世称长者。

王衡

王衡，稷山（今山西绛州）人，明代进士，成化二年（1466）任淳安知县。任期廉而有为，重教兴学，重建尊经阁，创游息所。三元宰相邑人商辂为记："肇建尊经阁，以贮圣朝颁降大诰，五经四书，性理大全，五伦诸书，落成且久……属意迁改。适新令王君衡下车，欣然任为己责，捐俸倡义，众皆乐助……复建楼三间以资游息……士生文明之世，沐教育之恩……王君……勤敏清慎，其所造未可量也。"他还于成化六年整修魁星阁。

张纯

张纯，字志忠，江陵人，明代成化八年（1472）任淳安知县。在任中，张纯体察民情，关心民瘼。淳僻处山陬，旱涝不绝，春则霉霆漂没田庐，秋复旱，饥荒蔓延。张纯心恻忧然，设粥厂以哺馁，输粳米以济饥，并以重修预备仓乃救荒奇策，遂捐俸积谷建仓。邑人商显仁有《重修预备仓记》称赞张知县"以实心行实政……自侯有廪积之赈，民有乐生之心"。张知县秩满，正德初授监察御史，擢右佥都御史。

汪贵

汪贵，字良贵，歙人，明成化进士，成化十一年（1475）任淳安知县，匡正保富欺贫恶规。原来规定，富户购置田地不纳税，由要出卖田地的穷苦农民代纳。汪贵悉数覆正，后为豪滑所诬送吏部，贫民数千人拥舟攀号，请留其衣，作留衣亭。邑人上书以其冤，尚书王恕为请复职。在淳安期间，他还改建乡贤祠，在县南15里马坡坑建桐桥，在县东2里建皇华亭，供邑民行人憩息。

丁炼

丁炼，字质纯，世家江右丰城。成化十五年（1479）任淳安知县。上任即重建布政分司，邑人三元宰相商辂对他评价甚高。商辂撰《淳安县重建布政分司记》称他"励清苦，甘淡泊，轻徭薄敛，裁减冗费正赋之外，纤毫不以扰民。尤于分司之建，惓惓注意，兴废举坠，节缩日用，重拓旧基聿新厥制。中后厅堂各三间、左右厢房各六间、前门五间，门之前建驻节坊牌一座，夹以申明、旌善二亭，瞰临青溪。材皆取其坚壮，工必务于精致。饰以丹漆，加以彩绘……落成士庶环观，皆啧啧称叹；以为费自公出，役不及众，尹之功伟矣！"还赞他"学问渊博，经史贯通，仁民爱物，无愧于儒者"。

刘簏

刘簏，永新人，明成化二十三年（1487）任淳安知县。崇儒重教，励精图治。重修淳安县儒学，迁建养济院于县治东。程敏政撰写的《淳安县儒学重修记》，称刘侯是"德意作新，学者之盛举，伟杰丈夫之作为"。同时，刘簏又主持维修城隍庙，并在县西重修转教寺，建造了青溪胜概楼，供邑民观景憩息。

张羽

张羽，字凤举，扬州人，明弘治进士，弘治十年（1497）任淳安知县。张羽清慎自持，爱恤民隐，事简讼息，作兴学校。俸给量入为出，不求盈余。后补临海，擢御史，升知府，弹劾中贵，疏论时事，甚为剀切，后守保定，以母病乞归。有《东田遗稿》行世。

陈渭

陈渭，四川江津县人，明代进士，弘治十四年（1501）任淳安知县。公清仁恕，吏畏民怀。弘治十六年（1503），将按察分司署迁至城西南隅重建，巡按奖其贤能，寻迁知州，历官至参议。

杨缙

杨缙，明代正德四年（1509）任淳安知县。正德六年（1511）修葺明伦堂。明伦堂在大成殿后，洪武三年（1370）颁朱子所书"明伦堂"于学宫。

金选

金选，湖广荆门州人，明代进士，正德七年（1512）任淳安知县。志乐恬淡，不随俗而俯仰。节用爱民，轻徭薄赋，缓以催科，调解民纷，政简以息。正德十年（1515），奉命调蜀，远近四方淳民，闻公之调而聚泣于庭。当时邑人商汝顾曾书有《去思碑记》："……公惜民力，薄税敛，省刑罚，轻徭役，民各安其业，城市山林犬不夜吠，儿童音语靡好于酤。常贡正赋之外，秋毫不加，宾使往来，馈遗节缩，俸皂之人，秋毫无犯……淳民闻公之调而聚泣于庭于四境，公之去攀辕卧辙，截镫留鞭，皆发于心之诚……"淳安曾建有"名宦祠"，金选为十六名宦之一。

赵秉贞

赵秉贞，明正德十一年（1516）任淳安知县，尊儒术，重文治。当时巡按御史吴华来淳，赵知县即议大修文庙，吴御史欣然支持。正德十三年（1518）十一月肇工。县丞王绅、主簿姚廷锡任督工，教谕陈鹏、训导李凤、典史胥昌相与协赞，均亲临监视，材良工坚，富丽堂皇。正德十四年（1519）十二月毕工。

高鹏

高鹏，湖北蕲州人。幼聘周氏女，后因病瘫痪。周氏请辞婚，高鹏心地善良，不忍抛弃而娶之。举正德进士，于正德十四年（1519）任淳安知县。他来淳后去县东十里许，见石峡书院历百余年，垣宇尽废，故址犹存，残碑遗像偃然于荒烟草野间，思贤之叹，油然而生。于是召方氏子孙，询其遗事，力举重建。乃裔方倄请高鹏书以纪岁，于是作《重建石峡书院记》，"庶几将来有同志者相与增修，而续成之。俾勿坏，则诸君子幸甚，余亦幸甚！"

姚鸣鸾

姚鸣鸾，字景雍，号云洲，福建莆田人。明代进士，嘉靖元年（1522）任淳安知县。他怜贫恤穷，见义仓屋宇废坏，积谷无多，便修理了东西南北中五个仓廒。养济院旧设在城东，姚知县特迁于西门外，界其男女之别，无使混居杂处。他还修建了医学，便民治病。姚知县处处体察民情，关心民瘼，如县东北百二十里许，长乐桐坑（今临岐瑶山）与昌化相连壤，为山界纠纷，官司打到县、府，久而未决。姚知县亲临现场，踏勘调查，会同昌化县知县黄升抵山川，按图籍之经界自桐源山垅而下至独石为界。左侧由昌化县民经理，右侧为淳民经理，二邑之民相与心悦诚服。当地乡民还为姚知县立了"乡民感德碑"。姚鸣鸾在当时男尊女卑的正统思想统治下，敢扫"重男轻女"的乡风陋俗，写了《举女歌》，在全县乡村传唱。

姚鸣鸾在淳任知县五年，尤重人文建设，修黉宫，新修了朱文公祠、名宦祠、乡贤祠"三祠堂"，又重修贺庙和淳安县治，并将在淳安任官职有显迹者勒请碑石，特为题名。他在嘉靖三年（1524）主持编纂了《淳安县志》，这是明代唯一流传至今保存完整的县志，为传承淳安的历史文化作出了贡献。

林岊

林岊，字茂贞，闽县人，明代进士，嘉靖六年（1527）任淳安知县。林岊任中明敏宽和，惠政于民。他修学宫，葺书院，置浮梁，设社学，广义冢，封坛储仓，贩灾度荒。嘉靖九年（1530）新建崇圣官宫，塑历代先贤像于宫殿，激励邑民承先启后。为使邑民有憩息之所，鼓励进士胡棨在东湖建青云亭，并为之记。他和邑西环水王宥结为知己，并常至环水，吟诗曰："立马株林下，行行秋色轻。虹梁横涧壑，云碓答溪声。堂荫三槐秀，轩开百桂明。"后升仓州太守。淳安人民曾为他树碑建祠于南屏，是淳安名宦贤臣之一。

黎世杰

黎世杰，明嘉靖二十六年（1547）任淳安知县。他目睹新安江湍激之处，非设堤以障之则奔溃四溢，遇大雨，必泛滥成灾，于是倡募修筑青溪堤以养民。

海瑞

海瑞，字汝贤，号刚峰，广东琼山人。嘉靖二十八年（1549）中举人，任福建南平县教谕。嘉靖三十七年（1558）五月，升为浙江淳安知县。

为减轻穷苦百姓的赋役负担，海瑞到任后，亲自考察民情，清丈土地，均平徭役。通过重新丈量，查实各户土地，按土地数目分摊赋税，按田地数量、贫富情况来确定负担徭役的多寡，谓之"均徭"。并写成《均徭书》，昭告邑民。同时，海瑞着手整顿吏治，制定《兴革条例》三十六条，裁革冗费、冗役，力矫时弊，肃清吏治。他身体力行，革除知县的"常例"，不要常例钱，也不向上司孝敬常例钱。通过革除无名常例，全县人民每年摊派的杂项银子，从五两减到五钱。他还在全县申饬告示《训俗书》，改婚丧嫁娶华侈越礼费财之风。为贴补家用，海瑞常和仆人一起种植稻麦，培育蔬菜，并叫家童上山打柴，力求"樵薪自给"。与家粗茶淡饭，老母生日，破例买肉二斤，世传佳话。

海瑞莅政淳安更重视刑狱，平反冤案，审案深入调查勘验，重证据，轻口供，扶弱抑强。而对一般民事纠纷注重调解。由于海瑞断案如神，上官或邻县遇疑难案件都请他会审。

海瑞刚正不阿，不畏强权，凭智凭勇战胜邪恶势力。海瑞怒缚总督之子和计退权奸鄢懋卿的故事，在淳安几乎家喻户晓、流传至今。

海瑞还在淳安修学宫，改建青溪书院，建起阅武堂。同时修仓储，禁矿缉盗，制定乡约，风俗还淳，政绩卓著。嘉靖四十一年（1562）五月初，调任嘉兴府通判。六月，因鄢懋卿党羽诬陷，朝廷取消嘉兴通判任命。六月二十七日，鄢懋卿恶迹败露，削职回籍。十二月，由吏部侍郎朱衡推荐，海瑞改任江西兴国知县。他离任时的移交清单上，连一柄小小的划火锨也列上。

嘉靖四十五年（1566），海瑞迁任户部主事，因冒死上奏"天下第一疏"得罪了皇帝，廷杖入狱。十个月后，嘉靖帝病死，海瑞获释。隆庆三年（1569）任应天巡抚，疏浚吴淞口，推行"一条鞭"法，后受张居正、高拱排挤，革职闲居十六年。万历十三年（1585）再起，先后任南京吏部右侍郎和南京右金都御史，力主严惩贪污。两年后病死，竟无以为殓，后谥忠介，著有《海瑞集》。

郑应龄

郑应龄，福建莆田人，明隆庆元年（1567）任淳安知县。淳安自宋绍兴十一年（1141）由知县孔括置学田百亩始，学田逐步增加。至明洪武三年（1370）始罢学户田给官廪。隆庆三年（1569），郑应龄又置学田三十三亩六分。他还修建寅宾馆，馆曰"亲仁堂"，曰"喜拜堂"，并亲书其额。隆庆四年（1570），在县南二十里重修普安寺，以纪商辂及子良臣、良辅。隆庆五年（1571）在县东南十五里施岭庵外建恩峰亭。郑应龄德政惠民，民怀之。

戴庭槐

戴庭槐，字元植，长泰人，明万历三年（1575）任淳安知县。在职四年，除了改建阴阳医学和寅宾馆外，还为百姓捐俸修筑青溪堤。在县南一里许新安江上有处"鱼袋港"，又叫"漏港"，水流湍激，覆舟沦溺不可胜计。戴乃鸠工筑堤以护之，溪环水抱，安浪委润，自以辟耕地，利舟楫，县民称善。

他擅长诗文，有首咏龙山诗云："一山蜿蜒势犹龙，兰若高临远近峰……灵岩隔地知千里，下界环溪有二重。"有《锦堂集》传世。

顾云程

顾云程，字务远，江苏常熟人，明代进士，万历八年（1580）任淳安知县。云程在职政尚廉平，治理详密，剔除伏蠹。清丈土地，为贫民减赋，细致不差。秩满后调任嘉兴，累官太常寺卿。淳人怀之立祠于学宫左。

萧元冈

萧元冈，字希高，泰和人，明万历九年（1581）任淳安知县。他筑东西两湖，修建青溪桥；关心民间疾苦，煮粥疗饥，捕虎安民，实心实德做实事。尤为突出的政绩是弘扬淳安"文化名城"。在县治前有旧额"严陵首邑"，萧知县予以加高加宽，下为三门，以代屏树，改题"文献名邦"。在学宫棂星门左，萧元冈题名"蛟腾凤起坊"。他为了弘扬淳安的人文盛事，在"文献名邦坊"前为商辂建三元宰相坊；在县治中街，为胡拱辰、徐贯立同朝尚书坊；在县后街为少参程愈立春官藩参坊；在县前街，为进士徐贯、徐鉴、徐汝圭、徐楚，乡进士徐宪、徐淑立科甲世承坊。加上前人在县治南为榜眼黄蜕、状元方逢辰、探花何梦桂立的三元坊，新桥为方逢辰立的状元坊，在官贤里为知县应与权等七人立的簪缨奕世坊，以及父子公卿坊、承流坊等，贺城内外牌坊林立，可称一绝，并在西湖上建宝兴书院，对邑民宣谕化俗。萧元冈在淳悉捐己俸佐之，建造"文化名城"，文栽桃李，功莫大焉。离任时，淳邑人民倾城挽留，马不行，鞭不及，后为之立祠纪念。

蔡方平

蔡方平，字君衡，闽诏安人，明万历十五年（1587）任淳安知县。蔡方平赋性恺悌，敷政宽和。上任正遇天灾大侵，饥民啸聚滋事，蔡尽心劝导抚谕，饥民解散，并开仓发粟赈贷，救活灾民万计，还周访贫乏者。济灾扶困后，轻徭薄赋，激励课农，抑制强豪，平雪冤狱，邑民称颂。在当时百废待举之际，修学宫，浚灵港，政绩卓著，政声远播。尤历戊子冬（1588）入京朝见皇上，入觐时竟不能治装，其廉洁确称冰清玉洁。秩满离任，邑民依恋不舍，后建祠作为名宦贤臣以祀。

蔡谟

蔡谟，武进人，明万历二十年（1592）任淳安知县。为官清正廉洁，到任即谢绝馈赠财物，对蓄意贿赂者，严词拒绝并斥之，公明廉威，无敢干以私者。而且革除弊政，轻徭薄赋。并周访乡里，"谟至悉改其弊，不复为民累"，又建议特祀海忠介公，尽心尽力宣谕海瑞之德政。去任后，淳安百姓塑其像于海忠介右。

吴天洪

吴天洪，字望江，安徽歙县人。明万历年间进士，万历二十三年（1595）任淳安知县。任职当年，即重修大成殿；万历二十八年修建社仓，广积仓为廒，以"仁、义、礼、智、信"标识，每廒五间，每间贮谷600石，歉灾之年散之于民。吴知县为大力弘扬海瑞精神，将原在县西察院右简陋之海公祠改筑于贺城对岸南山山麓，其祠坐南朝北，遥与县衙相对，祠内塑像立碑，意以海公之清正廉明为轨范，教诫后辈。吴天洪还在县东五里水口，建造凌云塔。主修了万历淳安县志，可惜已失传。他在淳有德于民，青溪滨建有祠祀之。

翁恕

翁恕，湖北黄陂人，明万历三十四年（1606）任淳安知县。以海瑞为楷模，对海瑞推崇备至，撰写《忠介海公祠碑记》，详介海瑞在淳为政四年的德政善举，并说："如我忠介海先生者，治淳高厚如天地，震迅如霆雷，明烛如日月……遇孱弱贫瘠则抚，遇势豪强暴则摧。而直己守道如一辙，在朝为社稷臣；而邑为父母。性甘淡泊有采薇之风，天挺忠贞有叩马之节。"

帅众

帅众，字我一，奉新人，明万历四十五年（1617）任淳安知县。在任洁己爱民，减赋课农，兴礼学，建义仓，修葺大成殿，皆出其划。官至都御史，后人多显者。淳人思之，置祠于南山之麓。

耿进明

耿进明，字良夫，滇南晋宁人。明万历四十七年（1619）任淳安知县。执法不阿，惠政及民；粮捐陋规则蠲之，差顿供亿则均之；厘弊革顽，威以恩济。整修大成殿两庑，淳人颂德勿谖，立祠青溪滨。

杨鸿

杨鸿，字子渐，号水心，武陵人。明天启三年（1623）任淳安知县。既莅淳邑，则修演武场，治浮桥，构宪署，整坛庙，修仓储，置等田，百废俱举，不遗余力，不辞辛劳，邑民声称不绝。邑人徐应簧撰写《杨侯新置学田记》，赞扬他"捐俸行赈，而学田特养士，士为国之元气，养士政之先务，杨侯来令吾淳，慨然以斯文为己任"。

杨启声

杨启声，蜀之屏山人，明代万历乙卯年（1615）乡进士，崇祯三年（1630）任淳安知县。在县东六十里建造锦溪桥，也称杨公桥。邑人方尚恂有《锦溪桥记》："沿雉水而下六十里左腋为锦溪，其地处建淳之会，西通徽歙，行旅负贩耕夫牧子之属，涉无时，肩相摩……每春夏浍潦暴涨……不可飞渡；岁寒冱也，则磴齿齿而流淙淙，冷刺入骨，涉者胫肌如剪。壬申杨侯来莅吾淳……即倡募建桥。侯之福利我淳非一矣，靡灾弗恤，靡害弗除，靡坠弗举，功施在淳，淳人歌舞之……锦溪之浒，世世颂杨公桥不忘。"杨知县还在县城西湖边鹿鸣书院旁建起文昌阁，以示崇文昌学。他工诗善文，有《青溪怀古》诗："连山隔渐翠屏开，两水环洲夹镜迴。彩鸟白云长似昔，谪仙何事不重来！"

高秉衡

高秉衡，明代崇祯十七年（1644）任淳安知县，是明代淳安最后一任首官。在淳安县城隍庙左为邑人进士吴希哲建立高山书院，并撰文立碑："吴公盖所称贤而有功德者……邑人醵金建祠以闻，公不许所靖，复……为建书院……余顾瞻祠下，爰解俸以佐丹垩，事竣而颜之曰'高山'"。

清朝

史可证

史可证，号印心，山西翼城人，由乡举清代顺治三年（1646）莅淳任知县。当时反清声浪不断，顺治五年（1648）八月一日，浙西天目山农民起义军攻进淳安，淳无城堞，守民无器仗可御。义军入城，一炬烧毁县治。史可证叹曰："吾以身殉耳。"遣儿子快出逃，其子曰："为臣死忠，为子死孝，愿随大人生死已。"而义军至，官署一炬成灰土，史可证父子遂皆遇难。巡道韩宪表其功，称史见危受命，人臣之道尽矣！

谢良琦

谢良琦，字石耀，号献庵，全州人，明崇祯举人，清代顺治六年（1649）任淳安知县。当时县治署衙毁于兵燹，谢良琦登堂则见向之所为画栋连云者已付之一炬，乃庀材鸠工而建前后堂、川堂。他又修学宫，修义仓，还整葺琢句堂，并写下文采飞扬的《琢句堂记》。谢良琦公余辄赋诗，并以诗言志。他常登琢句堂，对之赋诗。后官至常州府通判。著有《醉白堂》文集。

张配乾

张配乾，清顺治八年（1651）任淳安知县。修文庙，修尊经阁，后署建德。淳安儒学教谕闵圻申有《署淳安建德张二尹修文庙跋》，曰："张公名配乾者，署淳篆不过数月，伤文庙之倾颓，慨然以修葺为己任，捐金若干，鸠工丹护，庙貌聿新……目击尊经阁址，鞠为茂草，并有启建之志，惜乎署篆未久，不终厥志……"

张一魁

张一魁，号梅庵，吴东人，清顺治十年（1653）冬任淳安知县。顺治十二年乙未（1655）岁大侵，受灾严重，张知县于东西两庙煮粥赈饥。时遂安、寿昌多盗，张知县严保甲，侦谍有警，即同防守易廷秀提兵剿之，淳赖以宁。张一魁为政五年，政绩卓著。鼎新县治，重修了按察分司署和宪司。首建政

事堂，求民之瘼；修浮梁以利济，设仓廒以备荒。自有廪积之赈，贫者免流殍，富者安其业。张知县还倡勒石于南河渡口，修建青溪桥。顺治十四年（1657），为邑士民兴建了怀棠书院。张一魁在淳安政绩斐然，晋擢州守。

房循矱

房循矱，号扩园，安州人，清顺治十五年（1658）任淳安知县。任中为人慈祥，为政深苛。工诗善书，雅绝一时。顺治十八年（1661），重修城隍庙。他崇敬海瑞，有《题海忠介公祠》诗："萧然一筐半肩书，坐拥南山曳敝裙。前辈丰神犹在昔，清风江上近何如？"

赵之鼎

赵之鼎，号爱周，陕西蒲城人，由乡举于清顺治十八年（1661）任淳安知县。时奉旨丈量田亩，严谨认真。他捐资修建朱文公、名宦、乡贤三祠。当时教谕谢鼎元曾写有《重修乡贤祠碑文》文："邑侯赵君欣然捐俸嘉与有成……殚志经营，踵事而增华……往观则见夫座位之庄严，堂室之轩朗，墙楹之整洁，直与乔树青葱、远山，交映于春风秋雨中，而使先贤有以栖其灵，后人得以肃其观。"他又为邑民在县十里召石渡建起憩露亭。邑人闵圻申作诗曰："锦溪波撼小金山，西望新安去路弯。水势连天舟上击，旅人中道倦思还。新亭突兀迎仙客，古渡迷离忆旧关。憩露芳名应不朽，甘棠遗泽永潺湲。"赵之鼎在淳有政声，晋副都御史、少司空。

赵恪

赵恪，清康熙六年（1667）任淳安知县。一上任目睹邑民田亩图册毁而不全，赋税缴而不匀，即开展清丈田亩，建立新的"鱼鳞册"。将逐块田亩数、四至、地形和山地业主，因图所绘挨次排列如鱼鳞，依实征徭。本邑举人王行健撰写的《淳邑清丈记略》云："邑侯赵公恪，遵宪戒命履亩而丈，务与民休息期足原额而止。山源水滨有涨没酌量蠲之，侯独轸念民瘼，虑丈正之作奸，吏胥之侮法。侯于国计民生殚心力施，实德如此，喜惠滋多"。

张三让

张三让，字肃之，辽阳人，前镶白旗礼部笔帖式，清康熙十年（1671）

任淳安知县。张干练于事，遇繁剧绰有条绪。上任之岁灾荒严重，饥赈有方，并置义冢"广孝处"。主修康熙《淳安县志》，在职虽未完纂，嘱教谕闵圻申续之。淳安人民为纪念他，建有惠政亭。

刘可仕

刘可仕，字伯升，辽阳人，镶黄旗监生，清康熙十四年（1675）任淳安知县。有胆决，精骑射，练乡勇入山搜伏且剿且招，渠魁皆稽，会严协镇鲍虎提兵四捕余党。秩序恢复后，刘即修浮梁，民尤称便。又整修大成殿，易殿宇栋梁加丹护。淳安名士徐士纳专为他写有《剿抚实迹》。

于栋如

于栋如，字隆九，金坛人，清康熙庚戌（1670）进士，康熙十九年（1680）任淳安知县。才名卓绝，下笔有神，为诗咳唾立就。上任后即修葺学宫，勤月课，催科不扰民，折狱断案如神。时县教谕陈斐写有《淳学重建两庑记》云："于公来为令，负精敏之才……甫谒庙即捐金修两庑而妥，诸贤儒而明孔子之道耶！"于栋如来淳只数月，即下乡村周访，曾有《云息道中口占二首》诗："重峦径峻地无多，油幕临崖醮绿波。香草袭衣浑不识，鸟声啼破碧山阿。麦陇青黄半未匀，朝来唤雨憎鸠声，民生艰餐情何限，默向山灵祝晚晴。"后补湖广监利令，御史台以终。

胡就臣

胡就臣，字君来，号瓯庐，湖广监利人，清康熙二十年（1681）任淳安知县。崇儒尊贤，重建魁星楼，整葺尊经阁，修学宫，置学田10亩。他更关心民生疾苦，康熙壬戌、癸亥两年，水旱重灾，民无升斗，民尽瘦至不能担粪，相携负往他乡沿巷乞食。胡就臣带头捐出俸金及同僚所输俸共一千余金，先后下省城易米。他还置义冢，为贫无殓者安葬。复建姜孝子墓，修建青溪浮桥，胡皆捐俸先之，并与教谕陈斐、训导孟士模礼聘邑士修辑《康熙县志》。胡就臣在淳政绩卓著，去后士民思之，俎豆于菁莪祠。

刘湜

刘湜，湖广潜山人，清康熙三十五年（1696）为淳安知县。为人宽怀接士，

实心勤民。初肆业国学时即闻淳安周六云先生之名，一抵淳即登门拜访。在淳七载，每次以米肉馈周。当时毗邻淳安的开化、常山、三衢农民聚众反清，波及淳、遂。刘湜年少英俊，以骑射为乐，闻寇则躬先士卒跨越险阻，奋不顾身，驱策一马缚其酋豪。不数月，群凶荡平，略无遗种，民享康宴，士习弦诵，安居乐业如其初。刘湜在淳任上曾遇大旱，火云四布，日中不遮阳过市，焚香露顶布袜青鞋登上龙山祷雨。后积劳成疾遂不起，父老述之犹泣。

杨廷杰

杨廷杰，字倡九，云南通海人。清康熙庚午（1690）举人，于康熙四十八年（1709）授淳安知县。上任后，即雪邵鲁氏毒夫冤狱。邑户籍蒙混，历年多积，杨廷杰清查登记为立滚簿。康熙五十年（1711）改建万寿宫，修学宫，浚泮池，整射圃，捐俸创义学，又在邑西建朔望讲约所。康熙五十一年（1712）大修文庙，修建青溪桥等。在任八年，政绩辉煌卓异，荐擢四川蓬州知州。去任后士民怀德，建杨公祠于南山青溪楼下。

高士模

高士模，卢龙（今河北）人，康熙六十一年（1722）任淳安知县。淳邑山溪受歙流下，岁邑多水患，屋庐漂荡，津梁之设屡修辄毁。雍正二年（1724），高士模修葺青溪浮桥。在县城东湖，明万历萧元冈建之文昌楼遭兵燹，高知县倡士民复建之。

姚永先

姚永先，南城人，清雍正四年（1726）任淳安知县。任职时曾在县东郊二里地建先农坛，并置藉田四亩九分。他还在县城崇圣宫右建忠义孝悌祠，祠内设有程灵洗、鲁俦、钱岪、方庚、吴洪德、吴雄飞、鲁渊、钱常等29名淳安忠义先贤。

钱学洙

钱学洙，上海人，清雍正六年（1728）任淳安知县，在县城环翠门外率先建起育婴堂，以收养遗弃婴儿。

王仕源

王仕源，山阴人，于清雍正七年（1729）任淳安县令。为人性敏有干才，倡建龙王庙于南山麓，便民祷祈。他见自青溪渡至香炉石下滩，石如齿状，狰狞欲噬，浪狂多覆舟，遂在横溪一带，叠石为坝，称之官坝，导南岸之水缓注北岸下，驱除壅沙，广纳上流，杀其水势，往来客舟遂恃以无恐。他还增建预备仓忠字廒五间以赈灾。又见大成殿、明伦堂栋梁尽为虫蚀，椽倾瓦滑，雨漏如注，即集资修葺。教谕成廷揖为此撰有《重修淳学碑记》。

姚梦鲤

姚梦鲤，广东东莞人，清代进士，雍正八年（1730）任淳安知县。为人谦退下士，不轻置人于刑，既有重囚，务严鞫者，往往重囚者涕泣道之，囚亦输情不讳，情动感化。并悌恤民苦，重建预备仓丰字廒六间，裕字七间以备灾荒。他离淳后，对淳安山水人情魂牵梦萦，撰《梦游小金山记》："今别淳四载，山灵如在，山景依然。吾莞距淳虽四千里外。痦寐间，时若舟过，徘徊亦不啻八九……况城郭人民，古今物望更倍于有情山水。"

田长文

田长文，山西高平人，清康熙壬辰（1712）进士，雍正九年（1731），由宁波镇海令改授淳安知县。为官棱棱有风力，威严肃然。如有人以私事投刺谒者，必宾馆罗列隶卒，乃一见。初莅事，乡民操土音，间由胥吏转达，公怫然曰：招稿具在，我不辨音，讵不识字耶？叱退之。一日鞫囚，囚引律相抵，公曰：此必猾吏教也，讯之果然。遂置吏于法。后以老病自劾，大府廉其能，不忍辄罢，为置协办官，阅月终于署。

查世柱

查世柱，罗山人，雍正十二年（1734）任淳安知县。次年，于预备仓筑垣以备晒晾仓谷，盖丰年补败之计。并修整青溪浮桥。与教谕成廷辑、训导沈绍淇捐俸重整崇圣宫。诏免雍正十二年（1734）以前旧欠各粮杂税。恩赐军民七十以上者，一丁侍养免其杂役；八十以上者绢一匹，绵一斤，米一石，肉十斤；九十以上倍之。恩赐妇女年七十以上者，布一匹，米五斗；八十以

上者绢一匹，米一石；九十以上者倍之，百岁以上者题名与建坊银两。乾隆元年（1736），恩诏老人中有德者给予八品冠带荣身，淳安得四名。

刘希洙

刘希洙，字圣脉，陕西蒲城人，清乾隆九年（1744）任淳安知县。是年六月廿九立秋，大雷雨连至七月初五日，江涛怒涨，县城漂没，所不浸者唯县治学宫及城隍庙，男女逃命骑屋危号，呼声相闻，惊恐万分。县令刘希洙急出库银募舟绕屋救之，连日不暇。江南北岸并各乡共倒民居万余间，淹死有名姓者三百六十八人。刘知县号恸，在泥泞中不惮艰涉，飞章上报，府粮储道程光钜运粮赈之，而抚军常公临勘得实状，连章上请奉恩旨蠲赈并施至次年秋。青溪桥铁绠罄遭漂没，刘知县上其状，动支公项银两，重新建造，悉如旧制。旋捐俸筑北岸、西门两堤以御水患。刘希洙在淳恤民救灾，淳民德之。

刘世宁

刘世宁，字翰齐，江西新淦人，清乾隆十年（1745）进士，十八年（1753）任淳安知县。通经饱学，文采斐然。一到淳安，为锦山秀水所倾倒，写了大量诗篇，县东的安乐山、合山，县西的东山、百桂山，县南的云濛山、尹山及县北的仙女洞，他都分别写诗以咏。他重修文庙学宫，兴建纪念朱熹的紫阳书院。乾隆十九年（1754）还和教谕袁维熊、训导吴大藻鼎新了魁星阁，修建城隍庙和钟楼。他重建了"文献名邦坊"，广为十二柱。他在《重修文献名邦坊记》曰："淳邑以文献名邦竖坊有古意焉。立之标准，其制公也……盖匪直文毅之三元宰相，接武沂公；而唐之皇甫称韩门弟子；宋之蛟峰绍程朱言，对策第一者也。融堂妙语，潜斋诗歌，以逮元明之交而鲁道源、徐大年辈率能近文章……其为文献林立之邦，而称斯名，可以不愧矣！"

陆之栋

陆之栋，清道光十六年（1836）任淳安知县。在道光庚子年（1840）重修西庙，并撰写《重修西庙记》，曰："淳安山阴侯贺公，辟土开疆，福国佑民。自后汉以来郡人士立庙祀神，东西两峙，而西庙据上游称古庙。丙申岁，余摄篆是邑，甫下车亲谒侯祠，灵爽如在……越丁酉夏既遭淫雨……座前正楹朽蠹脆弱……余捐俸百金以助修葺，事未果，多士旋扶鸾请神决之……告竣于庚子之秋……约费二千三百缗有奇。"

姜卓

姜卓，字瀛仙，湖南湘阴县人，举人，清同治六年（1867）任淳安县知县。时值太平天国战乱，百业凋敝，一片荒凉。兵燹之后，学宫俱为灰烬，唯大成殿尚存而倾颓殆甚，知县姜卓筹款重修。次年离任。

王绍庭

王绍庭，字继堂，四川雅安县人，清同治七年（1868）任淳安知县。后去任，于同治十一年（1872）复任淳安知县。任内全面清赋，确定田、地、山、荡、基五产权。

李诗

李诗，字吟秋，湖南临湘县人，自称岳阳李诗，清代附生，光绪八年（1882）四月任淳安知县。聪颖嗜文，学识渊博，为官惠政爱民，在百废待举之际，他为淳安干了很多实事。首先他崇文兴学，重修文庙。棂星门由来西向，棂星门外又有黉门，正对云源之鱼口峰，为邑中人文之瑞征。昔时黉门旧址乃辟为便门，以挹西峰之秀。其旧泮宫业为瓦砾堆积成阜，乃为重浚以石栏围葺。同时李诗筹捐整修学署，重建其仪门，移门丈余地，改其额曰"桃李公门"，还重修了梅峰书院，整葺魁星楼，又捐俸修整县治。光绪壬午（1882），知县李诗谕绅士集捐大修阴侯庙（东庙），修葺并重建避暑楼及楼前侧屋等处，接着又修城隍庙，复建观音阁、吕祖殿等处。李诗主纂了《续纂淳安县志》。

屠寄

屠寄，字敬山，江苏武进人，清光绪进士，历任翰林院庶吉士、京师大学堂正教习和工部郎中，光绪二十九年（1903）抵淳任知县。

时淳安交通闭塞，文化落后，全县五万户中，识字者不及百分之五。屠寄尝微服夜行，过某私塾，闻声而入，学生尚诵读八股文。他感慨万端，认

为"待理百绪，兴学首端，教育求善，急在师资"。光绪三十二年（1906）春，新创两级小学堂，并开设速成师范班，自任校长，还担任伦理、史地、国文诸课教学。凡有志求学者，一概不拒。为补教育经费之不足，首设茶叶附捐，由茶商认定捐洋。在兼理司法业务时，凡物权、财权涉讼者，听审后晓以大义，令解囊捐资以充实教学费用，开具收据，以彰热心教育事业。对家有子弟入学者，其父兄来县，随时接见，以示荣宠。建校所需工匠，辟建体育场的杂役，为不扰民且又省资，以狱囚充任。

师范学校的开办，使一些开馆授徒的老塾师十分嫉恨，他们唯恐大批师资育成，威胁其生计；创办新学，也引起一些守旧分子的不满。光绪三十三年（1907）七月初六，以东乡狂生方晋为首的一批人，闯进学校，捣毁教室和图书仪器。屠寄以理相谕，彼等极不讲理。后严州知府闻讯派兵前来弹压，为首者被拘捕。为平息事端，屠寄只要求闹事者出资修复了事，自己则请长假回原籍。迄辛亥革命前夕，清廷将亡，屠未再来淳。

民　国

阮陶镕

阮陶镕（1882-1940），字石泉，浙江乐清县人。光绪末年浙江巡警学校毕业。民国元年（1912）九月，出任淳安县知事。厉行劝农、兴学、赈恤、禁烟，督促铲拔罂粟苗 1960 亩。阮在任三年，民称颂之。

民国五年（1916），随屈映光至山东，任山东省公署委员。后还乡归农。1940 年病故于乐清县白溪镇泽前故居。

冯世范

冯世范，生于 1903 年，浙江绍兴人。国立东吴大学商科毕业，获经济学士学位；1928 年 6 月，浙江省政府举行首届县长考试时，获第一名。

1928 年 8 月 15 日，试署淳安县县长。抵淳后，即以兴学为要务。时淳安县未设中学，师范学校也停办多年。1929 年 9 月，冯世范开设淳安中学，并附设师范部，兼任校长。原淳城后街系一长渠，由于多年失修，渠道淤塞，不堪行走。冯县长亲临踏勘，倡议以石板铺面。1930 年 9 月，后街路面铺成，长 500 米，共铺设长一丈、宽三尺的石板 500 余块。县人感冯世范之辛劳，遂将后街取名为"冯公街"。冯世范在任职期间，还规划长龙山为中山纪念林地，栽种松树 20 万余株，又在程家山脚建成通安门，杭淳公路穿此入城。是年，还建成淳安至建德的长途电话线路，杆程 56.44 公里，耗资 1.6 万元。4 月 20 日，淳安县设立民众教育馆。淳安以边界重地之故，由原列二等县为一等县，并进行乡镇规模调整。

冯世范在 1929 年 3 月查禁蜀阜赌案时，赌徒郑子香拒捕毙命，另在处理陆润泽聚赌一案时，未按法律程序起诉宣判，擅自封屋。两案引起部分民众不满而上告，省政府查实后予以记过两次。1930 年 8 月 26 日，调任余杭县县长。

丁琮

丁琮，1930 年 10 月任淳安县县长，翌年 4 月 25 日筹建淳安县医院。6 月淳安暴雨，受灾 44 乡镇，冲毁土地 2070 亩，县长呈报告至省，省赈务会发赈款 9000 元。是年淳安雨量站和风力站设立，每月始有雨量统计。

周颂西

周颂西，生于 1883 年，浙江吴兴县人，上海震旦学院文科毕业。1932 年 12 月任淳安县长。

周于 1912 年即加入国民党，曾任上海大学教授、广东茂名县县长、浙江印花税局副局长。1932 年 11 月 17 日接任淳安县县长。1933 年 3 月起，淳安至遂安、淳安至建德公路动工兴建，次年 7 月前后，陆续竣工通车。9 月 4 日，在茶园区石青乡筑路的华北公司工人、民工和警察发生冲突，警察开枪打死两名工人，工人激愤夺枪拘警，县长周颂西奉命从严制止。是年 12 月调离淳安。

方引之

方引之（1900—1951），又名懋坤，浙江奉化人。1925 年黄埔军校毕业。

1934年7月被任命为淳安县县长，积极执行国民党的"剿共"政策，毙杀革命群众、共产党员多人。1934年，民称"甲戌大旱"，饥荒严重，而苛捐杂税有增无减，农民走投无路。1935年夏天，又连遭大旱，淳西和歙南的农民在共产党领导下举行金竹暴动。8月27日，淳安县县长方引之和歙县县长石国柱联合派县保安队800余人前去围剿。方引之又慌忙报告上司，再从建德、寿昌调遣保安队包围暴动队，使多名农民牺牲。9月12日，县保安队又扑向威坪洞源村围捕地下党员徐樟顺，打死了徐樟顺和他的母亲，并残忍地割下徐樟顺的头颅，在淳安县城示众。1935年8月初，方引之上书省保安司令，要求将中共长岭区委书记方云峰早日押回本地枪决，1936年4月18日，方引之监督杀害了方云峰。方引之于1937年4月调离淳安。抗日战争胜利后，曾任辽宁省营口市市长。

1951年以反革命罪在宁波市被处决。

李文恺

李文恺，生于1900年，字侠民，浙江东阳县李宅人。1923年毕业于杭州省立第一师范学校后，报考黄埔军校，在军校学习期间加入国民党。1924年黄埔军校毕业，长期在军队供职。1932年起从政，任浙江常山县县长。1938年改任淳安县县长。同年5月，淳安县合作金库成立，李文恺任主任。是年，李文恺命县人王志华募兵成立抗敌自卫团第五总队，王志华任队长出县境和日寇作战。1940年2月在萧绍边境华舍镇一役，歼灭日军近40人。是年1月，李文恺调离淳安。

沈松林

沈松林，生于1906年，江苏省盐城县人。1929年南京中央大学经济系毕业，回乡后任盐城县立职业中学校长。1930年初，参加浙江省第三届县长考试，被录取后在浙江省民政厅实习。1937年春派任云和县县长，1942年调任淳安县县长。当时正值日本侵略者攻占建德、进逼淳安之际。沈松林除动员县政府所属机关人员紧急疏散至梓桐外，县府内仅留他和其他14人维持治安。淳安中学、简易师范为避日寇迁至威坪蜀阜，1943年迁返淳城。1942年6月19日、30日，两度暴雨成灾，洪水涨至淳城孔庙，东门街屋顶行舟，淹没土地7.3万亩，毁房1.5万间。8月11、12日，日机轰炸淳城，毁房170间，死伤多人。在这危难时刻，沈松林临危不惧，使当时社会秩序安定，人民情绪平稳不乱。1944年离任后至浙江省政府工作。

1949年解放后，曾任省人民政府秘书。1951年4月27日因历史问题被逮捕，判刑10年。1985年5月，浙江省高级人民法院审查沈松林的申诉后，作出"不以反革命分子论处"的结论，同年8月，沈松林被浙江省人民政府聘为省府参事室参事。

詹天觉

詹天觉，生于1898年，安徽省休宁县人，北京大学法学科毕业。1922年留学美国，获哥伦比亚大学经济硕士学位。1940年1月至1941年12月，任淳安县县长。他开征"山地收益捐"，征集余粮搜括人民，中饱私囊，民众称之为"詹铜匠"。詹天觉还大肆抓兵，敲诈勒索。1941年夏，詹天觉指令兵役科卢科长和兵役督导员王行礼，带着自卫队到环水乡（今横塘）抓兵、派捐。横塘村被逼得无路可走的村民王寿柏、程路里等一伙人埋伏在稠岭上，一举截获了前来作恶的兵役科长、督导员，将两人押到本乡与歙县交界的蛤蟆石山岭上，督导员王行礼意外死亡。保长等闻讯后，立即纠集一些财主和地痞持枪冲上山，把卢科长带下山，掩护他逃往县城。詹天觉即派来大批武装警察对横塘村进行疯狂报复，砸毁52户锅灶，抢走衣物无数，更激起广大农民的怒火。村里有位老先生把这次农民斗争编成歌谣，油印成传单，将"扑扑心头不怕吓，先杀督导后天觉"的传单散发到金、衢、严及全县各地。詹天觉怕得要死，便偷偷地溜出了淳安。

1953年12月6日，经华东行政委员会公安部批准逮捕。1954年1月，押回淳安判刑10年。

潘震球

潘震球（1906—1949），原浙江宣平县坦洪乡上坦村人。1927年前后毕

业于南京东南大学。1934 年考取县长后，先在浙江省民政厅实习二年，于
1937 年 10 月分配在遂安担任县长。1939 年 1 月奉调回省政府担任人事科长。
1943 年 7 月调任淳安县县长。在淳安任上，曾筹建淳安县简易师范学校，并
兼任学长。1947 年 8 月潘震球调任嘉兴县县长。1948 年去职定居于杭州。
1949 年 5 月，杭州解放后，被当年在淳安捕判的毒犯暗杀于杭州寓所。

韦淡明

韦淡明，又名润清、静远，浙江东阳县城人。1929 年 6 月浙江省警官
学校毕业。随即赴日本警校留学。1932 年回国后，长期在国民党警界、政
界任职，是军统特务。1947 年 8 月，任淳安县县长。1949 年 4 月下旬，辞
职离淳。

韦淡明任淳安县县长期间，扩充县自卫总队，组建县"戡乱建国委员
会"，多次与共产党领导的游击队作战。1949 年 2 月，王阜乡赵家坪之战，
韦淡明从东阳带来的亲信、县自卫队中队长虞兆鑫，分队长王学仁、李学
文等 20 余人被歼灭。韦淡明惨败辞职，卸职前，企图带走在淳安贪污的稻
谷 4000 余斤、桐油 2300 余斤、皮油 10 担，被四区专员陈重侦悉，在茶园
镇截阻。

1950 年韦淡明在杭州被逮捕。当年 11 月 7 日押回淳安，被判死刑。同年
12 月 13 日在县城西门小桥头溪滩枪决。

淳安县首官名录

三国吴县令

序号	姓 名	籍 贯	任职时间
1	汪文和	歙县	三国吴（约 215—220）

晋代县令

序号	姓名	籍贯	任职时间
2	邵坦	常州宜兴	东晋

南北朝县令

序号	姓名	籍贯	任职时间
3	洪纂	丹阳	南北朝
4	傅岐		南朝梁天监中
5	王智仰	丹阳	南朝陈永定中

唐朝县令

序号	姓名	籍贯	任职时间
6	汪广	歙州	武德年间
7	陈明府	青州	乾符年间

宋代县令

序号	姓名	籍贯	任职时间	备注
8	孙谠		至道三年	
9	李陶	华阳	熙宁年间	县志未记载,苏东坡有诗证
10	何友直		熙宁九年(1076)	
11	陈光		宣和二年(1120)	《严州府志》为至和三年任

续表

序号	姓　名	籍　贯	任职时间	备注
12	俞彦兴		宣和中	《严州府志》为"俞彦与"
13	陈汝舟		宣和中	
14	孔括		绍兴六年（1136）	
15	孙传		绍兴八年（1138）	新县志未入，《严州府志》载名为孙傅
16	曾怀		绍兴十四年（1144）	
17	吕南夫		绍兴十八年（1148）	
18	张栖筠	鄱阳	乾道六年（1170）	
19	陈烨	福唐	淳熙五年（1178）	
20	章子获		淳熙十四年（1187）	
21	郑擢	吴兴	庆元三年（1197）	
22	石宗万		开禧元年（1205）	
23	郑湜	信安	开禧三年（1207）	《严州府志》为"郑湜"
24	杨恕	京口	嘉定三年（1210）	
25	应与权	黄岩	嘉定九年（1216）	
26	赵崇斌		嘉定十年（1217）	
27	戴恩圣		嘉定中	《严州府志》为"戴恩圣"
28	赵希瑾		嘉定中	新县志为"赵希瑾"
29	黄山成		嘉定十五年（1222）	
30	杨宗元		宝庆年间	新县志为"嘉定中"
31	祝孝颖		宝庆年间	新县志为"淳祐中"
32	庄梦说		绍定中	新县志为"淳祐中"

续表

序号	姓 名	籍 贯	任职时间	备 注
33	谢廷之		绍定中	新县志为"嘉定中",《严州府志》为"谢挺之"
34	钱难志		绍定中	《严州府志》为"钱难老"
35	蒋 衡		绍定中	新县志为"淳祐中"
36	王 旻		绍定中	新县志为"王昱","淳祐中"
37	王 息		绍定中	新县志为"淳祐中"
38	赵崇璠	南丰	嘉熙四年（1240）	新县志为"淳祐四年"
39	胡惟贤		淳祐元年（1241）	据《淳安县修儒学记》补记
40	虞 烒	四川陵阳	淳祐五年（1245）	
41	冯如愚		淳祐中	
42	吴 楹	崇安	淳祐中	
43	叶润孙		淳祐中	
44	石孝闻		淳祐十年（1250）	
45	赵汝渥		淳祐中	《严州府志》为"赵与渥"
46	黎祖绍		淳祐中	《严州府志》为"黎祖昭","绍定年间"
47	史琦卿		淳祐中	《严州府志》为"史奇卿"
48	张 壎		淳祐中	《严州府志》为"张埙"
49	叶汉老		淳祐中	
50	应 偶		咸淳中	新县志为"应偶",牌坊里记为"应颙"

续表

序号	姓　名	籍　贯	任职时间	备注
51	曾子良	临川南丰	咸淳末	严州府志为"南丰人"

元代达鲁花赤

序号	姓　名	籍　贯	任职时间	备注
52	爱祖丁		至大元年（1308）	新县志为"至元二年"
53	别都鲁丁		至大三年（1310）	
54	孛罗		至顺四年（1333）	
55	忽哥儿		后至元四年（1338）	新淳安县志未记
56	阿鲁温沙		至正元年（1341）	新县志为"阿鲁温"
57	亦不剌金		至正十一年（1351）	

元代县尹

序号	姓　名	籍　贯	任职时间	备注
58	应偶		至元三年（1266）	
59	赵达		至元中	
60	宋德懋		至元中	
61	线荣		大德三年（1299）	《严州府志》为"线荣"，且是达鲁花赤
62	李原		大德七年（1303）	
63	李思明	睢水	至治元年（1321）	
64	韩临		天历元年（1328）	县志未记，补记

续表

序号	姓名	籍贯	任职时间	备注
65	刘彭寿		元统元年（1333）	
66	杜明显		至正元年（1341）	
67	汪汝懋	淳安西隅	至正中	
68	王显	汉川	至正中	
69	赵琬		至正末年	

明朝知县

序号	姓名	籍贯	任职时间	备注
70	和鼎		洪武二年（1369）	
71	陈又新		洪武六年（1373）	
72	李信		洪武八年（1375）	
73	韩钝	河南	洪武十年（1377）	
74	贾宣	河南	洪武十八年（1385）	
75	杨仲良		洪武二十一年（1388）	
76	吴孟肃	金溪	洪武二十三年（1390）	
77	张以刚		洪武二十六年（1393）	
78	冷润	丹阳	正统年间	
79	洪渊		正统四年（1439）	
80	刘著		景泰四年（1453）	
81	邓廷瓒	四川巴陵	景泰六年（1455）	
82	王衡	稷山	成化二年（1466）	

续表

序号	姓 名	籍 贯	任职时间	备注
83	张 纯	江陵	成化八年（1472）	
84	汪 贵	歙县	成化十一年（1475）	
85	丁 炼	丰城	成化十五年（1479）	
86	许彦宾		成化二十一年（1485）	
87	刘 箎	永新	成化二十三年（1487）	
88	张 羽	扬州	弘治十年（1497）	
89	陈 渭	四川江津	弘治十四年（1501）	
90	黄 昇		正德三年（1508）	
91	杨 缙		正德四年（1509）	
92	史 萃		正德七年（1512）	
93	金 选	湖广荆门州	正德七年（1512）	
94	邱茂楑		正德十年（1515）	
95	赵秉贞		正德十一年（1516）	
96	高 鹏	蕲州	正德十四年（1519）	
97	姚鸣鸾	莆田	嘉靖元年（1522）	
98	林 岿	闽县	嘉靖六年（1527）	
99	徐庆衍	永新	嘉靖十一年（1532）	
100	任 纪	电白	嘉靖十三年（1534）	
101	魏 溥	绛州	嘉靖十六年（1537）	
102	张 俏	冈陵	嘉靖十九年（1540）	
103	张文绣		嘉靖二十三年（1544）	

序号	姓 名	籍 贯	任职时间	备注
104	黎世杰	东莞	嘉靖二十六年（1547）	
105	谯 忠	南充	嘉靖二十九年（1550）	
106	刘 泉	常熟	嘉靖三十年（1551）	
107	王 任	潜山	嘉靖三十四年（1555）	
108	洪英明	晋江	嘉靖三十五年（1556）	
109	海 瑞	广东琼山	嘉靖三十七年（1558）	
110	刘以身	吉安	嘉靖四十一年（1562）	
111	罗时中	萍乡	嘉靖四十四年（1565）	
112	郑应龄	莆田	隆庆元年（1567）	
113	陈若夔	武昌	隆庆六年（1572）	
114	戴庭槐	长泰	万历三年（1575）	
115	宋行可		万历七年（1579）	
116	顾云程	常熟	万历八年（1580）	
117	萧元冈	泰和	万历九年（1581）	
118	严贞度	嘉定	万历十一年（1583）	
119	钟文瑞	云梦	万历十三年（1585）	
120	蔡方平	闽诏安	万历十五年（1587）	
121	龙 釜	建宁	万历十七年（1589）	
122	危以平		万历二十年（1592）	
123	蔡 谟	武进	万历二十年（1592）	
124	吴天洪	歙县	万历二十三年（1595）	

续表

序号	姓 名	籍 贯	任职时间	备 注
125	刘体元	汉阳	万历二十九年（1601）	
126	翁 恕	黄陂	万历三十四年（1606）	
127	潘云凤	汲县	万历三十九年（1611）	
128	李光德	金溪	万历四十年（1612）	
129	帅 众	奉新	万历四十五年（1617）	
130	耿进明	晋宁	万历四十七年（1619）	
131	杨 鸿	武陵	天启三年（1623）	
132	翁懋祥	常熟	天启五年（1625）	
133	杨启声	屏山	崇祯三年（1630）	
134	侯宏先	扬州	崇祯七年（1634）	
135	肖鸣灵	丹徒	崇祯八年（1635）	
136	李永昌	渚阳	崇祯十五年（1642）	
137	高秉衡	凤阳	崇祯十七年（1644）	

清朝知县

序号	姓 名	籍 贯	任职时间	备 注
138	史可证	翼城	顺治三年（1646）	
139	叶子循	吴县	顺治五年（1648）	
140	谢良琦	全州	顺治六年（1649）	
141	张配乾		顺治八年（1651）	
142	罗汉章	丹徒	顺治九年（1652）	

序号	姓　名	籍　贯	任职时间	备注
143	张一魁	关东	顺治十年冬（1653）	
144	房循燧	安州	顺治十五年（1658）	
145	赵之鼎	陕西蒲城	顺治十八年（1661）	
146	赵　恪		康熙六年（1667）	
147	赵世祯	泽州	康熙九年（1670）	
148	张三让	辽阳	康熙十年（1671）	
149	刘可仕	辽阳	康熙十四年（1675）	
150	于栋如	金坛	康熙十九年（1680）	
151	胡就臣	湖广监利	康熙二十年（1681）	
152	何　伟		康熙中	
153	盛履升		康熙年间	
154	袁　玉	江西	康熙中	
155	王嘉植		康熙中	
156	崔　琮		康熙中	
157	杜继美	直隶枣强	康熙三十年（1691）	
158	路　坦		康熙三十二年（1693）	
159	刘　湜	湖广潜山	康熙三十五年（1696）	
160	米调元	湖广	康熙四十三年（1704）	
161	陈若濂	广西	康熙四十四年（1705）	
162	徐益哲		康熙四十七年（1708）	
163	杨廷杰	云南通海	康熙四十八年（1709）	

续表

序号	姓　名	籍　贯	任职时间	备注
164	李秉仁	山西	康熙五十五年（1716）	
165	侯学修	四川营山	康熙五十六年（1717）	
166	杨若懋	蒲州	康熙五十七年（1718）	
167	康违壁	庆阳	康熙五十七年（1718）	
168	陈以训	通州	康熙五十八年（1719）	
169	史凤霄	江南	康熙六十年（1721）	
170	高士模	卢龙	康熙六十一年（1722）	
171	薛景钰	四川	雍正四年（1726）	
172	姚永先	南城	雍正四年（1726）	
173	罗　昱	宛平	雍正四年（1726）	
174	张之俊		雍正六年（1728）	
175	杨克慧	山西忻州	雍正六年（1728）	
176	钱学洙	上海	雍正六年（1728）	
177	王仕源	直隶山阴	雍正七年（1729）	
178	董　懿	禄劝	雍正八年（1730）	
179	姚梦鲤	广东	雍正八年（1730）	
180	田长文	山西高平	雍正九年（1731）	
181	钱人鳞	江南武进	雍正九年（1731）	
182	张彦珩	徐州	雍正十年（1732）	
183	李其昌	龙岩	雍正十一年（1733）	
184	查世柱	罗山	雍正十二年（1734）	

续表

序号	姓　名	籍　贯	任职时间	备注
185	宋武元	旌德	乾隆二年（1737）	
186	华麟趾	宿州	乾隆六年（1741）	
187	查克萨	满洲	乾隆七年（1742）	
188	刘希洙	蒲城	乾隆九年（1744）	
189	胡士圻	江南	乾隆十二年（1747）	
190	周　挺	毕节	乾隆十三年（1748）	
191	李基生	直隶	乾隆十五年（1750）	
192	黄　宸	顺天	乾隆十五年（1750）	
193	赵元龙	四川	乾隆十六年（1751）	
194	纪从朴	文安	乾隆十八年（1753）	
195	刘世宁	新淦	乾隆十八年（1753）	
196	马文炳	三水	乾隆二十年（1755）	
197	杨廷芳		嘉庆六年（1801）	
198	王　评	山东	嘉庆十五年（1810）	
199	卢　琳	山东	道光年间	
200	伊念曾		道光年间	
201	王近仁		道光年间	
202	许瑶光	湖南善化	道光年间	
203	贾椿龄		道光年间	
204	孙玉田		道光年间	
205	宋锡鹏		道光年间	

续表

序号	姓　名	籍　贯	任职时间	备注
206	曹　坤		道光年间	
207	徐立人		道光年间	
208	刘绍琦	江西	道光年间	
209	陆之栋		道光十六年（1836）	
210	尹肇松		道光年间	
211	杨炳奎		道光年间	
212	刘　灼		道光十九年（1839）	
213	王承楷		道光年间	
214	世　昌	满洲	道光年间	
215	李世基	安徽	道光年间	
216	仲孙樊	江苏	道光年间	
217	孙继勋		咸丰年间	
218	何炳铨		咸丰年间	
219	陶云升		咸丰年闻	
220	何乃荣		咸丰年间	
221	李朝熙		咸丰年间	
222	黄　裳		咸丰十一年（1861）九月	
223	王开熙	湖南湘乡	同治元年（1862）九月	
224	韩道本	江苏江浦	同治三年（1864）十二月	
225	周　杰	广西灵川	同治四年（1865）三月	
226	潘　漠	湖南湘乡	同治四年（1865）七月	

序号	姓 名	籍 贯	任职时间	备注
227	雷兆棠	四川成都	同治五年（1866）六月	
228	韦登瀛	湖北枣阳	同治五年（1866）七月	
229	姜 卓	湖南湘阴	同治六年（1867）五月	
230	蔡 烜	江苏吴县	同治七年（1868）一月	
231	王绍庭	四川雅安	同治七年（1868）十二月	
232	白 瑛	湖南华容	同治八年（1869）六月至十一年（1872）	
233	王绍庭	四川雅安	同治十一年（1872）十二月	
234	张世堉	江苏吴县	同治十一年（1873）七月	
235	赵 熙	湖南善化	光绪元年（1875）八月	
236	缪 钰	江苏	光绪三年（1877）八月	
237	冯 健		光绪三年（1877）九月	
238	应肇元	福建南平	光绪四年（1878）九月	
239	金礴远	安徽英山	光绪四年（1878）十月	
240	倪望重	安徽祁门	光绪六年（1880）七月	
242	李 诗	湖南临湘	光绪八年（1882）四月	
242	屠 寄	江苏武进	光绪二十九年（1903）	

民国时期国民党县党部首官县长

序号	姓 名	籍 贯	任职时间	任职
243	王秉融	浙江分水	1912 年	县长
244	罗灿麟	浙江桐庐	1912 年 5 月	县长

续表

序号	姓 名	籍 贯	任职时间	任职
245	阮陶镕	浙江乐清	1912 年 9 月	县长
246	周铭钊		1913 年 1 月	县长
247	汤国琛	浙江苍南	1914 年 5 月	县长
248	范之千		1917 年 7 月	县长
249	杨兆釜		1918 年 9 月	县长
250	王家琦		1919 年 9 月	县长
251	李庚甲		1920 年 1 月	县长
252	汪 筠		1921 年 10 月	县长
253	陈锡恩		1923 年 12 月	县长
254	吴 琳		1925 年 8 月	县长
255	郑业颖	湖南长沙	1927 年	县长
256	方祖泽	淳安	1927 年 2 月	临时县党部常务委员
257	吴鸿儒	淳安	1927 年 3 月	县党部筹备处主任
258	林仲华	淳安	1927 年 6 月	县清党委员会主任委员
259	程履平		1927 年	县长
260	蒋麟振		1927 年 7 月	县长
261	余德驹	淳安	1927 年 8 月	县改组委员会主任委员
262	蒋宗敏		1927 年 8 月	县长
263	应云章	淳安	1928 年 7 月	县党部整理委员会党务指导
264	冯世范	浙江绍兴	1928 年 9 月	县长
265	方 正	淳安	1929 年 4 月	第一届执行委员会常务委员

序号	姓 名	籍 贯	任职时间	任职
266	丁 琮		1930 年 10 月	县长
267	何瑛沐	淳安	1930 年	第二届执行委员
268	王晋杰	淳安	1931 年	第三、六届执行委员会常务委员
269	周颂西	浙江吴兴	1932 年 12 月	县长
270	彭梅岩	湖南湘乡	1933 年 12 月	县长
271	潘绍隽	浙江余杭	1934 年 5 月	县长
272	方引之	浙江奉化	1934 年 10 月	县长
273	李惠人	浙江临海	1937 年 4 月	县长
274	李文恺	浙江东阳	1938 年 3 月	县长
275	詹天觉	安徽休宁	1940 年 1 月	县长
276	沈松林	江苏盐城	1941 年 12 月	县长
277	徐荫桎	淳安	1942 至 1949 年	第四至十届执行委员会常务委员
278	潘震球	浙江宣平	1944 年 2 月	县长
279	韦淡明	东阳	1947 年 8 月	县长
280	吴章璞		1949 年 5 月	县长

古镇觅影

威坪镇

威坪古镇，如梦如幻，现在已静静地躺在千岛湖西北湖区南浦大桥以北的宽广湖面下了。那悠悠的碧水，似乎是如丝如缕的乡愁，千千结、脉脉情的乡愁，一头在湖上，一头在水底，即使"一水牵愁万里长"也牵不住那缥缈迷离的梦影……然而，湖水再深也深不过历史，古镇再沉也沉不掉文化。文化只能弘扬，不能湮没；历史只能延伸，不能割断。

威坪古镇是淳安建县立郡的肇始地。《三国志》载，建安十三年（208），东吴大将贺齐击山越，平黟歙，分歙之东叶乡建始新县立新都郡。《方舆纪要》载："淳安县西六十里威坪镇，贺齐置县于此。"明代《嘉靖淳安县志》记："新都郡太守山阴侯，本庙在县西六十里永平镇，俗称叶乡。"清代《续纂淳安县志》称"始新城"。始新县至隋开皇九年（589）易名新安县。隋大业三年（607）又改雉山县，县治迁至雉山下。始新为淳安建县之始，为使后人不至数典忘祖，又称"万年镇"，以显示源远流长、历史悠久的万世基业之意。而到了唐代永徽四年（653），万年镇西南梓桐源爆发陈硕真自称"文佳皇帝"的反唐起义，并建"万年楼""天子基"，被镇压后，封建王朝将这弹丸之地更名为"永平"。但永平不太平，宋宣和二年（1120），威坪古镇东北五里许的碣村（今威坪新镇址）方腊，又在帮源怒杀里正方有常全家42口，聚众数万，揭竿而起，凭借"万年楼""天子基"而自信，高举反宋义旗，威震大宋皇朝。起义失败后，宋徽宗在改地名上下了点功夫，将睦州改为严州，青溪改成淳化，永平改为威平。还封方腊死对头方有常的三儿子方庚为巡检司摄政威平，置土军300名。连帮源洞都改名威平洞，以示"皇威平乱"。这次改名，带着封建王朝的血腥气，是人民心中的隐痛。然而，纵然改名千百遍，藏龙卧虎地不变。人民才不管什么"皇威圣昭"，约定俗成地在平字旁加"土"成为威"坪"，坪，地也，反其意而用之："此乃威武之坪!"明清后，官方文字记载也认可"威坪"。威坪，建县立郡肇始地，又是唐宋两次农民起义的爆发点，确实是叱咤风云，威震东南，威武非凡，威风八方，威名远扬，威勇、威仪又威严!

威坪自古繁华，宋史上就载："民物繁夥，有漆楮杉材之饶，富商巨贾多往来。"明代就称威平市，天顺四年（1331）中进士的徐鉴在《虹桥施茶榜文》记："威平乃徽、严、衢路之要冲，买卖者经营不绝，士往来者络绎不停。"宋朝始置永平乡，明置永平市，清承明制，清代镇人胡当然乐善好施，邑建梅峰书院，捐助重资。威坪镇西新安江洪水冲道，恐坏街道，出巨资，运大石叠之，衾延数十丈；沿溪行道峻险，又倡建围墙。这位行义举建威坪镇那庞大的石堤、石围墙工程的胡当然，却在太平天国时期落难身亡。威坪古镇历经"长毛年关"劫难而重生。后胡嘉瑜倡募建造恢宏的胡家祠堂及街道。民国十年（1921）始建威坪区，民国二十二年（1933），途经威坪的杭徽公路贯通。水陆两路，上通屯溪，下达杭州，交通方便快捷。

威坪古镇临江傍水而立，倚新安江而兴。那江面上的叶叶扁舟、群群鸬鹚争相捕鱼的情景，蕴藏着"渔歌远近从风递，帆影参差带月收"的诗情。更有那江中的船碓，风情独特，利用流水推动杌头转带船内石磨加工粮食磨粉，那"钦哐""钦哐"的打箩筛粉声，飘散江畔，这种特有的水乡变奏曲，似乎还藏匿在湖底。

新安江更是交通运输的黄金水道，而威坪则为浙皖间重要物资集散的吞吐埠口。码头上桅樯林立，行舟鳞次，船工、搬运工、商家纷至，人声鼎沸，十分繁闹，曾有"浙皖重镇古威坪，商贾辐辏物华新"之说。新安江虽船运密集，但逆水上安徽，滩多水急，行舟危难，如在枯水期行舟就更困难。民间流传"一条新安江，下漂到苏杭，上游到黄山，难字三点滩，三百六十滩，滩滩泪汪汪！"年长的人都曾看到过新安江两岸纤夫串串，躬着瘦骨嶙峋的身子，用力踩着沙滩；有的大姑娘，衣不蔽体，光着脚丫，和男纤夫一样匍匐在地爬着前移。而船工用竹篙顶着下腹，像弯弓一样，有的干脆跳下水用肩膀把船扛上急滩，那苍凉的号子声使人心颤骨悚！正是他们祖祖辈辈在新安江撑船运输或捕鱼，使新安江畔的城镇人流物流方便而带来经济的繁荣。

民国二十九年（1940），实施新县制，全县分东西 2 区，即以淳城为中心的东区和以威坪为中心的西区。《中国古今地名大辞典》载："威坪为浙皖间重镇。"据民国三十三年（1944）《淳安兵要地志》记载："威坪镇，1535 户，8025 人，有市房、店室、祠庙、汽车站等建筑物，商店 100 余家，商业颇称繁盛"。威坪古镇市井坊巷纵横布局有序，分前街、后街、横街、下街四条街道，街贯连巷，有叶家、方家、毕家、胡家等巷。市井街道建筑独有特色，街道正中全部用茶园青石铺就，街道下面是排水道，街道铺垫，别出心裁，每块青石斜对角故意留有微小间隙不填实，行走时发出"叮当、叮当"声响。夜间如有官兵盗匪进镇骚扰，街道的声响似乎发出快速报警。而正中茶园青石铺就的主街道两侧，则用大小均等的鹅卵石罗列成图案花纹，格外别致。民居和商铺建筑一般都是两层，街巷采光亮堂，带有徽派风格的粉墙黛瓦、马头墙翘檐高昂，有一种明快淡雅的美感。街面商铺接踵，店号匾额，招牌广告，古色盎然，茶楼酒肆，商帘招摇，满街摊贩，琳琅满目，宛如屯溪老街。店家临街都是一式木排门，夜里打烊，一片木板上门声，格外清脆悦耳，有一种小城古镇的特有风情。

威坪镇钟灵毓秀，物产丰富。自古生产茶叶，制茶、运茶、销售茶叶的工商业发展较早。20 世纪 30 年代，威坪制茶工业规模较大的有 6 家，其精品远销海外。如童老寿的"春生和"、胡润梅的"兆丰"、程蔚修的"泰丰"茶品牌，闻名遐迩。1933 年就有 1.5 万箱精致茶销往南洋。

威坪镇的中药加工业也早有名气。20 世纪 50 年代，中药店就有 10 余家，较为有名的有"胡咸春堂""聚德堂""聚和堂""聚生堂""达仁堂""同仁堂""长生堂""国仁堂"等店号。药店多，竞争力就强，各药店自制加工中药，自制膏丸中成药，各具特色。胡咸春堂秉承胡雪岩的衣钵，店堂内挂有"戒欺"匾："凡百贸易，均着不得欺字，药业关系性命，尤为不可欺……"为精制货真价实的中药，特地专门请师傅饲养梅花鹿，以取鹿茸等供制药。"聚"字号的药店大都是兰溪诸葛氏来威坪开设的，诸葛氏遵循祖师诸葛亮的"不为良相，便为良医"的遗训，悬壶济世，口碑很好。威坪不仅药店多，中医也多，有的坐堂问诊，也经常出诊，他们有时翻山越岭，顶风冒雪为五、六、七、八都百姓治病送药。较有名气的中医传人有方氏成德、至德、道德、贵德、懿德及后人方兆光，他们皆为中医世家，上承祖先、下传子孙，医名、医德声布淳徽。

威坪镇的食品加工业，虽是手工作坊也享誉四方。特别是蜜饯制作，用本地青枣加工成"金丝琥珀"蜜枣，曾远销南洋。其他具有独特风味的糕点品种多，如冬瓜糖、花生糖、寸金米糖、松管糖、冻米糖、胖饼、月饼、雪饼、芙蓉糕等都很旺销。有名气的店号是"同春堂""丰泰祥"等。他们经营食品全是自行加工，以自己店名为商标，参与竞争。这种加工、销售合一，自打品牌的经营方式，就必须有真功夫、真本事，真正体现货真价实的威坪特色。

威坪镇的工业起步较早。早在明代，河上岭、万贯坞即开矿石烧石灰，因洁白细腻质好而名声远扬，销往江浙皖三省四市十四县，威坪镇被称为"浙西石灰城"。1921 年，镇人胡润桐在上海电机工程学校学成后，胸怀实业救国之志，独资向美国购柴油机和发电设备，在威坪镇率先创办电灯厂，为淳安第一家近代工业企业。后又帮助其兄胡润梅在淳城开办明乐电灯厂，又在港口、茶园合股开办电灯、碾米厂，还应邀赴屯溪、江苏等地指导电厂工程技术。他还有多种电力学专著、译著出版发行，是淳安工业的开拓者。1931 年，社会名流章士钊和曾任浙江督军的卢永祥及子卢筱嘉会同镇人方赞

修在威坪镇创办民生矿业公司，开采锑矿冶炼。移民前威坪对面沙滩上还有高高的烟囱矗立着。20世纪40年代威坪镇因处抗日后方，一度带来民族工业的振兴，诸如纺织、化工、冶炼、铸造、印染、制茶、制药、军需品及造船工业等皆有发展。当时商号厂家林立、市场贸易繁荣，呈现浙皖重镇的繁华景象。

威坪镇自明代至清均称市，民国至中华人民共和国成立以来一直是区、镇政府所在地。区曾辖梓桐源、宋村源，南村、赋置、鸠坑三源及大、小五都、六、七、八都源即整个淳安西乡地区。1958年，威坪为公社建制，而将梓桐、鸠坑、南赋划为东风公社，宋村源为松崖公社。

1959年，新安江水库移民开始，威坪人民为国家建设，义无反顾地献出家园，千年古镇沦为水域泽国。移民时全镇2033户、8062人毅然迁徙本省开化及江西、安徽等地，有部分移民就地后靠在澳川、虹桥头山坡上。据《新安江大移民》一书作者调查，威坪街上老居民方玉莲说："整个威坪街平坦得没有一级台阶，前后两条主街横铺茶园青石，房屋是清一色的马头墙二层楼。1960年5月12日，水库水满得很快，一下盖过威坪街房屋屋顶。拆屋队都来不及拆。可以肯定地说，威坪街上一幢房子也没拆，许多人家里还有不少家具呢！"可谓是："千年秦瓦沉江底，幻出蜃楼海市奇。"

1982年12月21日，浙江省人民政府批准恢复威坪镇建制，镇址设在古镇东北3公里的虹桥头，堨村故址。1992年，撤销威坪区，扩大威坪镇，将五都横双乡、六都的方宅乡、七都的厚屏乡并入镇辖。2001年，又将六都原叶家、妙石两乡并入威坪镇。2006年，再次将唐村镇并入，自此，威坪新镇包括五、六、七三都，成为淳西的中心城镇。2009年，全镇辖44个行政村，1个社区，人口5.4万，地域面积301平方公里。

经过近几十年的建设，威坪新镇高楼林立，大桥飞架，街道宽敞，工商繁荣，已雄姿英发地崛起。威坪的历史在前进，文明在传承，威坪人民正在为"工业富镇、农业强镇、文化兴镇、生态立镇、旅游活镇"而努力。世界著名的汉学家叶尔马科夫说："中国文明的独特性，在于继承性这根不断的红线，它将古老与现实连接起来，为子子孙孙保留着数千年历史特征，建立起中国智慧的宝库，并通过历史折射未来。"威坪这么悠久、深重的历史，正折射着今天和明天。真是：

> 万年古镇碧水湮，
> 破茧化蝶凤涅槃。
> 留得英雄豪气在，
> 威坪重建换新天！

港口镇

港口镇位于县西南 17 里，地处遂安港入新安江之口，是淳、遂、歙等县的水路交通要道。随着交通、贸易的发展，早在明代，这里就是一个颇为繁荣的集市，时称"港口市"。

民国时，商业繁荣居本县首位，物产以茶叶、桐子、木材、柴炭为最，故有"金港口、银茶园"之说。据民国三十三年（1944）《淳安兵要地志》记载，港口镇，1887 户，8497 人；商店 100 余家。民国期间，港口镇历为区、乡镇治所，淳安解放后仍为区、乡镇机关所在地。据 1956 年新安江库区勘测调查资料，港口有城镇人口 3903 人，其中非农业人口 870 人。主要街道长约 300 米，宽 3 至 4 米，自西向东横贯集镇。有各类房屋 3000 余间，多为砖木结构的两层瓦房，建筑总面积约 7 万平方米；有粮油、布匹、茶叶、杂货、中西药等商店，其中程同益、泰源、源泰兴、中和义等商号规模较大。镇上有电灯照明和机械碾米等工业；有修船、制皂、制烛、印染、锡箔、粮油、茶叶和竹木器加工等手工业作坊；还有遂安、利顺等 5 座船码头，可停泊民船 200 余只。港口镇于 1959 年淹没水底。

茶园镇

茶园古镇在县东 50 里，地处新安江西岸，为本县东区要塞，淳杭公路必经之地，又为太平、富德二大源之总汇枢纽。东连建德，东南达寿昌，为本县重镇之一。该镇商业发达，物产以木材、柴炭、桐子、茶叶为最。明时称"茶园市"，民国十五年（1926），镇上已有电灯照明和机械碾米等工业。据民国三十三年《淳安兵要地志》记载：茶园镇，1590 户，8309 人，有市房、居屋、庙祠、油坊等建筑物；有商店 60 余家，商业之繁荣居本县第三位。茶园石板为主要特产。从民国到淳安解放，茶园镇历为区乡镇治所。据 1956 年库区勘测调查资料，茶园镇有城镇人口 2827 人，其中非农业人口 1556 人；有各类房屋 2000 余间，建筑面积约 5 万平方米。主要街道 1 条，长约 500 米，宽 4 米，沿街两侧店铺林立。有和泰、白海、书院等巷弄和五帝、邵家、余家等 5 座船码头。1959 年淹没于水底。

人物纪事

贺齐黟歙分治

汉献帝刘协，是董卓废少帝后一手扶植起来而徒有空名的"末代"皇帝。关东起兵讨董卓，刘协被逼迫西迁长安；吕布诛董卓后，曹操入朝录尚书事，刘协又被胁迫迁回许昌，自是政归曹氏，只不过让他这位"天子"守位而已。名义上在位"三十二年"（189—220），改元五次（永初、初平、兴平、建安、延康），事实上不是董卓，就是曹操在当国。

话说建安十三年（208），江南黟、歙一带，频频发生山民叛乱，声势浩大。按说，朝廷该管这事，就是派不出人马来对付；况且，分崩离析的汉王朝，也没有这份闲心来过问。鉴于丹阳郡县频频告急，心怀叵测的曹尚书借托汉献帝的名义，让与自己划江而治的吴侯孙策去收拾这个多事之区，而自己则可以在"鹬蚌相争"之际坐等渔利。可孙策却有自己的打算，"既然让我出兵去讨伐黟歙山贼，我何不将计就计，名正言顺地扩展自己的地盘，将来也好与之争得三分天下"。主意已定，就开始物色统领人选和筹划军马粮草。经与孙权反复排列筛选，结果选中了讨贼建功的威武中郎将贺齐。

贺齐，字公苗，会稽山阴人。少为郡吏，守剡长，转守太末长，诛恶扬善，期月尽平。建安初年，孙策以为永宁长，威名大震，被拜为威武中郎将。这次孙氏两兄弟选上他去征讨黟歙山贼，看来是用人所长之善举。

如今的皖南和浙西毗邻的山区，当时只有黟、歙两个建制县；而今天的淳安县境，在当时只是隶属歙县管辖的两个乡。一个称东乡（一作叶乡），就是后来歙县分割出来的始新县（到南宋定名淳安）；另一个称南乡（一作武疆、亦称武强乡），后来从歙县分割出来另立新定县（西晋太康元年定名遂安）。一言以蔽之，当时这一大片土地，统称为黟歙"山林王国"的边缘地带。

贺齐率部晓行夜宿，几天后就进入了歙县东乡地界。其时，被山贼胁迫反叛的山贼土著，只有东源深处栅源寨、歙港口上的雉山寨和蜀溪源头的长岭寨，加上南乡武疆寨，合起来不足万户之数，况且都不直属黟歙贼帅，只是闻风"响应""助威"而已。一经开战，轻轻松松地把他们缴械了。在解决东乡和南乡的几股山贼之后，贺齐一改初衷，修正了原先分兵攻打东阳（今金华）、丰浦（今浦江）的作战部署，采取"黑虎掏心"的战术，整军西进，直捣黟歙贼帅的"三山"老巢。

何谓"三山"？就是举首反叛，且胁迫山贼土著户数最为集中的三座山寨，其中，歙县近郭有二处，黟县近郭有一处。居歙县者，一是由贼帅金奇率万户盘踞的安勒山，二是由贼帅毛甘率万户驻扎的乌聊山；居黟县者，则是贼帅陈仆、祖山率二万户凭险固守的林历山。

贺齐不愧为讨贼宿将，不但用兵如神，而且善于把握天时地利。当他日夜兼程抵达歙县城关的当儿，天刚有点蒙蒙亮，借着晨雾的掩护，把安勒山山贼打个猝不及防，贼人多半是在睡梦中束手就擒，当了俘虏。战斗一结束，贺齐就马不停蹄去围攻乌聊山，有意制造出声势浩大的强攻假象，从上午一直佯攻到天黑，这才吩咐各营安营扎寨，埋锅造饭。其实，这是谋划好了的虚张声势，而由他亲自率领精锐之师，连同先前招募随军的五十名攀登勇士一道，早已踏上奔赴黟县的征途。

等贺齐率部赶到黟县林历山脚时，正赶上夜幕降临、便于隐蔽设伏的大好时机，几乎是神不知鬼不觉，连一点形迹都没有暴露。

夜半时分，借着朦胧月光，贺齐带了三名侍卫和两名攀登把作，潜往林历山崖下察看地形，足足耗费了个把时辰后，这才返回设伏丛林，一一布置凌晨突袭山贼的具体时间、切入口，以及联络信号和接应后续部队的方式方法等，以保万无一失。

一切安排就绪，贺齐又把攀登勇士集中起来，向他们面授机宜，并一再叮嘱备足攀岩铁杙，这是关系到突袭成功与否的关键所在。换句话说，大部队能否上山，全仗五十名攀登勇士的接应，而攀登勇士能否安然无恙地捷足先登，又全凭那些不起眼的铁杙的支撑。

农谚有云，"寅时不通风，卯时壳通通"。贺齐之所以让攀登勇士在寅时去攀登，那是因为这座四面壁立的林历山，攀登费时，必须给予一个时辰的充足时间，方可确保万无一失；再则，这段时间天空灰暗，风声静止，不易被山寨巡哨所察觉，是最为理想的攀崖时机，否则就难以实施拂晓时分的大部队突袭。

转眼之间，又过去了半个多时辰，还不见有暗号传来，贺齐不由得担起心来。又过了半炷香的工夫，终于传来几声黄麂叫，贺齐高兴地一挥手，五百名刀斧手火速奔向崖下。与此同时，山崖上如泻瀑一般垂下一条条白布，这意味着，五百名刀斧手可望得到攀登勇士的接应。紧接着，又派出第二批长枪手去攀崖。当第三批士兵赶到山崖下进行攀登时，贺齐这才鼓动大部队摇旗呐喊，为杀上山寨的一千五百名勇士掠阵助威。约莫个把时辰的冲杀擒拿，一举攻破林历山寨，活捉了贼帅陈仆、祖山，并受降了近二万户被贼帅胁迫为乱的山贼土著。

五天后回师歙县乌聊山，在贺齐精锐之师的威慑下，山上的上万户山民，纷纷下山投降，最终为史称"贺齐平山越"的兵事征战画上了一个句号。

贺齐由是上表孙权，分歙东之叶乡置始新县（为淳安置县之始），分歙南之武疆乡置新定县（为遂安置县之始）；又划置黎阳、休阳二县，共六县，另立新都郡，以贺齐为太守，郡治设在始新县治新定里（旧址已没入今威坪镇外水下）。次年，由贺齐主事，另筑郡城于雉山下，郡治随迁新址（后人称之为贺城）。

五年后，贺齐被召去吴郡讨伐余杭郎雉，继析余杭置临水县。建安十八年（213），又奉召讨伐豫章叛乱，贼平，升为奋武将军。二十一年（216），升为安东将军，并封为山阴侯；不久，孙权命他出镇江上，与魏军划江而守。据说，曹休之所以不敢轻举妄动，很大的一个原因，就是惧怕贺齐严阵以待的威壮军容。在孙权做了"吴大帝"之后，又升他为后将军，并让他做了徐州牧，不久死于任所。

贺齐是淳安、遂安二县的创建者，县民对他情有独钟。同一座贺城，就为他建造了东、西二庙，供奉他的塑像，岁岁祭祀，借以缅怀他的"开古代经济开发之先河"的丰功伟绩。

沈成福奏移睦州治

唐王朝建立后，相继削平各割据势力，统一了全国，社会日渐安定。永徽三年（652）时任睦州司马的沈成福，向皇帝呈谏，要求将睦州治所迁至建德。司马虽不是州的最高行政长官，却是仅次于刺史的佐官，综理一府军政之事。他的《议移州治疏略》说："州城（即贺城）俯临江水（新安江），先是江皋硗确，崎岖不平，展拓无地。置州筑城，东西南北，纵横才百余步。城内唯有仓库、刺史宅、曹司官宇，自司马以下及百姓并沿江居住，城内更无营立之所。""每至夏中，江水泛涨浸没，频年修理，夫役极多，补整之间实大劳敝。欲求转移，更无去处。今岁夏水又湮，江岸崩颓，道路断绝。附郭雉山县置在州东，更甚卑下，曾经大水漂失盖藏，屋被浸没。"沈成福还申述："一州管三万余户，置州西界，州西唯有四乡，其桐庐等县并在州东，水陆两途二三百里，江水险阻，已极艰虞。加之夏雨暴至，进退不能，殊为掣肘。桐庐县令先后三人，皆为赴任上州并遭没溺，言之可痛，闻者伤心！""是以建德等三县在州东者，官人百姓并请移州就建，道里稍平，输纳租庸，沿江甚易。空船归棹，迟亦无妨。其建德地形高爽，当三江之口，五县（时有雉山、遂安、建德、桐庐、分水五县）之中，近岁以来，未遭水患。若许移州治，并移雉山县入州，旧城亦得牢固，既益公私，不敢隐蔽。谨因朝集使登仕郎、录事参军张志节奏表以闻，轻触宸严，伏增战越。"沈成福的移州奏疏，理由充分，分析鞭辟入里，言辞恳切。当时是唐高宗当朝，而长安京城距睦州路途遥远，千里迢迢，交通险阻，奏章收到不知何时。想不到，永徽四年（653），小小的睦州雉山县竟爆发震惊大唐帝国的陈硕真农民起义！沈成福奏议迁睦州州治的报告也就耽搁了。45年后，沈成福的疏略成真，睦州治所徙于建德。

白云山张良辟谷

"此处饶千秋风月，实际作万载神仙。"古人遗下的这副石联，在淳安县里商引申出一段"张良辟谷"的传奇故事。

相传，汉高祖的皇后吕雉为人刚毅，曾怂恿高祖诛杀朝中文臣武将，朝野人心浮动，惶惶不可终日。

其时，封爵留侯的张子房，预感到大事不妙，寻思怎样才能保住自己的性命，辗转反侧，坐立不安。一天，无意从老子的《道德经》中得到启发，由是决意抛弃功名利禄，离开喧嚣的都城，打起"潜修神仙辟谷之术"的幌子，只身浪迹天涯。

数年之后，来到了黟歙浙江中游河段的白云山，从此就在山麓一间茅檐道观安身落脚，过着与世隔绝的隐逸生活。

这座白云山，就是今天里商乡洞下与富溪乡玳瑁岭交界处的道云尖。在东汉建安十三年（208）贺齐建始新县（今淳安）以前的漫长岁月，这一带隶属黟歙，是史称山越土著"山林王国"的边缘地带。其时，山深林盖，人迹罕至，除了十来户山民农舍之外，不可能有外乡人涉足光顾这一深山冷坞。

古人说得好，"树欲静而风不止"。在张良出走后不久，朝廷便知会各地郡县，遍访留侯的音讯和下落，名义上说是请他回朝里辅理朝纲，说白了是怕他心怀回测，犯上作乱。对此，张良自己心里有底，如果真的被人家盯上了也无所谓，常言道除死无大罪，大不了以死相抗，又能奈何于我？于是就天天去山岗上砍柴码垛，以防万一。

一年深秋，山里一片金黄。张良自感胸中烦闷，全身酸疼，腿脚不如以前那般好使唤，于是一改往日好动的习惯，天天足不出户，躺在床上闭目养神。

一天，山脚一位农夫匆匆赶来道观找张良，说是有七八个外乡人进山打听他的行踪，让他回避一下。张良不慌不忙地拄起一根竹杖，二话没说，径直沿着一条羊肠小道走去，一眨眼的工夫便消失在晨雾之中而不知去向。

这一天总算躲过去了。可让他担心的是，第二天、第三天，这伙不速之客又接二连三进山来了，这说明对方是有备而来，准是让他们看出蛛丝马迹，得设法让他们"死了心"才是。他灵机一动，把邻近一位手脚麻利的农夫唤到身边，如此这般交代了几句，然后倒穿芒鞋，钻进一座时有蟒蛇出没的山里，悄悄躲了起来。

中午时分，张良正在一块四边凌空的方斗石上闭目养神，忽然传来说话声，他不由得警惕，留神谷口方向的动静。那伙人还真会磨蹭，硬是守着谷口不走开，可又不见有人进来。说来也是凑巧，就在这种胶着状态，难分难解的节骨眼上，一只山鸡一声长啸，从草丛中腾空而起，惊动了那条深藏的巨蟒，巨蟒犹如龙腾水天一般，忽出忽进地蹿了个来回，不要说谷口那帮差人马快，就是这位"运筹帷幄，决胜于千里之外"的高祖谋臣，也为之出了一身冷汗。不出所料，谷口那伙人终于被吓跑了。

晚上，两三个农夫手持松明火把前来道观看望张良，见他没事也就放心了。当重温起这场虚惊时，都为张良捏了把汗。可张良却笑嘻嘻地不以为然，喃喃自语起那句口头禅："越是危险的地方越保险！"

事情经过是这样：那伙人搜索到谷口时，有人发现了朝谷外走的芒鞋脚印，并且也注意到路口两边柴寮上，张挂着一张老人蛛丝网，以此判断这脚印当在蛛丝网结成之前；也有人认为，张良惯施计谋，又会"神仙辟谷之术"，造个假象也是完全办得到的，因此就在谷口"守株待兔"。不料，凭空蹿出一条巨蟒，而且就在这伙人的头顶飞了个来回，这可不好对付。惊吓之下，终于悟出一个道理，既然谷中有巨蟒，谁还敢进去玩命不成？如此一推理，加之致命的惊吓，这才快快离去。后人就把张良藏身过的这个冷坞呼为留侯坞，并为他营造了一穴衣冠冢，这是后话。

话说朝廷派人进山寻访张良的第二年春节，山外传来口信，说是圣上下旨给郡县，务必在元宵节前迎请留侯回朝见驾。因此，山里的农夫纷纷前来探望张良，让他早作决断。张良也已算计到，迟早总会有这么一天，可他既不可能回朝见驾，也不想无休止地去躲避本该面对的现实，他婉言谢绝了山里人的好心规劝，让大家不必为他费心劳神，到时自有良策应对。按说，应该好好承谢这些关照过自己的山里人，但他苦于囊中羞涩，连件像样的衣物也拿不出，只好取过纸笔，写下"此处饶千秋风月，实际作万载神仙"的条幅，送给大家留个纪念。其时，谁也不曾料想得到，这竟成了一代战略大师的绝笔。

正月初七日，按旧风俗"正月初一为鸡，二日为狗，三日为……"的惯例次序，初七日为"人日"，是读书人吟诗酒会的节日。张良一大早就起身沐浴、净手，然后捧起老子《道德经》，只身一人去了往日砍柴码垛的山降坪上，坐等郡县差人马快的到来。

日上中天，张良顺着干柴垛上预先设计好的梯级，爬上了两丈余高的垛顶，面北举香拜了三拜，然后用香火点燃垛顶的干柴。等到郡县人马赶到现场时，除了微风吹起的缕缕烟雾和一堆炭火柴灰，没有留下任何遗物。由是留下一段离奇的传闻，说留侯"修成正果"，终于循着冲天白烟，去做了不食人间烟火的上界"神仙"。但是，稍许留意一下张良行为的人都能分辨出，他之所以要这样做，分明是以死相抗，不让自己窝窝囊囊地苟且偷生。

水竹坪铫刚留名

从里商乡洞坑往上行，有个土名叫水竹坪的去处，传为后汉大将铫期之

子铫刚啸聚之地。由此翻山过去，就是"绝顶平夷，石笋森列如人立"的西山坪。这里与寿昌（今属建德市管辖）接壤，可通金华、衢州，是古时浙西山区的一条陆路黄金通道，向为兵家必争之区。

相传，王莽篡位之后，刘秀浪迹逃难，曾途经白云山（今名道云尖），在西山坪木鱼山和水竹坪暂住过一段时日。与刘秀同行者中，有两位河南籍宿将，一个是铫期，一个是马武，据当地老人追忆，南戏中有出《铫期马武双救驾，二十八宿定乾坤》的剧目，就有这段刘秀避地白云山的内容和情节。

不料，在刘秀成就帝业，登基做了光武帝后，铫期的儿子铫刚，不知出于何种原因，带着一队人马挺进白云山，竟然做起"啸聚绿林"的行当。可他们却秋毫不犯山里山外的农户，专门去梅城、七里泷一带拦截官舟商船，晚上则赶回山上露宿风餐。可是忠厚而善良的山里人，毕竟胆小怕事，见来了这么一大帮持枪挎刀的人马，早已吓得四出逃亡，去山外投亲靠友，以观事态的变化。

山里人是靠做活为生的，所谓"靠山吃山"，就怕失去了田地生计，难过日子。人虽离开了家，心却无时无刻不牵挂着三间茅房和两亩薄地，还有猪、鸡、牛、羊这些活吃牲畜。可就是不敢冒失造次回来，生怕有个三长两短。

尤其让人为难的，还有那块寄人篱下的心病。俗话说得好，"穷在闹市无人问，富在山中有远亲"。更何况是逃难去亲戚家，又是拖儿带女一大帮人，即使人家不在意，可自家心里总是过意不去。偏偏老天爷不解人意，三天两头阴雨绵绵，万一泥墙倒塌，岂不雪上加霜？好在有位秀才提前跑回山里，又及时给大家报信，人们总算放心地回了家。

说起这位秀才的冒险行动，多半是因为憋气。倘若不是亲戚家下了逐客令，他也不至于唐突进山去冒那个险。说起来还真让他窝气，他那位表舅趁人不备，竟在东司门上写下一道逐客令，说什么"下雨天留客，天留我不留"，存心撵他走。当他前去如厕时见到这种稚童"雕虫小技"时，气得两眼直冒火花。本来，凭他肚里的墨水完全可以与之做做文字游戏，只要给门上两句话圈上四个标点，就可天衣无缝地将其改作"下雨天，留客天。天留我不？留！"可转念一想，犯不着与这些势利小人计较，要死也得死到自己家里去。不容分说，进屋去牵扯住妻儿，噌、噌、噌地一口气跑回了家。

秀才一家人回到了自己家时，这才发现家里不但没有少了一粒粮食，竟连活吃牲畜也都被照料得好好的。俗话说得好，眼见为实，活生生的事实摆在面前，瞎子也能摸出个是非曲直。他不无懊悔地冲着婆娘直跺脚，"早知如此，又何必去寄人篱下，受那份里外难做人的窝囊气"。铫刚这帮人秋毫无犯的消息，一经传扬开去，不上一两天工夫，四出逃难的农家，很快返回山里，依旧日出而作，日落而息，就当什么事情也不曾发生过。

日复一日，转眼间又是寒冬腊月，家家忙着砍柴烧炭，宰猪屠羊。这时候，大伙合议着总得给山上这帮人"意思一下"，人家初来乍到，又是拖家带口的，着实过得不容易。于是当下商定，腊月廿四给山上献出两头猪、三只羊，以报答人家的"泾渭分明"与秋毫无犯。

古人有云，"心有灵犀一点通"。就在腊月廿四早晨，山下农户正准备将猪羊绑起往山上送的当儿，山上走下来一大帮人来，他们背的背、扛的扛，给山下农家送来一大堆布匹做年货。事已至此，大家只好先把准备送上山的猪羊搁下，等山上一帮人在农家吃罢利市酒后，再陪他们一道上山送年货。两下由是欢欢喜喜地过了一个"小年"，留下一段让官府难以置信的"强盗与修汉同乐"的传奇佳话。

数月后的一天夜里，早已入睡的山下农家，突然间被阵阵雷鸣闪电惊醒，人们不由得为山上那帮好人捏了一把冷汗，个个虔诚祈祷，求老天爷保佑他们平安无事。因此，天一蒙蒙亮，就有人上山去打听消息。可上去一看，除了地上一个个泥灶之外，连个人影都没见着。起初还不相信他们会连夜开拔他去，总以为化整为零钻迷宫、猫石穴避风雨去了，一直寻找到晌午，也没有发现一点蛛丝马迹，人们不得不相信，"他们真的走了"。

常言道，"人心是一杆秤，厘毫丝忽瞅得准"。不管官府说东道西，山里人只认准一个理，山上的那帮人都是被逼上绝路的好心人。尤其是那位落魄的穷秀才，每逢时节都要去西山坪敬香烧纸，祈祷铫刚这帮人个个有个好归

宿；而且每次上去祭拜，都要绕着山上的石林转悠一阵子，边走边诵念着一首"试拍云崖问消息，点头无语石玲珑"的旧诗，寄托山里人的缅怀和思念。

宣平庵壁遗诗

唐玄宗天宝初年，虽说改县名为还淳、移州治到建德已有四五十年之久，居住在贺城的百姓却依然把自己看作是新安人，并把贺城呼为郡城，用现代人的话说，叫作"拿古风当时兴"。

其时的贺城，虽说范围不大，而水陆交通便利，四乡山货大多来此交流，行商坐贾云集，摩肩接踵，倒也十分热闹。

相传，一个"青黄不接"的五月天，郡城街市上出现一位操着外乡口音的卖柴人。这人挑柴上市，不叫卖、不要价，谁家看中他的柴，他就给谁送上门去，给了钱他就去沽酒，然后用莜杠挑着酒葫芦开路。有人留神观察了一下此翁的进城规律，三天两头进趟城，大都巳时上市，申时离去，因此推断，此人落脚之处离城不会太远。

他之所以引起人们猜疑和议论的原因，远远不止这些。比如，看他脸色红润，身子板硬朗，可一头白发却让人难以琢磨他的岁数；又如，每次上市或离去，嘴里总要哼哼唧唧地边走边咕噜，谁也听不清楚哼些什么。时间一长，街头巷尾也就把他当作老年痴呆一笑了之。不过，其中也有独具慧眼识宝驹者，他就是向以丹青闻名的雉山先生。

雉山先生是位落魄秀才，工笔善诗，尤长于丹青。自从得见这位卖柴老汉的那天起，他就注意到这位长者有一个类似"击节叹赏"的习惯动作，来时挑着柴，就用挂在莜杠上的曲曲竹杖拍打节奏，离去时空着手，就手持曲曲竹杖击打肩上的莜杠，嘴里哼什么不清楚，仅凭他的拍打节奏和随之产生的脸部表情，足以断定他不是痴呆，而是胸有难言之隐的名流高士，因此打定主意，顺藤摸瓜，一探真谛。

雉山先生作了周密安排：一是让酒肆老板以劝酒的方式，尽可能让卖柴老汉在店堂多喝上几盅，只要促成"喝高兴"就是，然后由他本人先去南门头静候，以便记下这卖柴老汉是否"击节叹赏"；二是请家住对岸的摆渡船家，摸清这卖柴老汉的住所；三是根据上述情况酌定，该不该去造访这位行动诡秘的卖柴老人。

事情并不像雉山先生所想的那么简单。常言道，"真人不露相"，轻易露相者就不可能成为"真人"。一连静候了十来天，尽管船家寻着了这卖柴老汉寄住南山的住所，而酒店老板却未能劝酒成功，雉山先生也就无从决断该不该去造访这位卖柴老者。当然，雉山先生也不是"省油的灯"。他认准一个理，越是不轻易露相的人，越有可能是高人。因此，每天下午申时那阵子，就去南门头"守株待兔"。

说来也真凑巧，果真让他盼来这一天。一天上午巳时船刚泊岸，不想遇上风浪翻滚，船身一晃荡，卖柴老汉一个趔趄，跌入水中，人倒没伤着，可浑身给泡成落汤鸡似的，不住打喷嚏。也许是预感到自己受了寒，老汉去沽酒时比平日多喝了两盅。因此，在南门头坐等的雉山先生，打老远就听见他在吟唱："负薪朝出卖，沽酒日西归，路人莫问归何处，引穿白云入翠微"……由远而近，十分清晰地传入耳中，可走近自己身边时，反而什么也听不清了。

次日巳时，雉山先生兴冲冲地出了南门，正好与卖柴老人碰了个正着，先生装着什么也没看见，顾自去赶渡船；上了南岸，再沿着船老大指的方位，不一会儿就找着卖柴老人栖身的草庵。进庵一看，除了神橱侧畔一个简易稻秆地铺之外，找不到可资推断庵内有人栖身，并且在此做吃的任何物件，连双碗筷也没看见，雉山先生心中不由得纳闷，"真是个奇人，难道不食烟火，只知道醉酒？"雉山先生一个人边踱步边犯疑，庵里庵外转上了好几遍。不料，就在他离庵数步，下意识回首注目破庵门面的当儿，意外发现墙面上有几行字，由是转身前去察看，原来是一首用乌炭涂画的五律，不由得喜出望外，边看边掂量，不要说新安地面没见过如此佳作，就是高手云集的长安大都也找不出这般妙笔神工。当下反复默念，牢牢记在心间不提。

又过了四五天，雉山先生特地备了束脩和一罐陈年水酒，像模像样地去谒见这位世外高人。因为连续几天没有看见他上市卖柴，想必是那天不慎落水受了风寒，孤独一身也怪可怜的，所以就起了这个念头。可当他走近渡船时，船家告诉他，"先生造访草庵的第二天起，不知咋的，就再也没有见过这老人的脸"。雉山先生点点头，挥挥手让船家开船，一路上惦记着草庵里的老者。直到日头落红，也没有找着老者的踪影，他只好满腹狐疑地转身来赶末班船。

当雉山先生确信卖柴老汉失踪之后，十分懊悔自己的鲁莽和草率，不该去搅乱人家的平静生活，万一老汉有个三长两短，自己岂不负疚终生。出于愧疚，或者说是寄托思念，雉山先生每日去字画摊上的第一件事，就是用楷书誊录从草庵记下的那首五律，一天一张，谁要就白送给谁，并且再三叮嘱，可以与人传唱，但不得转手倒卖。好在当初庵壁上写有落款，雉山先生因此在每幅条幅上注明"奉录高士许宣平五律以彰"的字样，表明自己是在为传唱高人的妙笔佳作尽份绵薄之力，别无他求。先生记下的许宣平诗云："隐居三十载，筑室南山巅。静夜玩明月，闲朝饮碧泉。樵人歌陇上，谷鸟戏岩前。乐矣不知老，都忘甲子年。"

从此，许宣平的名号连同他的佳作不翼而飞，传遍了大江南北。一年，李白在长安传舍偶得传抄之许宣平诗，"吟咏嗟叹"，连连称赞许诗为"仙诗"，几经打听许宣平贯里，方知为"新安人氏"，于是游及新安及歙港一带，"涉溪登山"，然却屡访不得一见。末了，只好在传为许宣平于歙县落过脚的一所庵壁上题上一首和诗，以示自己渴望结识高人的情怀，诗云："我吟传舍诗，来访真人居。烟岭迷高迹，云林隔太虚。窥庭但萧索，倚柱空踟蹰。应化辽天鹤，归当千岁余。"

新安太守任昉送客

原淳安老城东郊十里开外，有座木结构的发昌亭，这既是淳安任氏子孙族居的标志，也是南朝新安太守任昉留下的游踪遗迹。

任昉字彦昇，小字阿堆，南朝乐安博昌（今山东博兴）人。幼好学，早知名。年十六，被举为宋丹阳县主簿，不久，又被聘为竟陵王记室，自此与未成帝业的萧衍同住竟陵王邸，成为过从甚密的同好知己。

一日，萧衍心血来潮，一本正经地对任昉说，"我若登三公，当以卿为记室"。任昉只当是夸奖自己文笔，心想你老兄骑术高超、无与伦比，也就随口回了一句，"我若登三公，当以卿为骑兵"。如此一句戏言，还真被说中了。任昉四十四岁那年，萧衍在沈约、范云等左右之下，果真登极做了梁武帝，而且说话算话，以任昉为记室，继而拜任昉为黄门侍郎、吏部郎中，竟连《受禅文告》都是让任昉代诏的。

任昉出身贫寒，却好结交骚客诗友，酒会应酬，尤与谢朓、沈约交厚。同为文坛巨擘，三人却各有所长。为此，有人对他们三人作了如下比较，认为谢朓的长处在于"善为诗"，任昉的独到之处是"工于笔"，而沈约则集诗、笔为一身，称得上"兼而有之"。三人当中，沈约年长，与任昉相差十八岁，加之又是三朝元老、当朝尚书仆射，所以每与任昉交游，总喜欢用任昉的小字"阿堆"相称。

任昉生性豪放，过不惯谨小慎微的近臣生活，做了不到一年的吏部侍郎，就迫不及待地向梁武帝提出换个位置，让他去郡县见见世面、长长见识。萧衍深知任昉的脾性，于是就让任昉去义兴郡做太守（治江苏宜兴）；因为义兴离建康（今南京）不远，要想见任昉也方便，因此就动了这个念头。

任昉到了义兴后，以解脱百姓疾苦为己任，劝农勤桑，整顿吏治，不到一年工夫，便有了"为政清廉，吏民便之"的好名声，深得一郡官吏民众爱戴。殊不知，正在他放开手脚、大干一番事业的兴头上，梁武帝频频下诏，催促他回朝做御史中丞。君命难违，任昉只得领旨回朝。

当他去建康面见梁武帝后，才获悉调他回朝的用意，无非是让他去整理《秘阁四部》。梁武帝知道他是一匹难于驯服的烈马，不容任昉分说，又让他兼任秘书郎，有如为牲口加了一副辔头，硬是把他给套住了。

提及《秘阁四部》，虽说只是整理自齐永元元年（即东昏侯萧宝卷手上），到梁武帝所处的天监二年的东西，不到五年时间的跨度，但是，篇卷舛杂，校对起来十分棘手，尤其是勘误的难度更大。但既然领了旨，那就硬着头皮去好好整理吧，如此一来又让他苦熬了三个年头。书成，作为抚慰，梁武帝让他出为宁朔将军，做了新安太守，不期成了淳安任姓始迁之祖，这是后话。

其时正逢多事之秋，而新安郡又是个多事之地。任昉抵达贺城不久，首先为自己家小在郭东溪找了个安宿之地，让子弟与僮仆种蔬灌园，以接济一家人生计；而后，潜心翻阅史册，了解风俗民情，着手整顿吏治，操持日常公务。半年下来，刚刚有了头绪，不料遂阳县境发生一起山民暴动。消息一经传开，郡城里巷纷纷扬扬，尤其是行商坐贾，更是惶惶不可终日。任昉一面张榜安民，一面策划应变，单等遂阳来报，以便部署兵力讨伐。

一天下午，任昉开罢军事会议，独自关起门来，盘算着讨伐山贼的行动计划和战略战术。一名衙役推门进来禀报，说有人求见太守，任昉不耐烦地挥挥手，示意衙役闭门绝客。不一会儿，那名衙役又来禀报，说来人十分固执，口口声声要见"阿堆"。任昉一听，心想"难道是沈记室来了"，这才匆匆出来会见客人。

来人果然是人称"沈记室"的沈约，大家都是老朋友，用不着去客套。任昉一面端茶让座，一面吩咐衙役去市集上买上两只鸡、沽上一坛酒，着人送去家里，告诉夫人有客来访。大约个把时辰，便打点停当，于是笑嘻嘻地拉起沈约的胳膊就往外走，说是家里比衙门自在。出了衙门，任昉又去轿行雇了顶轿子，让轿脚子抬着沈约，而自己则徒步引路，前往东溪住所。

进了家门，一家大小前来与这位当今尚书仆射请安问好。是夜，两人"对酒当歌"，足足对酌了大半夜。说到这次来访，沈约不由得牢骚满腹，大有不吐不快的态势。任昉对坐不语，只闻其详而不置可否。

据沈约自述，他此次告假外出，无非是散心解闷，转悠转悠就进了新安地界，于是就来衙门找故人来了。按说，萧衍受禅多亏沈约、范云等人的促成，可做了梁武帝之后，好像也不那么给人面子。明知沈约有志台司，却偏不任用；求外官吧，又不许，硬是把沈约拴在朝中，没有丝毫自在。"原本告假一月的期限，不料光富春江、新安江这一路的山岚水色，就耽误了好长一段时日……"沈约唉声叹气地摇摇头，很不情愿地对任昉说，"长话短说，你有你的公务，我有我的期限，明日一早我就走，今夜就权当话别吧"！旧时的读书人，十有八九都有一副傲骨，说来就来，说走就走，从不含糊，更何况，任昉尚有一件火烧眉毛的急事要办，于是两人一拍即合，"明日登昌亭置酒，把盏为沈记室饯行"。

昌亭，原先只是个两面披水的人字形草舍。任昉在此安顿家小后，发动周边农家助工、助料，并由他支付工匠工夫钱，修建了一座过路凉亭，重檐六角，四面凌空，既能遮风挡雨，又可凭栏观景，并由任昉挥毫泼墨，为它起了个"昌亭"的雅号。不料，沈约与任昉的这次饯行话别，竟成了两位文坛巨擘的人生诀别。临别，应任昉的要求，沈约将旅途酝酿成腹稿的游览吟咏《新安江至清浅深见底》，兴致勃勃地唱读了一遍，说是让"阿堆老弟赐教"，任昉拱手谦让，领受了故人的这份深情厚谊。

任昉送别沈约后，心急火燎地来到郡守衙门，当即亲率大队人马，火速奔赴遂阳山区讨伐山贼。是夜，露宿云蒙山麓一个冷坞里。夜半不期与前来突袭的山贼遭遇，一场混战，任昉猝不及防，被乱箭射中落马，当场身亡。新安郡县百姓，为之公祭三天，凭吊一代文坛巨匠和吏民拥戴的好官。

据史料稽考，任昉身后留下万卷孤本和异书，梁武帝为此让沈约和贺纵勘其书目，凡"宫中所无者，就昉家取之"，可见其藏书之富。又据其后的《隋书志》及《两唐书志》所录，"昉所著诗文，共数十万言，为卷三十有四。《梁书·本传》称，又撰《杂传》二百四十七卷，《地记》二百五十二卷，《文章》三十三卷，《文章缘起》一卷，并传于世"。

注释：
①任昉送客事，见《淳安县志》与《浙江通志》。
②昌亭，《县志》称发昌亭，今从《通志》，位于县东十里，俗称任家坎，后为任姓族居之地。

太平源青山施茶

唐朝大历年间，以出产茶叶和稻米而小有名气的茶陂，已渐渐形成一处四乡水陆农产品集散地，吸引行商坐贾来此开行设铺。其中，尤以"自不量米铺"和"太平源茶行"最为知名。

"自不量米铺"，是祖籍歙县的一位汪姓商人开设的。它的经商之道，全在于"自不量"，即不论是籼米还是粳米，米铺概由顾客自行用斗过数，店家不去"量米"，这在当时来说，是难能可贵的公平交易。至于茶行的名声，全仗着老板有一双"火眼金睛"和品茶评价的看家本领，用手轻轻一拨拉，然后丢进盖碗沏成茶，闻闻茶香、尝尝茶汁，便可论质开价，让人心服口服。

提到茶陂的茶叶，人们也许早已随着时代变迁而淡漠了它的历史；可是，一旦去寻找当地的茶乡风俗，凡是上了岁数的老农，定会如数家珍地与你唠叨那个"以茶待客"的施茶好传统，不管何方过客，不论贫富贵贱，当地农家都能热情地为你泡茶让座，以尽地主之谊。追根寻源，不得不归结到一段"青山施茶"的千古佳话。

话说离茶陂不远的太平源，有位绝意功名的老秀才，人称邵先生，其祖上也是书香门第，为里人所仰慕。传到他手上，由于不善营生，不上几年工夫，便变卖了田产，只剩下半亩水田和一爿茶山来维持一家生计。更为不幸的是，五十岁上妻亡子夭，孑身一人独守空楼，差一点被逼上绝路。人常说，"节哀顺变"，在左邻右舍和亲眷朋友的规劝之下，邵先生终于熬过了一段"孤灯不成眠"的困苦难耐日子，抖擞精神去面对未来。几经盘算之后，他便把田产和茶山出典，以此养活自己；然后卷起铺盖、携带炊具，去茶陂对岸马石庙，为过往行人"施茶"，时称行善做好事。

俗话说得好，"人怕扬名猪怕壮"。邵先生的施茶，还真像模像样。不说别的，光他那份善解人意的热忱，就足以让人刻骨铭心。谁有疑难之事，或者多愁善感，他会现身说法，以心比心，与你促膝交谈，直到你开心舒眉离去；至于时间长短、泡茶次数多少，他毫不在乎。一旦有人致谢，他会十分坦诚地摇头免谢，而且每每少不了那句"你开心，我亦高兴"的口头禅。碰到读书人路过，不但要讨教学问上的疑点难题，还有可能提出索字留言的要求，而且把这种要求自嘲为"施舍一点见面礼"。一年下来，竟让他收集到厚厚一本《茶余拾得》百家诗稿，把他给乐得手舞足蹈。

冬去春来，又是一个风和日丽的踏青季节。就在谷雨那天，邵先生专门请了砖匠，把马石庙下首的过路凉亭里外粉刷了一遍，然后亲自动手，为簇新的东西两爿圆门题额，东名"清风"，西称"明月"，并且还在装有美人靠的两边厢亭柱上贴了一副对联，上联是"但识琴中趣"，下联为"何劳弦上声"，这才操起旱烟筒，坐等路人的光顾。

这一天，过往歇脚的人倒是不少，但都是自备干粮和拎着葫芦的采茶女，过往客官一个也不曾碰上。从日头起山，一直等到日头落红，还是销不出一碗茶，邵先生心中不由得直犯嘀咕，枉费了自己一片真诚。

不料，正当邵先生忙着炖菜、焖饭的那阵子，如同"半路上杀出程咬金"一般，闯进来二位过路客官，一看着装便认出，其中一位是云游老僧、另一位是陪同。邵先生赶忙把两位客官让到美人靠上，顺手递过两碗浓浓的热茶，一边照看灶头，一边打量起两位不速之客。尽管他也觉察到来人的气度不凡，绝非等闲之辈，可他万万料想不到，来人竟会是名闻诗坛的灵一禅师和自称浪士的元结。

来人倒也是爽快，不等邵先生动问，就自报了名讳和结伴访友的经过，并且表明恳求借宿的意向。邵先生本来就是热心肠，愉快地把他们引上马石庙，还特地拿出自家酿制的陈年水酒，重新备上素食，三人相见恨晚地谈天说地、道古论今，生怕错过今晚而无明朝。

当灵一禅师得知，施茶邵翁就是风闻能让梅花城"香三宿"的邵仁祥之子时，不无感慨地哀声长叹，连声喊"罪过，罪过"；而多愁善感的浪士元结，却只顾低头喝闷酒，三人相对无言，沉浸在同病相怜的回忆之中。

为了冲淡这种沉闷而尴尬的氛围，浪士元结灵机一动，把话题转到了凉

亭柱联上去，从"但识琴中趣，何劳弦上声"说开去，拿"不为五斗米折腰"的陶渊明作比喻，既是对自己，也是劝在座的朋友"自解自宽"。这一招果然奏效，三人不再沉默，开心地划拳行吟，不再去钩沉那些早已烟霏云敛的辛酸往事。

人常说，"雁过留声，人过留迹"。灵一与元结的淳安之行，自得要留下一点"纪行"的感受，那就是见载于地方志中的那首《与元居士青山饮茶》诗。

诗云："野泉烟火白云间，坐饮香茶爱此山。岩下维舟不忍去，青溪流水暮潺潺。"

陶渊明来淳省亲

南北朝宋文帝元嘉三年（426）三月，年迈的始新县令洪纂谢绝了上峰对他的提拔，毅然决然地就近落户东源偃村水竹林隐居。消息一经传开，百姓自发地前来送行，人们纷纷议论，"难得盼来一个好官，却没有缘分留住他"。

洪纂何许人也？老百姓只知道他平易近人，没官架子，即使去茶楼酒肆，也是和平民百姓一样平起平坐。因此，从心眼里佩服，认准他是个顺民、爱民的县太爷。

其实，他是一位颇有才干，且很有根基的官宦子弟，只是不像旁人那样炫耀罢了。他的父亲洪绍，曾随刘裕讨伐慕容超（南燕），继而带兵平定广州刺史卢循之乱，屡建战功，拜兵部尚书，官至金紫光禄大夫。后晋室日衰，而刘裕势盛，又因洪绍不肯附刘裕，刘裕就极力中伤他，使他面临尴尬境遇。为了表白自己的矢忠不二，便于义熙十三年（417），自京口（今江苏丹徒）辞官，举家僻地新定（原遂安）木连村隐居。两年后，刘裕推翻了晋恭帝司马德文，自己登基做了宋武帝，建元永初。洪绍为此庆幸自己的先见之明，得以保全了晚节。洪绍娶过两房妻室，原配太原王夫人，育有五子；继配陶侃孙女，育有三子。洪纂系王夫人所出，排行第五。一大家原本聚居在一起，后来分散于钱家各处各立门户，洪纂之所以不回遂阳木连村，而去始新偃村定居，多半是他父亲洪绍的主意。

洪纂定居偃村后，无时不记挂着年迈的父老双亲，寻思着找个机会回家看看。其时，从偃村至遂阳木连村，约有二百来里的行程，虽有一条武强溪，却只能通木筏，水陆交通极为不便。因此，回趟家十分不容易，得下很大决心才是。幸好家中来了位远客，约他同去木连村串亲，这才促成了遂阳之行。

这位远客，正是洪纂继母陶夫人的侄子陶潜，人称"不为五斗米折腰"的陶渊明先生。陶潜出生于一个破落家庭，他的曾祖陶侃，为晋时宰辅，可到了他父辈手上就不景气了。虽说家贫，却向有高趣，博学而精通世故，曾著《五柳先生传》以自况。他曾当过彭泽县令，由于性格使然，上任只八十来天，就辞职回了家，理由很简单，用他的话说，即"吾不能为五斗米折腰向小儿"。为此，他还作《归去来辞》以明志。后来，又征召他去做著作郎，他不肯屈就，依然故我，与张野和朋友羊松龄诸辈会聚，"或有酒要之，或要之共至"。基于不喜营生业，一概家计田产，皆由儿子和僮仆料理。嗜酒是他的爱好，遇酒则饮，无酒亦雅咏不辍。每次与友酒会，他都会取出自己那张无弦琴"抚而和之"。起初，人们不明白，为何琴不上弦？他为之答曰："但识琴中趣，何劳弦上声！"

话说陶潜过淳安，自要去县衙找洪纂一叙。不料，洪纂已举家迁往东源，陶潜只好溯源而上，寻访洪纂的住处。一路上，两岸层峦叠翠，林木盖天；中流潺湲，权石回澜；修竹傍村，黛瓦粉墙；田园阡陌，桃柳掩映，所谓移步换景，别有高趣。更为难得的，还是这一带的淳朴民风，每过一湾，每涉一水，路人都会热心地为他指路，或者为他施食端茶。约莫四十五里行程，便顺顺当当地抵达偃村老表住所。两人相见，自有许多道不尽的离愁别绪；加之渊明旅途劳顿，必须有个将息复元的过程。因此，渊明就在偃村逗留了一段时日。

转眼间又到了传统中秋节的时候，洪纂与渊明商量，由他出面到桥西轿行雇两乘轿子，务必在中秋日赶到木连村与家人团聚。渊明一听正中下怀，

当下打点行装，即刻动身上路。不料山道崎岖，紧催快赶，足足花去三天时间，总算赶在中秋日落之时抵达洪家宅院。

洪家宅院傍溪而建，院前修竹作屏，院后翠岭环拱，烘托出一种"门对千竿竹，家藏万卷书"的幽雅而勃发生机的氛围。溪对岸有座文昌阁，那是遂安县城的标志性建筑物，离塔不远就是新定故城。渊明在木连村逗留期间，当然不会放过这个访古览胜的好机会。

渊明在姑母家，一住就是二十天。一天夜里，渊明很不情愿地向陶夫人提出，打算过了重阳动身回浔阳老家。陶夫人是个知书达理的长者，深知人生在世，"各有一本难念的经"，也就不多加挽留。不过，她认为有两件事务必在返程前办妥才是，一是想提前为渊明做六十寿庆，这是做姑妈的一份爱心；二是两老风烛残年，朝不保夕，怕找不到坟茔墓葬，因此想让渊明去洪塘坞那两间生塘边厢认认坟山、记记位置。渊明善解姑母的忧虑，一一依了她，十分虔诚地去了一趟坟山，圆了陶夫人的心愿。

据洪家世代相传，渊明离开武强溪西去的那天，正是"九月十一"，应着"初三、十一不择日"的出行大吉之农谚。不料，刚迈出门槛，又让巍颤颤的老姑丈唤了回去，说是想让渊明替他起草一篇《墓志铭》，省得将来去求别人。既然老姑丈有心让内侄代劳，渊明自当唯命是从。于是放下包袱，一气呵成地写下《兵部尚书绍公墓志铭》，为洪姓后裔留下一件弥足珍贵的墨宝。

五龙桥双骥自刎

唐代兰台御史张文成曾为后世留下一篇《东汉开国公方储碑记》的石刻，记载了五龙桥"双骥之门"尽忠报国、以死殉节的悲壮故事。

方储一家数代，都是名见经传的忠节之士。他的曾祖方望，祖籍平陵方山，成纪隗嚣举兵讨王莽之初，曾聘他为军师，其《讨王莽》之檄文，为后世所推崇。后来，隗嚣去投靠淮阳王刘玄，他愤然离去，隐匿山林以终其身；他的祖父方纮，汉平帝元始间为少卿，继而出为河南太守，孺子婴初始元年（8），王莽篡位改元"始建国"，欲征召他去辅助朝纲，他匆匆举家逃亡，辗转来到淳安这方土地避难，自此繁衍生息，成了"天下之方"不迁之祖（参见宋人方回《桐江集》）；他的父亲方雄，东汉初年为西河太守（治今山西离石县），育有三子，长子名俦，次子是他（方储），三子名俨。

方储从小聪颖好学，尤其喜欢精研图谶，通晓天文五行。方父常年在外，兄弟三人以《孟氏易》自相讲授，为东汉易经四大家之一。到了章帝建初四年（79），方储被举为孝廉，授予郎中官职。其时方储的兄长方俦已调升为南阳太守，不久三弟方俨也做了大都督，是谓"三子联镳报捷"，令里人刮目相看。

话说某日早朝，章帝召集文武大臣议事，让文官居左，武将居右，而方储则一人独居正中。章帝问他，为何独居正中？方储回答，"臣文武兼备，任所施用"。章帝觉得他很有个性，随手递过一堆乱丝，意欲考察他的真才实学。方储会意，无非是让他阐发治国对策，他二话不说，当即拔佩剑，将乱丝斩为三截，随手抖几下，只一眨眼工夫，便把乱丝整理得顺顺当当。章帝一见，不住地点头称道，"爱卿果然文武兼备，为朕出了个'乱必剪之，而后理'的好对策"！五年后的元和元年（84），方储参加"贤良方正"科考试，得了个"对策第一"，由是拜授议郎，官封洛阳令，不久升为太常，成了章帝的近臣，自此平安地做了十年好官，一直到和帝永元五年（93）。

话说永元五年阳春三月，年轻的和帝把方储召进宫，让他选择一个吉日，以便去郊外踏青祭天。可不等方储开口，丞相张林在一旁插了话，说什么"择日不如撞日，既然皇上有意，何不明日出巡就是，为臣这就去安排"。方储赶忙加以劝阻，说是"明日天气有变，宜改日为好"。年轻的和帝一向刚愎自用，遇事喜欢"先入为主"，丞相说明日就明日吧，况且又是到近郊，"怕他作甚"。到了第二天，和帝当真出巡郊外，而且玩得十分开心。侍立左右的丞相张林，素与方储三兄弟有龃龉，眼看方储又被自己抓住了把柄，于是就心怀不轨，不住地向和帝扇阴风，"分明是风和日丽的好天气，却要妄言欺君。依臣愚见，罪当贬谪"。如此这般，把年轻的和帝搅得心烦意乱，说了句"让人扫兴"，便摆驾回宫了。

说起来也真冤枉，和帝前脚进殿，后脚就下起了冰雹，而且一直下个不停。据事后禀报，洛阳民众死于冰雹者数以千计。和帝心有余悸，倘若多玩一会儿，岂不枉死黄泉？于是吩咐内史，"朕要召见太常方储"。不料为时已晚，方储早已饮鸩自尽，命归黄泉。和帝见报，不由得抚膺恸哭，"储死，谁与朕共治天下啊"！当即下诏，追官为尚书令，封黟县侯，并令工部扶其柩归葬歙东（旧淳安老城文献名邦坊侧）。

据当时方储的贴身侍卫事后透露，方储本不该自尽，正应着一句老话，"人算不如天算"。方储确有一套精通天文的真本领，知道那天午时三刻天当有变，可和帝不容他细说就听信了张林的谗言，这是让他忧虑的原因之一；其二是，他没有料到这位雅兴十足的皇上，竟会在午时三刻之前安然无恙地回了宫；其三是有人给他透露消息，张林在皇上面前说自己的不是，并怂恿皇上给自己安个"欺君之罪"。人常说，"伴君如伴虎"。为了表明自己的"以诚见责"，他便饮鸩自尽了。

方储的长兄方俨和三弟方俨，得知方储死于谗言的噩耗后义愤填膺，双双赶回故里，为老二治丧发葬，料理后事。其时，正值匈奴犯塞，"戎马生郊"，朝廷欲诏拜方俨为云麾将军。兄弟俩一合计，"奸臣当道，岂能容我辈立足"？便拒绝了这一诏拜，顾自按兵不前。不料，这又让丞相张林抓住了把柄，他拼命在和帝面前搬弄是非，说什么"方氏兄弟，唯俨文武最优。如今频诏不至，必怀逆节，不如早为之计，无使滋蔓"。古人有云，"谗言三至，慈母犹疑。利口一行，忠臣抱痛"。兄弟两人坠入紊乱思绪之中，久久不获一策，不得不借问苍天："豺狼遍地，麟出何之。雕鹗巢林，凤将安适。天乎难问命也，何如？"在呼天不答、叫地不应的极度困惑之中，兄弟俩双双去了县西村，在一口清水塘边朝北拜了三拜，然后拔剑自刎，结束了清白无辜的一生。据目击者传言，两血相溅，蹿起一股二丈多高的血喷，顿时间，"鸟兽哀鸣，士女流涕，日沉黑影，水变赤湖"。真所谓忠节屈死，天地为之动容啊！

几年后，方储之子方觌，因为大破匈奴有功，被授予轻车都尉，爵封关内侯。每每怀念父亲、伯父和叔父的惨死，痛下"誓不与贼俱生"的决心，多次冒死奏冤于和帝刘肇，后终以张林受诛而沉冤昭雪。

持正访神童李贺

这是一段脍炙人口的诗坛佳话，说的是七岁的李贺受到韩愈和皇甫湜的赏识，并给予奖掖的故事。

皇甫湜字持正，唐代新安（今淳安）人。他是中唐时期享有"不羁之才"美名的散文家。他出生在一个世代讲究道德修养的书香门第，自幼秉承家训，受到严格的儒家思想熏陶，潜心读书，长于属文。十多岁便漫游各地，遍访名师良友，相继投梁肃、谒杜佑，结交顾况，也曾求见江西观察使李巽，为其作书献文，希望得到他的荐举，然而，每每不能如愿，直到二十一岁时，辗转去洛阳投奔韩愈，从此成了"韩门高第"。

德宗贞元十三年（797），洛阳城中纷纷传扬，有位年仅七岁的稚童，五岁识字，七岁属文，而且写了一连串好诗。好事者录其诗，互相传诵，因而被当作一大奇闻，渐次传扬开去。一天，皇甫湜在里巷偶得一首"神童新作"，赶忙去告知韩愈。两人击节叹赏，爱不释手，就是不相信七岁稚童竟会有如此大家手笔。几经打听，得知其姓名和住址，两人决心亲自去登门造访，以探虚实。

一个风和日丽的春日，韩愈和皇甫湜两人乘坐大马车，去探访这位久负盛名的神童李贺。因为是两位东都才子专程来家拜访，李贺的父亲赶忙把两人让进中堂，予以热情接待。从交谈中得知，李家是唐初郑王的后裔，然已家道中落，门可罗雀。李贺的父亲名叫李晋肃，是一位在边境地区任职的小官吏，一年难得回趟家照料家小，由此可见，儿子的成才，多半在于他本人的聪明早慧与刻苦好学。几经寒暄，李晋肃就去里屋牵出李贺来拜见两位大文豪。

李贺行礼毕，侧立一旁，静听大人们的说话，神情羞涩，显得很不自在。韩愈和皇甫湜一边品茶，一边打量起李贺的五官形体，只见他身材瘦削，头

上双髻高挽，满脸稚气；但见那条一字"通眉"，又粗又黑，两眼炯炯有神，眉宇间流露出一股勃勃英气。韩愈同皇甫湜交换了一下眼神，然后把李贺唤到自己身边，与之温言细语地交谈起来，而皇甫湜则在一旁埋头静听。

"近来读些什么书？"韩愈拉着李贺的小手，笑嘻嘻地问他，"读后有哪些感想？"

"在读屈原的《离骚》。"李贺恭恭敬敬地回答，并毫不迟疑地说出自己的观感，"我认为，这是一篇雄起奔放的杰作！"

"哦！"韩愈和皇甫湜不由得为之一愣，心想，"世上真有如此聪明早慧的孩子，难得，难得！"

常言道，"听话听音"，他俩可不敢小看面前这位小兄弟。韩愈当即指着皇甫湜，开门见山地说明来意："我们俩今天专程前来看你，想请你为我们写首诗，可好？"

"请老师赐题。"李贺满口答应，并且有礼貌地向韩愈和皇甫湜深深鞠躬致敬。

皇甫湜一听李贺如此爽快，一时高兴，就随口搭腔；"就以我们今天见面为题吧。"

李贺听罢频频点头，快步走向一张矮几，取出文房四宝，边磨墨边打腹稿。站在一旁的李晋肃，又是高兴，又是担忧，眼睁睁地看着自己孩子"班门弄斧"。情急之下，只好顺水推舟；"这孩子喜欢涂鸦，而本人于诗道又不甚了了，往后有劳两位多加栽培。"

顷刻之间，李贺已完卷。接着用工楷誊录，这才恭恭敬敬地递给韩愈过目。韩愈看过，又递给皇甫湜，并附在皇甫湜耳边悄悄地说："太妙了，果真名不虚传！"

皇甫湜展开李贺写的诗稿，诗题《高轩过》三字赫然入目，简洁明快地点破这次不同寻常的会见。

诗云：

华裾织翠青如葱，金环压辔摇玲珑。

马蹄隐耳声隆隆，入门下马气如虹。

云是东京才子，文章巨公。

二十八宿罗心胸，九精照耀贯当中。

殿前作赋声摩空，笔补造化天无功。

庞眉书客感秋蓬，谁知死草生华风。

我今垂翅附冥鸿，他日不羞蛇作龙。

皇甫湜细细品味，果真是妙不可言。此诗，开头表述韩愈、皇甫湜两人穿着华贵的衣服，坐着高头大马车来到李家，下车入门，气宇轩昂，豪气如虹；接着正面赞扬韩、皇甫两位是"东京才子""文章巨公"，才学超人，"笔补造化"；最后表白自己希望攀附二公，提高自己的学识和声誉，整首诗遣词别致，气势奔放。皇甫湜反复叹赏，连连点头，赞不绝口："神童，真正的神童!"

当下，征得李晋肃同意，韩、皇甫两人邀李贺同往韩宅作客。大马车又在宽阔的车道上疾驰，李贺夹坐在两位文章巨公之间，满怀喜悦的韩愈，亲切地看着小诗人，而皇甫湜则不住地勾勒着心中的一幅蓝图，庆幸不久的将来，又有一颗明星夺目于东都诗坛。

韩愈与皇甫湜果然慧眼识珠，长大后的李贺，终于成为一位风格别具的后起之秀，他那幽峭奇伟、想象丰富的诗章，为唐代诗歌的发展增添了辉煌的一页。

第一个称帝的农民起义女领袖陈硕真

自古以来的女性，展现于人的大抵是轻柔宛曼、款款怡和的姿态，她们常常被喻之以柔水与弱柳，似乎一直是远离力量和战争的群体。然而，在大唐刚刚建立不到40年，东南睦州的陈硕真，却一反女性的娇柔，做出了一个令须眉亦望尘莫及的举动，使当时的高宗皇帝惶惶不可终日。

唐永徽四年（653）十月初的一天，睦州雉山县（今淳安县）梓桐源田庄

里村万头攒动，戈矛如林。村中土台上空，飘扬着一面战旗，旗中心有个斗大的"陈"字随风隐现。这个场景，正是睦州女子陈硕真率众起义的誓师大会。

据唐书《崔义玄传》记载，陈硕真在起义前为了扩大影响，曾经自称要羽化成仙而去，与乡邻诀别，打算隐居一段日子后再以"仙道"的名目出现。但运气不好，刚躲起来没多久就被人告发，被官府抓了起来，但或许是官府问不出口供，或证据不足，最后将其释放。

陈硕真被释放后，她的姻亲章叔胤立即到处宣传陈硕真已从天界重回人间，并化为男儿身，能役使鬼神，法力无边。这番宣传非常有效，方圆百里之内的百姓都赶来向陈硕真顶礼膜拜。于是陈硕真认为时机已经成熟，在永徽四年（653）十月初，正式起兵。陈硕真起兵后立即建立政权组织，自称"文佳皇帝"，任命章叔胤为仆射（宰相），童文宝为大将。同时又制定了作战部署，决定兵分两路出击，由章叔胤率军一支进攻桐庐，陈硕真自己统率主力两千余人直取睦州州治贺城。

起义军进展神速。章叔胤一路夜袭桐庐成功，占领全城。陈硕真进攻贺城也很顺利，当天便拿下州城。随后陈硕真又乘胜指挥所部攻占了於潜（今浙江临安）县城，起义取得初步胜利后，睦州各地百姓纷纷响应，义军很快发展到数万人。于是，陈硕真又挥师西进安徽，攻打歙州（今安徽歙县）。歙州及皖南重地防守严密，义军虽然有数万人，但多为未经军事训练的民众，又无先进的攻城器械，歙州久攻不下。这时，起义的消息很快传到了长安，唐高宗李治急令扬州刺史房仁裕率军围剿。不过这时义军的主战场已不在歙州，而转到了婺州（今浙江金华）。原来陈硕真占领睦州后，即令大将童文宝领兵四千奔袭婺州。

当时任婺州刺史的是崔义玄。此人是隋末的英雄人物之一，先投奔李密，未受重用，改投李渊，史载太宗李世民讨王世充时，多次采纳他的计策，算得上是身经百战的智将，唐朝建立后，积官至婺州刺史。他接到童文宝前来的警报，立刻纠集部将准备发兵抵抗。不料手下诸将慑于陈硕真的声威，纷纷劝说他放弃抵抗，说："陈硕真有神灵护体，与之对抗，必然会被灭宗族的。"谁也不敢出兵。这时，崔义玄手下的司功参军崔玄籍说："顺天意合民心的起兵有时尚不能成功，陈硕真只不过是个有点法术的女子，一定坚持不了多久。"崔义玄听后大喜，即命崔玄籍为先锋，自己亲自统帅大军继后抵抗童文宝。陈硕真听说婺州告急，就退出歙州，率主力增援童文宝。双方主力在桐庐东部下淮戍相遇，陷入了僵持状态。

相传数天后，忽然有一颗陨星坠落在陈硕真大营中。崔义玄见后立即大造舆论说陈硕真必定灭亡。官军军心大振，齐力攻击义军。在攻击中，崔义玄左右用盾牌护其身，崔义玄大声说："我这个刺史如果还顾及到躲避，谁还肯为战斗而死？"喝令撤去。于是官军更加合力攻击。起义军与官军在下淮戍进行了浴血奋战，最后数千人被杀，降者万计。陈硕真被迫撤往睦州城。

崔义玄乘胜追击，至睦州城时，房仁裕的大军也已赶到。于是，陈硕真、章叔胤被前后夹击，苦战之后，全军覆没：陈、章双双被俘就义。

陈硕真所领导的农民起义，虽在不到两个月的时间内失败，却在中国农民战争史上写下了光辉一页。著名历史学家翦伯赞称她为"中国历史上第一个称帝的农民起义女领袖"。陈硕真敢于冲破"君权神授""男尊女卑"的纲纪，敢于向统治阶级展开坚决的斗争，她的反唐义举对后代特别是方腊领导的北宋农民起义有着直接影响。

顶锅破衢州

陈硕真起义军攻睦州，打下桐庐，队伍不断壮大。汪公老佛献计说："要想在江南立足，务必乘胜而攻之，南打衢州，北攻歙州，才是长久之计。"陈硕真点头称是，就选了五千精兵去打衢州。

衢州州官闻悉陈硕真前来攻打，立即紧闭城门，日夜把守。

陈硕真义军逼近衢州城，只见城墙高有两丈余，宽有八尺，全用巨石垒成，确实坚固。再看城门，却是铁门。城墙上有重兵把守，人一近前，城上乱箭齐发；另外，每隔一丈远，还架一口大铁锅，锅下烈火日夜不灭，锅内

熬着桐油，义军几次架云梯攻城，都被官兵用滚油泼，乱箭射，死伤数百人，陈硕真急得饭也吃不下。

城外的百姓，见义军纪律严明，纷纷向义军献计献策。有的砍来大树为义军制造木头大炮，有的为义军赶制炸药。围城第七天，一位满头银发的老农求见，陈硕真问明来意后，老农献计说："老夫愿献出大铁锅两只，助义军攻城一臂之力。"陈硕真听罢，忙问："老人家，铁锅做什么用？"老农摸了摸白胡须，笑笑说："用兵如神，炸破铁门；铁锅盖头，何俱沸油！"陈硕真连忙向老农深深一拜："多蒙老人家指教……"哪知抬头一看，老农已不见了。

第二天早上，陈硕真走出帐外一看，见帐外的空地上堆满了大大小小的铁锅，足有千余只。陈硕真想：这定是那位老农与众百姓送来助战的。陈硕真立即召集众头领商议破城之计，还当着众头领的面，用宝剑从头上割下一缕黑发，对天发誓："不破衢州，决不收兵！"

第三天，天刚发白，陈硕真一声令下，数十门木头大炮一齐对准城门，"轰，轰"几声巨响，城门被炸开了。义军头顶铁锅，手舞大刀、长矛向城里冲去。守城的官兵急忙用沸油泼，但都泼在铁锅上，下面的义军一点也没有被烫着。义军一举攻下了衢州城。

后来，衢州的老百姓为了纪念陈硕真顶铁锅攻城这件事，都用竹笋壳做成铁锅形状的笠帽戴在头上，除鬼压邪。直到现在，这一带还习惯戴这种像锅一样的笠帽。

智收二勇士

唐高宗永徽年间，离梓桐源不远的万年镇（即威坪镇）上，住着两位好汉，一位姓胡，名叫平海，一位叫方木定。胡平海从小行船拉纤出身，脚上功夫很到家，水里功夫更不必说；方木定长得熊腰虎背，身高八尺，穿的布鞋足有一尺二寸长，头能顶石臼，手能舞石磨，肩能扛七八百斤的大树，是方圆几百里有名的武师。胡、方两人武艺高强，而且生性爱打抱不平，两人是一对很要好的朋友，经常在一起练功比武，而且总是不相上下，所以互不服输。

陈硕真久闻胡、方两人的大名，十分敬佩他们的本事与为人。于是，择了一个日子，特地上门拜访他们，请胡、方二位好汉与她共图大业，举兵起义，为百姓解难。两人听陈硕真说明来意，又见陈硕真乃女流之辈，根本不把她放在眼里，就说："你要我们与你一起造反不难，但得依我们一件事。"陈硕真看了看两位，问："什么事？二位好汉请讲。"胡平海说："你敢与我们比武吗？你若能赢我们俩其中一人，我俩都服你。"方木定也一拍大腿，挥了挥拳头，说："对，比试比试，怎么样？"

陈硕真听他们说要与自己比武，不慌不忙地问："请问二位好汉是先比力气呢？还是先比武艺？"方木定一听比力气三个字，劲头就来了，伸出了两只像蒲扇一般大的手，做出要与陈硕真翻手的姿势，说："好！先比比力气。"陈硕真笑着推开方木定的大手，说："比力气不能比翻手，要看谁掷东西掷得远。"说完，只见陈硕真一个箭步跨出大门，随手在院子里抓了一只大公鸡，与胡方二位来到新安江的江边上。只见陈硕真从鸡身上拔下两根鸡毛，递给二人，然后对他们说："你们二位谁能将手中的鸡毛掷过江去？"二位好汉心想：百余斤重的石磨我们能拿在手里当扇子扇，一根小小鸡毛掷过江去又有何难。于是就把握鸡毛的右手举过头顶，然后朝对岸用力一掷，哪晓得鸡毛出手还未飞出五尺路，就被风吹了回来。陈硕真见了双手掩面大笑，说："二位好汉请看！"说着，将手中的大公鸡往对岸用力一甩，那公鸡"咯咯咯"地落到了对岸。陈硕真说："二位好汉一根鸡毛都掷不到对岸，我把生有几百根鸡毛的鸡都掷了过去，请问谁的力气大？"胡、方无话可答，愣了一会儿，方木定说："只比了一次，我们岂肯服输。"陈硕真向旁边仔细一看，只见一块凹凹凸凸的大石头上有一只蚂蚁在爬，就说："好，那就再比试一次。你们谁能用拳头把这只蚂蚁打死或用脚踩死吗？"方木定一听，马上扬起大拳头对准石头上的那只蚂蚁，"嗨！"一拳打了下去，那块大石头顿时被打成了两块，那只蚂蚁照样还在爬；胡平海一看，大喝一声，一脚对准蚂蚁狠狠踩了下去，石头被踩得粉碎，蚂蚁仍旧还在爬动。陈硕真看了看他俩，又看了看那只蚂蚁，说："看我的。"说完，只见她不慌不忙伸出一个小指头，朝蚂蚁轻轻一按一转，那只蚂蚁被碾得粉碎。胡、方二位暗暗佩服陈硕真聪明。不过，他俩心里还有些不服。于是，胡平海又提出了第三样比试：比啥？嗒，比水里功夫。

且说陈硕真从小经常在溪水里捕鱼捉虾，十六岁那年，还跟随一位法师学就了一身好水性，水中行走如踏平地，在水底待上三炷香工夫也无妨。陈硕真听说要比水里功夫，就说："好！比就比。"胡平海到酒店里去找了两只空酒坛，里面装入石子，封好口，然后将酒坛沉入江底，叫陈硕真与他下水打捞，他们俩同时跃入江中，钻到水里，待到一炷香光景，只见胡平海手捧一只酒坛上了岸，却不见陈硕真出水。胡平海心想：糟了，这女子一定被水淹死了。大约过了三炷香时辰，只见陈硕真手捧一只酒坛；慢慢从水底钻了出来，走上了岸。胡平海、方木定一看大惊，再一看陈硕真捞起的酒坛里不见了石子，里面却有十几条鱼在游呢。原来，陈硕真在水里将石子一块一块拿出来，又抓了鱼才在水底待了那么长时间。二位好汉这才口服心服，两人对陈硕真抱拳一拜："大姐真是圣人，我们一定全力扶助大姐共图大业，决无二心。"

从此，胡、方两人在陈硕真手下当了大将，跟随陈硕真行军打仗，屡建战功。据说，陈硕真起义失败后，胡、方两人隐居到唐村、叶家一带，专为百姓做好事。后来，唐村一带人们为了纪念他们，还建造了许多陈、胡、方的庙哩。

多才非福禄的皇甫湜

德宗贞元十八年（802），二十六岁的皇甫湜头一回参加进士科考试，未中。从此就在长安落脚，一边专于科试，一边与白居易、李翱、刘敦质等人交游。

按照"三年一考"的科试惯例，皇甫湜二十九岁那年本该是再次参加考试的，不料没有开科取士；这是因为这年登基的顺宗皇帝"病风且瘖"，久疾不愈；加之，又有翰林学士王叔文"谋领财柄兵权以制天下之命"，在位八个月便传位太子，哪里顾得上开科取士？因此，只有顺延到宪宗登基后的元和元年（806）开考，三十岁的皇甫湜才得以考中进士。

元和三年（808），三十二岁的皇甫湜，有幸参加了由宪宗皇帝亲自主持的"贤良方正直言极谏"科应试，对于当时求取功名者来说，自是一个难得的晋升机遇。皇甫湜向来就是一个胸襟坦白、敢说敢为的忠义之辈，既然皇帝给予自己一个参与"对策"的机会，他就无所顾忌地"直陈时政得失"，并提出自己的"治国方略"，深得考官杨於陵、李益和韦贯之等人的赏识。与其同时应试，并以"敢言"而倍受考官赏识的还有牛僧孺和李宗闵两位，因为难分高下，就把三人录取为"并列第一"，是为古代科举史上绝无仅有的创举。

常言道，"忠言逆耳"。同平章事李吉甫知道这件事情，认为这帮人是在恶言诋毁时宰，"此风不可长"；加之考官李益向来"恃才傲物，众不能堪"，

于是就去宪宗皇帝那里"搬弄是非"。如此一来，考官就被贬职，皇甫湜被出为陆浑（今河南嵩县）县尉，牛僧孺亦被调任伊阙县尉，李宗闵则以"忤时宰"的罪名而"流落不偶"。更令人气愤不平的是翰林学士王涯的贬职，他原来没有参与其事，只是为着皇甫湜是他外甥这点血缘关系，就把他出为虢州司马。虽说次年，除了李宗闵以外，凡受处罚的一干人等均被平反获提拔，皇甫湜还被调升为殿中侍御史内供奉职，可在他的内心深处，却始终铭刻着一种没齿难忘的痛楚，由是滋长了"看破官场险恶"，有别于先前人生取向的"不羁"倾向。自此又过了三四年，因为思家心切，便于元和八年（813）辞归新安（今淳安）故里，闭门读书，属文自娱。

到了元和十二年（817），应山南东道节度使李愬的征召，时年四十岁的皇甫湜再度出山，去襄阳为李愬做幕僚。次年五月罢镇，自此至元和十五年（820），万般无奈的皇甫湜一直被困顿在江陵府公安县。无独有偶，其间韩愈被贬潮州，柳宗元贬死任所，师友的坎坷遭遇，使他陷入彷徨、苦闷的境遇，由是积郁了满腔的悲哀和愤懑。

穆宗长庆元年（821），与皇甫湜同受冤屈的牛僧孺被提为御史中丞，不久又被提为户部侍郎同中书门下平章事，那位一度流落不偶的李宗闵也被起用为中书舍人，而皇甫湜不但不被委以重任，反而被斥逐到吉州（今江西吉安）。幸好有主张改革的张弘靖、张偎、杨敬之等人相与为伴，聊补慰藉。

敬宗宝历二年（826），由于新任山南东道节度使李逢吉的垂爱，五十岁的皇甫湜得以重返襄阳做幕僚。谁知好景不长，两年后又让他碰上了"罢镇"的倒霉事，情急之下回到洛阳，与白居易等人往来，日以赋诗、属文为事，过了一段清淡而休闲的日子。

文宗大和六年（832），时年五十六岁的皇甫湜，终于被提升为工部郎中。可他万万没有料到，当年与自己同尝"并列第一"苦果的牛僧孺和李宗闵，早已"怀私昵党"、权震天下。尤其是李宗闵，原本是因裴度的引拔而爬上中书舍人位置的，只是因为裴度又举荐他的宿敌李德裕"可为相"，就与裴度反目成仇。面对如此的尴尬境地，皇甫湜除了"卞急使酒"之外，他还能有什么法子去打发这"牛李"当道的日子？两年后终因酒后失言，屡次触犯同僚，求分司东都，而回到了洛阳。

皇甫湜回洛阳那年，已经是年近花甲的老翁。由于没有升迁，官俸微薄，日子过得十分窘迫。据文翰事类志所录，入冬后竟到了"门前没车迹，烟囱不冒烟"的困境。不想过不多久，竟为后世留下一段千古佳话。

事情经过是这样的：皇甫湜被裴度召为留守从事的次年，裴度重修福先寺，欲请白居易作碑文。湜闻讯大怒，"近舍湜而远取居易，请从此辞"！裴度谢请之。湜即请斗酒，饮酣，援笔立就，计3254字，裴度重酬之。为此，八百余年后的冯梦龙，还特地在他的《古今谭概·矜嫚》中，记下了这段逸闻。谁知，好端端的一则故事，却被现代读书人误作"皇甫湜贪得无厌"，并以此讽刺"争稿费之风"，自是冤屈了这位唐代文学家啰！

皇甫湜为福先寺作碑文后，又写了两篇《谕业》的文章，总结文学创作的基本原理和经验，便回归故里，终年五十九岁。白居易为此在《哭皇甫七郎中湜》一诗中写道："多才非福禄，薄命是聪明。不得人间寿，还留身后名。"哀叹他连享年六十的"下寿"都没得到。

陈硕真与武则天的一段情和怨

被我国著名历史学家翦伯赞高度评价为"中国历史上第一位女皇"的陈硕真，出生在唐代雉山县梓桐源田庄里（即今淳安县梓桐镇）一个农民的家里。据北宋史学家司马光《资治通鉴》记载，唐永徽四年（653）冬十一月初，"睦州女子陈硕真以妖言惑，与妹夫章叔胤举兵反，自称文佳皇帝，以叔胤为仆射。甲子夜，叔胤帅众攻桐庐，陷之，硕真撞钟焚香，引兵两千攻陷睦州及於潜，进攻歙州，不克。敕扬州刺史房仁裕发兵讨之。硕真遣其党童文宝将四千人寇婺州，刺史崔义玄发兵拒之……获硕真、叔胤，斩之，余党悉平。"陈硕真以短暂而又轰轰烈烈的生命酬了她"天子龙种""敢为人先"的凌云壮志，为中华民族的历史谱写了可歌可泣的篇章，她与北宋末年的农民起义领袖"圣公"方腊一样，是淳安锦山秀水养育的一代精英，为文献名邦添了多彩的一笔。

传说，陈硕真与后来当了武周皇帝的武则天还有一段情和怨呢！

那是在唐高宗永徽元年（650）三月的一天，天高气爽，春和景明，京都长安城里的一班纨绔子弟来到了城西十五里的名胜古迹感业寺踏青。感业寺是一座皇家尼庵，有不少隋、唐两朝的嫔妃媵嫱、才人公主在庵里削发修行。这班人见到了寺中的一位漂亮小尼姑，便垂涎三尺，上前调戏。小尼姑的哭喊声被寺中的慧觉尼姑听到了，她立刻手持一根碗口粗细的柴棍冲奔了过来，见这班人竟对小尼姑强行非礼，不由得"怒从心头起，恨向胆边生"，大喝一声："大胆狂徒，佛门净地，休得无礼！"棍随声出，一个骑马蹬裆式，手中柴棍便朝这班泼皮横扫过去，"哗"的一声，就撂倒了十几个，余者，目瞪口呆，手足无措。慧觉厉声斥责道："青天白日，朗朗乾坤，作此丑行，猪狗不如，下次胆敢再犯，姑奶奶决不轻饶，还不快滚！"这班纨绔子弟如逢赦令，纷纷抱头鼠窜。

这被解救的小尼姑原来就是被唐太宗临幸过的武则天，她是遵从太宗遗命，于永徽元年（650）正月，在高宗李治的精心安排下，来到这皇家尼庵削发为尼的。

慧觉尼姑就是陈硕真，据传说，唐贞观年间才十五岁的她，就得异人传授，学会了兵法和武艺，十九岁那年，为了解救同乡——一个打抱不平、杀了狗财主的后生章叔胤而受到官府通缉。于是她女扮男装，投奔在扬州城开木材行的舅父。陈硕真饥餐渴饮，受了千辛万苦，步行到了扬州，一打听，才知道舅父的木材行已被知府的侄儿强行霸占，至年前，舅父已携家到京城长安谋生去了。陈硕真闻讯，不顾旅途劳累，风尘仆仆，整装北上。一个月后到了京都，经多方打听，才在长安城里找到了这位乐善好施、早年曾在家乡办过义学、阔别多年的舅父。舅父见外甥女长得人高马大，英俊非凡，一副男儿模样，且又雄才大略，武艺超群，心中大喜。两人秘密商量，陈硕真隐姓埋名，到皇家尼庵感业寺以带发修行作掩护，积极进行大起义的各项准备工作，舅父交游广，熟人多，愿为外甥女联络四方豪杰、南北奔走，是农民义军的无名英雄。

武则天不仅天生丽质，而且博学多才；陈硕真大胆泼辣，武功绝伦，且又富有正义感。两人心意相投，武则天受欺凌被解救的事发生后，两人更加亲密无间，背着人，以姐妹相称。

这年冬天，武则天的光头上已长出披臂青丝。一天，高宗皇帝李治派大内总管到寺里迎接武则天回宫，封为昭仪。临行前夕，姐妹俩作了彻夜长谈，她们从佛门谈到家门，从国家前途谈到个人抱负。晨曦初露，迎接昭仪的车驾来到了感业寺，登辇前，姐妹俩千叮万嘱，依依惜别。陈硕真对武则天耳

语曰："两年后，东南有战事，即姐所为也，望妹不以姐为不忠，给予赞助。"武则天略作沉思，微微颔首。

永徽三年（652）冬，感业寺来了两位不速之客，一个是后被陈硕真封为仆射的章叔胤，另一个是日后被封为大将军的童文宝。他俩向陈硕真仔细地报告了三年来为起义所作的各项准备工作，他们认为，起义的时机已经成熟，请陈硕真立即南下，领导起义。

陈硕真让他俩先行出发，她自己对在京城的内线工作作了周密的部署和安排，便于春节前赶到了田庄里。

永徽四年（653）冬十一月，陈硕真率众数万，在田庄里宣布起义。就在陈硕真全力抵抗扬州刺史房仁裕和婺州（金华）刺史崔义玄的联合进攻时，曾派潜伏在京都长安的"内线"，通过"关系"，为武昭仪送去了一封信。然而，"胸怀大志，别有所图"的武则天却置之不理。难怪陈硕真在雉山县城受刑前要责怪武则天"义妹不义"了。

至今，历史已翻过了两个新的千年。我们只有听那梓桐源的古迹"天子基"和"万年楼"向人们默默地倾诉这悲壮的情和怨！

钱时创办蜀阜书院

南宋建都临安（今杭州），溯江而上至淳安，交通较为方便。文风蔚起，科举日盛。据统计，宋代淳安正榜进士，从雍熙二年洪湛中进士起至南宋咸淳十年赵梦洗止，共有进士 151 名；遂安也有 46 名，共 197 名，占正榜进士 320 名的 61.22%。特奏进士宋代淳遂共有 110 名，可谓人才济济，灿若繁星。

在封建社会里，功名利禄一直是人们梦寐以求的。然而，在当时也有人视功名如敝屣，视利禄如粪土。他们满腹经纶，却清心寡欲，不慕荣利，自甘淡泊，眷恋故土，寄情山水，作仁者而乐山，为智者而乐水，返璞归真成了他们最高的境界。如蜀阜的钱时，就是这样一位名儒硕辅。

钱时（1174—1245），字子是，号融堂。万年乡蜀阜村人。其祖父即抗金英雄后被朝廷封为忠烈惠济侯的钱鬶。其父钱大椿，宋乾道八年（1172）进士，仕至福建漳浦知县。二叔大节、三叔大临、四叔大彰，同举乡贡进士。钱时出生在这书香门第，家学渊源，自幼奇伟，卓尔不群，日诵万言，经史百家，心传口到。后从慈湖杨简先生（南宋哲学家，慈溪人，官至宝谟阁学士）之学，推明道统之原，穷究天人之妙，尽发先贤之未发。钱时性愎恬淡，不乐仕进，隐居晦迹，著书立言，四方向慕。年轻时授业数百人，闻名遐迩。紫阳朱文公屡挈诸徒，枉车访论，深合道契。时钱时讲学处为蜀阜玉屏街，山居之旁，山冈高峻，艰于步蹑，朱文公亲为甃砌石阶一段，名为"朱文公街"。当时京都使者及郡太守各致书帑聘莅临讲席、庙堂列荐，史阁奏辞右丞

相乔行简，乔相阅读钱时文章惊喜，即将其荐举给宋理宗。

嘉熙元年（1237），钱时被召至拱宸殿，宋理宗接见，见他果然器宇轩昂，夙负才识。理宗问他修身为政、养兵恤民之要，钱时条陈数对，超然有觉，议论宏伟，指摘痛快，剀切皆圣贤之精微。帝大悦，特赐进士出身，授秘阁校勘，修国史宏编。而他不甘心为案牍之劳形，身为官场之使役，辞求去退，云游讲学。足迹遍及象山、新安、绍兴诸郡，所到之处皆以厚礼延请他开讲郡库。后来，钱时还是退居故里，创办淳安第一座书院——蜀阜书院，当时丞相乔行简亲书"融堂"匾额，也称"融堂书院"。

钱时日与群徒讲学，他的高足吕人龙、吕发、徐唐佐、钱允文等相继登进士，蜀阜书院成了人才之摇篮。钱时一生著作甚丰，明代《永乐大典》收入《融堂书解》20卷，清代《四库全书》收入《两汉笔记》《四书管见》等多部，为淳安历代著述最丰者，计有88卷之多，钱时也被收入《中国文学家大辞典》。

蜀阜书院影响很大，蜀阜被称为"招贤里"。严州太守钱可则特地写了《招贤里》一诗盛赞钱时：

　　　　学行文章彻九重，故庄闾里振颓风。

　　　　旁人莫作寻常看，几百年中有此翁。

淳安县令虞烒为钱时建祠塑像，并写像赞：

　　　　伟者丰神，潇洒绝尘，光风霁月，陶泻性真。

　　　　道山穹窿，蜀阜嶙峋，穷邪道邪，千古今名。

严州知府李镛，还绘钱时肖像于郡学之"先贤祠"，与严子陵、方云英等9位先生并列祠中。

南宋状元、政治家、教育家方逢辰

    方逢辰（1221-1291），初名梦魁，号蛟峰，淳城郭高坊人。自幼随父习字学文，尝与黄蜕、何梦桂就读于石峡书院。他同情劳动人民的苦难，在七言长诗《田父吟》中写道："……小民有田不满十，镰方放兮有菜色，曹胥乡首冬夏临，催科差役星火急。"在水涝成灾的年头，仍然是"皂衣旦暮来捶门，今年苗税催得早……"表现了他对统治者苛捐杂税的无比愤怒。

    淳祐十年（1250），他赴临安会试，宋理宗临轩策士（殿试），见他陈述有条，直爽清晰，即选拔他为进士第一，并赐名"逢辰"。此后他便以"君赐"为字。曾历任承事郎、秘阁修撰、江东提刑、国史实录院修撰兼侍读、吏部侍郎等职，累官至户部尚书。其间，因他生性耿直，敢于直言上疏，又因他"交游学舍"（应邀在多处书院讲学），引起统治者的不满，几度罢黜，但又因他正直与有才能，几度擢用。后改授礼、吏部尚书，俱不受，称疾而归。在七律《石峡山茶盛开》中，他以石峡自喻："冰崖赤骨物俱老，火树生阳我不孤。铁叶几经寒暑战，丹心不为雪霜枯。托根峡里'老居士'，加号花中'烈丈夫'。颜色不淫枝干古，洛阳牡药只为奴。"表明他愿做战寒暑、傲雪霜的"烈丈夫"的心志。

    宋亡后，元世祖曾下诏起用他，也遭拒绝，在七律《征不赴》中他写道："万里皇华遣使轺，姓名曾覆御前瓯。……敲门不醒希夷睡，休怪山云着意留。"反映了他摒弃仕途的决心。

　　方逢辰不但是刚正不阿的政治家，而且是南宋著名教育家，人称"蛟峰先生"。为适应对蒙童进行启蒙教育的需要，他写了《名物蒙求》，其内容不仅包罗百科知识，而且全篇结构精巧，在当时同类启蒙教材中属最好的一种，后曾被朱升收录在《小四书》中。方逢辰所到之处，无不以教务为先，吴中和靖书堂、金华婺州书堂与东阳义学、江西鄱江书堂、东湖书院、宗濂书院等，都是他公暇治学之地。有《尚书释传》《学庸注释》《格物入门》等书传世。

三才子寺庙对妙对

　　南宋时，贺城方逢辰考中了状元，皇帝赐假三月，返里省亲。刚好，与方状元一同在石峡书院念书的前科榜眼、合洋黄蜕和前科探花、文昌何梦桂，也在这里休暇，于是，三人相约同去龙华寺一游。龙华寺的庙宇宏大，寺内和尚众多，香火鼎盛。主持和尚很有文才，禅房里挂满了字画，均为和尚和名家所作。三人走进禅房，欣赏满壁书画作品，不免文兴大发。

　　何梦桂提议说："闲来无事，我们对对子玩好吗？""好！"何梦桂见壁上一幅白鹤图，先提起笔来，写了上联：

　　白鹤过河，头顶一轮红日；

　　方逢辰见壁上有张青龙画，马上提笔写了下联：

　　青龙挂壁，身披万点金星。

　　黄蜕看了，说："好对！方兄请你对一对。"一眼看见壁上老和尚画的一幅荷花，便提起笔来写了上联：

　　画上荷花和尚画；

　　方逢辰一看，这是一副回文对，用谐音来读，顺读倒读都一样，而且中间要夹带同音字，的确很难对。想了一会儿，忽然见桌上有本苏东坡字帖，灵机一动，笑着说："我对出了。"马上挥笔写出了下联：

　　书临汉帖翰林书。

　　同样是句同音字异、顺读倒读都可以的回文对。这时，黄蜕、何梦桂看了，不禁连连拍手称赞，"对得好，对得妙！真不愧是状元公。"

方逢辰桥头对句

从前，龙山北麓有个桥头村，村头有座小石桥，桥头有许多古树，风景优美。方逢辰在石峡书院念书时，经常到这里来玩。一天，方逢辰走到石桥上，正碰上桥头村的私塾老师在散步。私塾老师知道方逢辰是石峡书院的学生，想试一试方逢辰的文才，便指了指石桥，出了个上联要方逢辰对：

推倒磊桥三块石；

方逢辰思索了一下，也指了指南面的龙山，伸出两个指头做了个剪刀样子，说"老先生，我对出了。"私塾老师听了，说"你对都没对，怎么说对出了？"方逢辰笑着说："我前面指了指龙山，又伸出两个指头做剪刀，意思就是说：

剪开出字两座山。

私塾老师一听，连连说："对得好，对得好！真不愧是石峡书院的学生。"

杨家基二后垂名①

今里商乡杉树坞龙门墈杨家基，是一条并不惹人注目的小山沟，可在历史上却是一个令人瞩目的去处。早在七八百年前，此处的一户杨姓人家，竟在"五服之内"出了两位皇太后，可谓"双凤还巢"，空前绝后。

宁宗皇后

宋宁宗皇后杨桂枝，南宋淳安辽源里十五里坑（龙门墈杨家基）人。其祖父杨宇，本开封人，于北宋钦宗靖康二年（1127）"徙家青溪""卒葬县南十五里巧坑"。明嘉靖甲申本《淳安县志》，在卷七冢墓"宋恭圣仁烈杨太后大父杨宇墓"条下，有明确的记载。而《弘农杨氏宗谱》的记述更为详尽："杨宇，本开封人氏。靖康二年，徽钦北狩，高宗南渡，民多迁徙，公因挈家而遁睦州青溪。始至太平桥，继之邑南辽源十五里坑……以孙女贵，赠永阳郡王……卒葬辽源巧溪里，土名高坪，俗名皇后坪，墓前有御笔亲题'国戚墓冢'四字，墓下有石坊曰承恩第。"

上溯到宋理宗（时杨桂枝被尊为皇太后）景定年间续修的《景定严州续志》，也称"宁宗后为严人""杨次山字仲甫，淳安人，恭圣仁烈太后之兄也"，即此可见，宁宗皇后杨桂枝确系南宋时期的"严州淳安人"。鉴于史官不识"后少与兄相失"的个中缘由，把杨桂枝入宫前的寄居地"会稽"误作

她的贯里（见《宋史》本传及《弘简录·杨后传》）而载入史册，导致其后数百年间的以讹传讹。为此，清乾隆间钦定《四库全书》总纂官纪昀，在《景定严州续志》提要的按语里写道："其户口门中载宁宗皇后为严人，而会门中亦载主集者为新安郡王、永宁郡王。新安者杨谷，永宁者杨石，皆后兄杨次山之子也。而宋史乃云后会稽人，当必有误。此可订史传之讹矣。"

宁宗皇后闺名桂枝，幼时"幽含雅饬，温柔宽厚"，及长"举止端重，严肃谨恪，好读史书，博览典籍，名闻朝野"。（今按，《宋史》本传和《弘简录·杨后传》均不载"后少与兄相失"语，并省略"既贵，密遣内珰访其家"情节，但对杨次山与杨桂枝兄妹关系却言之凿凿。）

关于杨桂枝的进宫缘由，见存二说，一说"少以姿选"，一说"（左丞相）杨简疏奏朝廷，随命内史迎入宫"，究其原委，无非是"貌"与"才"区而分之。但有一条事实，即她的进宫时间和册封经过，各本大略一致，均载为"宁宗庆元元年（1195）入慈福宫，太后深爱之。初封（平乐）郡夫人，尔后进封婕妤、婉仪。庆元五年（1199），又封为贵妃。至嘉泰二年（1202），被（宁宗）立为皇后"。

杨桂枝自册封为皇后那天起，思念家乡之心尤为迫切（此情节《宋史》本传及《弘简录·杨后传》均不见载，唯《严州府志》备载甚详），于是就派出内史，四出寻找线索、打听家人的下落。因为凭记忆，对家乡尚有一些记忆，对父母兄长多少有些模糊的印象。几经辗转，终于被内史打听到了故里一家人的下落。其时，杨次山还只是一位右庠生[2]，因此被召入内宫，"以指他事为验，言与泪俱下"[3]，兄妹相认，无不欢喜。

杨桂枝虽说深居内宫，却无时无刻不关心着天下百姓的温饱疾苦，不时向宁宗进言，"天子以天下为家，凡事要为天下百姓之安危着想"。其时，两浙[4]地区广大穷苦百姓，由于缴不出"生子钱"[5]，谁家生了个男孩，就多了一份负担，因此暗藏不报，或者改扮女装以掩人耳目。杨后得知这一消息后，多次向宁宗说情，以救两浙子民百姓于水深火热中。宁宗听从了杨后的"备奏"，终于在开禧元年（1205）十二月下旨，"尽免两浙生子钱"，为后世留下一段深得民心的佳话。

"自古大器出贫寒"。少时"与兄相失"的游移生涯，造就了杨后"气度雍和，刚柔相济"的高贵品质，是古代众多后妃女子中不可多得的"深明大义"且又聪颖贤惠的"贤妻良母"。据史传所录：嘉定十七年（1224）八月，宁宗病重，杨后亲自为其侍候汤药，日不离榻、夜不解带，整整陪着宁宗苦熬了四十多个日日夜夜，直至宁宗与世长辞。

另一件事更为惊心动魄。其时，史弥远作相⑥，欲废皇子，而改立昀（原名贵诚，宋太祖十世孙），命后兄杨次山两个儿子，即杨谷、杨石入后宫去征求杨后懿旨。杨后审时度势，"执宋家法"而不允，杨谷、杨石兄弟两人，忽进忽出，整整跑了六个来回，杨后就是不答应。史弥远迫不得已，命杨谷、杨石第七次进宫哭诉："内外军民皆以归心，苟不立之，则杨氏无噍类矣。祸变作，谁为持守？⑦"基于宁宗驾崩，发丧在即，皇储不立，于法于理都难以交代，事已燃眉，急不容缓，杨后只好答应让史弥远派人去把赵昀唤进宫来。此时朝中已乱作一团，只见史弥远一行人等簇拥着一个人走进内宫，因为黑夜看不清，总以为是皇子赵竑，谁也料想不到另有其人。杨后见赵昀入宫，便让史弥远将其引至枢前举哀，礼毕，即命赵昀嗣位，是为理宗皇帝，初号"宝庆"⑧。

赵昀登基后，即尊杨后为皇太后。先是由杨太后垂帘听政，扶持理宗料理朝纲国是；半年之后，杨次山第二个儿子杨石，将朝中有人议论"临朝听政"的消息，悄悄地向太后通报，顺便提及"汉唐母后称制得失"的典故，请这位"姑母大人"好生斟酌一下。太后边听边点头，心想"正合我意"，终于在宝庆二年（1226）四月，撤销垂帘听政，让赵昀独当一面地去处理国家军机大事。

绍定五年（1232）十二月，即宁宗去世七年之后，这位贤惠的宁宗皇后，终于为自己的人生画上一个圆满的句号。历史已成过去，是非功过得由后人去评说。对于今天故乡的百姓来说，宁宗皇后杨桂枝的"恭圣仁烈"封号并没多大的现实意义，而她所留下的五十首《宫词》佳作，却是一份弥足珍贵的文化遗产，切不可轻视和低估。

　　注释：

　　①宁宗皇后与景炎太后，均出自淳安辽源杨家基。

　　②庠，古时学校；庠生，尚在读书的生员。

　　③事见《严州府志》。

　　④两浙，古代行政区划名称，其辖地含今天的浙江全境、江苏省与上海市之一部分县市。

　　⑤生子钱，宋时的一种赋税，又作"丁税""人头税"。

　　⑥作相，即丞相一职。

　　⑦事见《宋史》本传。

　　⑧理宗赵昀即位时的第一个年号。

景炎太后①

　　南宋末年的景炎太后，也是淳安辽源杨门的亲骨血②。据《弘农杨氏宗谱·世系图》所稽，其父杨瑞芝（名钦字尔进），是宁宗皇后长兄杨次山的曾孙。杨太后本是度宗的淑妃，所生长子昰和次子昺，相继于景炎、祥兴年间嗣位做了皇帝，因之被端宗册封为皇太后，成为名正言顺的"杨太后"。

　　度宗在位的咸淳十年（1274），是个时局动荡的"多事之秋"。在外，宋军频频失利，元军直逼临安京畿③，宋廷危在旦夕；在内，度宗病危，一应军机大事，仅凭其生母谢太后操持，真所谓内外交困，朝不保夕。度宗去世后，"国不可一日无主"，遂由谢太后作主，让年仅四岁的度宗之子赵㬎嗣位，做了皇帝，定年号为"德祐"。四岁稚童岂能料理朝纲万机，凡事都要谢太后代庖，表面上看是"临朝听政"，说穿了就是太后说了算。

　　到了德祐二年（1276）正月，时局吃紧，朝中上下议论纷纷。一日谢太后临朝，主和派陈宜中等人联名上奏，声称事到如今，除向元军"奉表称臣"外，别无良策应对，并且设想以"岁贡二十五万银两和二十五万绢匹"为代价，保住时下这片支离破碎的"大宋境土"，以免生灵涂炭。主战派文天祥、张士杰等人则提出反对意见，认为向元军奉表称臣，纯属"与虎谋皮"；不如先移三宫入海，然后与元军背城一战，一决雌雄，总比俯首称臣来得气壮痛快。其时，主和派毕竟人多势众，占有绝对的优势，谢太后只得按照陈宜中的意思，当即派出监察御史刘岊前往奉表，先了解一下元军的意向，然后再作"进贡称臣"的准备。为了以防万一，谢太后又采取了一项补救措施，下旨进奉度宗淑妃杨氏所出之长子赵昰为益王，判福州，次子赵昺为广王，判泉州，以安抚主战派文天祥、张世杰等人的不平之心。

当时，元军伯颜所部，已经挺进到临安府城东北皋亭山④一带，距宋城仅二十里路程。前往奉表的宋使，一路上不敢耽搁，当天就赶回临安府复命。陈宜中等人得知元军同意接受招降，就迫不及待地怂恿谢太后，让她派监察御史杨应奎手捧传国玉玺⑤，去向元军伯颜乞降。事已到此，文天祥只好只身出城，去各地集结兵力，以图"兴宋灭元"，不料被元军逮了个正着，做了元军的阶下囚；而张世杰、苏刘义、刘师勇等人，则各率所部弃城出走，辗转去了海上⑥，只剩下三宫在城中坐等元军发落。事到如今，度宗淑妃杨氏只得横下一条心，让驸马都尉杨镇（淑妃杨氏之叔）护送她母子三人，连夜出城奔赴婺州（金华）。元军伯颜于次日得知杨氏率二王出走婺州，就让范文虎率一支骑兵前往缉拿。等到范文虎赶上杨镇之时，杨氏母子一行人等已先期去了温州，范文虎只好将杨镇捉回抵罪。

三月，从初七到初九，"一月周流六十回"⑦的钱江潮，接连三日不涌潮，临安城周边的百姓为之迷惑不解，以为"不祥之兆"。说来也是巧合，元军伯颜所部趁机攻入临安府城，将恭帝、皇太后全氏（度宗后，即恭帝赵㬎生母）等押解北去。与此同时，文天祥自镇江逃脱元军羁押后，闻说度宗淑妃与二王尚在温州撑着局面，于是就搭船经海上至温州求见淑妃和二王。

闰三月，先期去海上的陆秀夫、苏刘义和刘师勇，眼见大势已去，却又无回天之力，整日无所事事，借酒浇愁。当得知杨氏率二王驻温的信息时，烈性汉子刘师勇业已纵酒身亡，只剩陆秀夫和苏刘义二人率部来温州与二王会合。不久，又以益王和广王的名义，派人去清澳召陈宜中至温州，共商"兴宋复国"之大计。各路人马集结温州后，最终议定"乃召张世杰，于定海奉二王为都师；陆秀夫先行入闽中，安抚生民"。

五月中，陈宜中、张世杰等在福州奉益王赵昰即皇帝位，是为端宗，改元景炎，"遥上孝恭懿圣皇帝等尊号"，遂尊母（度宗淑妃杨氏）为"皇太后"，同听政，加封广王赵昺为卫王，并作出如下人事安排：以陈宜中为左丞相，兼枢密院使，都督诸路兵马；陈文成、刘黻参知政事；张世杰为枢密院副使；陆秀夫签书枢密院事；苏刘义为殿前都指挥使。七月，又颁发一道旨意，"以文天祥经略江西（其实，在赵昰即皇帝位之前，文天祥已去江西集结队伍）"；九月，再颁发一道旨意，"以陈文成知兴化军"；至十月，文天祥抵达汀州，兴化军通判张日中等起兵响应，"兴宋抗元"的声势日趋浩荡⑧。

景炎三年（1278）四月，端宗赵昰死于碙洲⑨。五月，年仅八岁的卫王赵昺即帝位（《宋史》只书"宋赵昺祥兴"年号，而不载其庙号），皇太后杨氏同听政。其时，"适有黄龙见于海"（语出《纲鉴合纂》），因以祥兴为年号，升碙洲为龙翔县。一月后，又将帝舟迁移新会崖山，并派人进山伐木，建造行宫及军屋上千间；行宫正殿，名曰"慈元"，供杨太后起居。又将广州升为龙翔府，以扩大对外影响，吸引各地爱国之士奋起勤王。据史料记载，其时"二十余万军民，多在舟上安置，其粮草补给取自广右诸郡"。

祥兴二年（1279），元军张弘范率部围攻崖山，张世杰采取以守为攻的策略予以周旋。不料，张弘范却早有准备，他把所部一分为四，从南北两翼，轮番夹击宋军舟师；先麾北面一军，乘早潮而战，再让南面一军出战夹击，迫使宋军舟师南北受敌，溃不成军。张世杰看情势危急，当即砍断系船缆绳，率一支人马夺港而去。这下可让陆秀夫慌了手脚，不疑心张世杰是在施计引开元军，总以为张世杰"顾自逃生"去了。他顾不得多想，慌不择路地扑向帝舟去救驾，本想驱动帝舟夺港逃生，谁知帝舟太大，又有诸舟环结，一时难以解脱，只好横下一条心，先把自己一家妻儿老小赶下海浪之中，再去帝舟背起小皇帝，义无反顾地跳海成仁，后宫诸臣从死者不计其数。其时，也曾有人甘愿冒死护送杨太后轻舟出逃，可杨太后执意不从，只听她冲天呼叫，"我忍死艰关^⑪至此者，正为赵氏一块肉耳，今无望矣！"边喊边跑向船头，纵身投向狂涛骇浪，为自己的人生，同样也是为大宋三百二十年历史果断地画上句号。

事后不久，有人在崖门山巅那座奇石上刻下一行大字："张弘范灭宋于此。"可是，到了明代成化年间，又有一位名叫徐瑁的御史，派工匠上山去，把原先的刻石改成"宋帝及丞相陆秀夫沉于石下"，对这一历史事件作出忠实而客观的诠释。

注释：

①景炎，端宗赵昰即位时的年号。

②亲骨血，嫡亲、直系子孙。

③京畿，京城郊区。

④皋亭山，在旧杭县东北二十里，《咸淳志》"元至元十三年进军临平镇，次皋亭山"，即此。

⑤传国玉玺，俗称皇印。

⑥海上，泛指沿海一带。

⑦自古钱江潮有早潮、晚潮之说，即每天两次，一月六十回。

⑧事见《纲鉴合纂》。

⑨硐洲，位于广东吴州县南，即广州湾外大奚山。

⑩崖山，一作崖门山，在广东新会县南大海中，扼南北通道；西江经此入海，故西江亦有崖门江之名。

⑪艰关，历经艰辛。此语被采入《辞源》并依史录下杨太后投海事："杨太后闻昺死，抚膺大恸曰：'我忍死艰关至此者，正为赵氏一块肉尔，今无望矣！'遂赴海死。"

农民起义领袖方腊

北宋徽宗宣和年间，浙皖一带爆发了一场规模巨大的农民起义。百万农民军先后攻占睦、歙、杭、婺、衢、处六个州城，辗转战斗到十八个州郡五十二县，遍及今浙江全境和皖南、苏南及江西东北部的广大地区。其规模之大、范围之广、战斗之激烈、对宋王朝打击之沉重，远远超过当时北方宋江领导的梁山泊农民起义。这场起义的领袖就是淳安人方腊。

方腊，又名方十三，北宋青溪万年乡（今淳安威坪）堨村人。宋史载"方腊者，睦州青溪人也，世居县堨村。托左道以惑众，初唐永徽中，睦州女子陈硕真反，自称文佳皇帝，故其地有天子基、万年楼。腊益得此凭以自信，县境梓桐、帮源、青溪诸峒（洞）皆落山谷幽险处，民物繁夥，有漆楮杉材之饶，富商巨贾多往来。是时吴中困于朱勔花石之扰，比屋致怨，腊因民不忍，阴聚贫乏游手之徒。宣和二年（1120）十月起为乱，自号圣公，建元永乐……"

北宋徽宗皇朝，荒淫无度，政治黑暗，官场腐败，奸臣当道，民不聊生。特别是大建什么延福宫、万岁山，设置"造作局""苏杭应奉局"，在江南收罗奇珍异宝及所谓花石，动用役夫数千人，沿途拆房毁桥，凿城断垣，形成危害人民极其严重的"花石纲之役"。皇帝还赐名"神运昭功石"。方腊是箍桶匠，箍桶必须用漆，官方敲诈勒索，他不堪忍受。他利用走村串巷箍桶时机，广交贫困弟兄，借助摩尼教的旗号，宣传"是法平等，无有高下""率财以助，谓为一家""一家有事，以相赈恤"的教义，密谋起义。

宣和二年十月初，方腊自称"得天符牒"，并散布民谣："粮食登场官府抢，石塔露水腊为王。"当地群众日夜企盼石塔露水，"方腊为王"，奔走相告。十月二日，方腊在帮源峒（洞）漆园举行誓师大会。他声泪俱下地控诉："天下一家，本同一理。今有子弟耕绩，终岁劳苦，少有粟帛，父兄悉取而靡荡之，稍不如意，则鞭笞酷虐，至死弗恤。""靡荡之余，又悉举而奉之仇雠，益以富实，反见侵侮，则以子弟应之。子弟应弗能支，则谴责无所不至。"表达了老百姓对北宋政府肆意盘剥民众和一味以财物取悦辽、西夏的强烈不满。他愤怒地责问："今赋役繁重，官吏浸渔，农桑不足以供应，我所赖为命者，漆、楮、竹、木耳，又悉科取，无锱铢遗。夫天生烝民，树之司牧，本以养民也，及暴虐如是，天人之心，能无愠乎？"方腊进而指出："当权的皆龌龊邪佞之徒，贪鄙成风。""独吾民终安勤动，妻子冻馁，求一日饭食不可得……东南之民苦于剥削久矣！近岁花石之扰，尤所弗堪，若能仗义而起，四方必闻风而起。"接着，他作出了"诛朱勔为名，见官吏公使皆杀之"的部署。漆园誓师，宣告方腊起义的开始。

很快，此事被方腊同宗、帮源里正方有常之子方世熊向县衙告发，当时知青溪县事的陈光听说辖境内有民众造反，"不行禁约"，命方有常关禁方腊。十月九日，方腊率众杀死方有常及其家族40余人，斗争迅速地公开化了。

十一月一日，方腊被拥立为王，号圣公，改元永乐，以宣和二年（1120）十一月为永乐元年正月。"置偏裨将"共分六等，各扎不同的巾饰为标志。立子方毫为太子，任方肥为丞相，并提出了一系列反朝廷的政治主张。

青溪知县陈光得知方腊起事的消息，急忙派出500名官兵前来弹压，被方腊全歼于箭门岭。起义队伍乘胜一举攻占了万年镇。不数日，一支浩浩荡荡的10万农民军迅速形成。

十一月二十二日，两浙路都监蔡遵、颜坦率5000名官兵前来镇压，又被方腊全歼于息坑（今息村埠一带），从此，方腊起义军拉开了转战东南的序幕。

　　十一月二十九日，起义军攻克青溪县城，知县陈光弃城逃跑，县尉翁开被活捉。十二月初四清晨，再破睦州府城（今建德县梅城镇），知州张徽言和通判叶居中弃城逃走，建德尉曹夫被捉。接着，方七佛率部沿富春江而下，先后攻克寿昌、桐庐、分水、遂安，睦州全境为起义军占领。随后又连下新城、富阳、於潜、临安、余杭。十二月十八日，方腊率西路军攻克休宁，二十日攻占歙州，知州李恪逃跑。不久，黟县、祁门、婺源、开化、常山、江山也先后为起义军攻克。是时，起义军已达数十万人，声势大振。

　　十二月二十九日，方腊的西路军与方七佛会师，攻下宋王朝"国有所恃"的杭州。至此，方腊所领导的起义军已是"众殆百万"的大军了。

　　杭州为方腊所破，江浙农民深受鼓舞，纷纷举起"永乐"旗号，诛杀官吏、土豪，开仓放粮，四起响应，"东南大震"。

　　在归安（今浙江吴兴县），有陆行儿率1000余众反，攻破归安、乌程（与吴兴同驻一城）二县与湖州一州。长兴也有"窃发者千余人"。婺州，有兰溪灵山的朱言、吴邦和永康的陈十四反。处州，有缙云霍成富起义，陈箍桶也自号"圣公阴兵"揭竿而起。越州，有剡县（今浙江嵊州市）裘日新（仇道人）起而响应。台州，有仙居吕师囊"合党应之"。温州，有永嘉楠溪俞道安起义。秀州、常州、平江，也有农民"结集徒众造反"。明州，"众民阴欲啸聚为盗"。整个江南东路，"濒江诸州，纷然惊扰，村落间盗贼蜂起，借声势以劫掠者，不可胜计"。

　　方腊起义之初，朝廷中王黼、蔡京诸权臣主张"铺张太平"以取悦徽宗，隐实不报，只密令两浙路制置使陈建派兵援歙。在义军节节进逼下，才禀告徽宗。起初，朝廷以为单靠抚绥即可收平定之功，乃于宣和二年（1120）十二月二十四日下诏，声称参与者"或被胁从，或为迕误……情有可矜。稍有功绩即优与推赏"。企图瓦解和分化义军。宣和三年（1121）正月十八日又挂出赏牌，以"承信郎"官爵和"一千贯"赏金诱骗义军将士放下武器。正月二十一日再次下诏："特补横行防御使银绢各一万两、金五百两、钱一万贯。"但见起义军声势越来越大，才不得不于宣和三年（1121）正月任童贯为江淮荆浙宣抚使，遣谭稹、王禀统率西北禁军劲旅 15 万南下镇压，一路指向杭州，一路指向歙州。

童贯到了苏州，知道花石纲引起的民愤太大，乃命幕僚董耘摹徽宗御笔写了《罪己诏》："始闻赃私之吏，借以为名，率多并缘为奸……收买花石，造作之物，限十日结绝"，今后"以贡奉为名，因缘科扰，以违御笔论"，并且"罢苏、杭州造作局及御前纲运"，"黜勔父子弟侄之在职者"。东南的百姓看到朝廷取消了花石纲，罢免了朱勔，总算出了一口气，但哪里知道童贯正借机加紧部署镇压起义的兵力呢。

宣和三年（1121）正月，方腊在杭州作出分兵"尽下东南郡县"的部署：派方七佛率军 6 万攻秀州（嘉兴），以图北上金陵；派郑魔王回师睦州，向婺州、衢州挺进；自己率师开辟南部战场。

这时，有人向方腊建议，应当乘胜直取金陵，得到金陵，东南诸路的郡县便可传檄而定。这一建议未为方腊所采纳。此后，总的形势开始逆转了。

一月中旬，方七佛以 10 万之师攻破崇德，在秀州城下，遭到童贯率官军的顽强抵抗，方七佛胸背受敌，血战 4 天，伤亡士卒 9000 而折回杭州。同时，方腊、郑魔王在南线攻下婺州、衢州和常山、江山，在取信州（上饶）途中遭到信州守将王愈阻击追打而撤回衢州。

二月，方腊起义军洪载部取道松阳攻克处州，在分兵攻打龙泉、青田、遂昌中失利而退回处州后，洪载被处州新上任的婺州通判诱降，所部 40 万起义军主力被瓦解。

二月十三日，童贯统率各路官军包围了杭州，方腊奋战 6 个昼夜，直到粮尽援绝，才于十八日烧毁官舍、学宫、府库、开化寺、六和塔等，向睦州方向突围转移。是役，起义军折兵 2 万余。而官军伤亡过半，"疾故者三分之二，马之存者无几"。

杭州被官军攻陷后，刘镇、杨可世两路官军攻陷旌德、宁国、歙州。八大王所率西部义军撤退到帮源峒后侧。

方腊被童贯一路追打，自富阳、新城、桐庐，边战边撤，于三月二十四

日撤退到睦州。二十七日放弃睦州。四月十五日经白沙渡激战后撤至青溪，退守帮源峒（洞）。同时，朝廷又增派刘世光、张思正、姚平仲，分路扫荡了衢州、婺州、信州、台州、越州。四月二十三日，王禀、刘镇对帮源峒实现合围，各路官军也大体"剿灭"各地义军，切断了援救帮源的道路。

四月二十四日黎明，集结在帮源峒（洞）周围的20万官军发起总攻。当时退守到帮源峒（洞）的起义军只剩下20万。帮源峒（洞）地形复杂险要，易守难攻。起初，官军数次进攻，均未得手，后借助熟悉当地情况的方有常之子方庚的引导，才迅速杀入峒（洞）中。官军入峒（洞）后，"鸣镝纵火"，采取烧光、杀光手段，万间屋舍，化为火海。被吊死、杀死的男女村民，"沿汤岩一带，凡八十五里，九村山谷相望，不计其数"。四月二十五日，王禀下令搜山，方腊及妻、子方毫、丞相方肥、方七佛等53人终于被偏将韩世忠率敢死队俘获。七月二十六日，方腊等人被押送到都城汴京。八月二十四日，方腊及妻、子和38位起义军将领慷慨就义。临刑前，方腊凛然高呼："方腊出二遍！"自方腊在帮源峒（洞）被俘后，各地的起义烽火并未立刻熄灭。自宣和三年（1121）四月至次年三月，官军"以次荡平余党"，在浙东屠杀了近一年。兰溪的吴邦、朱言，剡县的裘日新，台州的吕师囊，温州的俞道安均先后壮烈牺牲。

北宋朝廷在镇压了方腊起义以后，为稳定东南地区的局势，一方面加强了对百姓的控制，同时又将睦州、歙州分别改名为严州、徽州，把青溪县改名为淳安县，试图借改名来拯救朝廷摇摇欲坠的统治。

方腊起义被宋皇朝镇压以后，余众仍于两浙地区继续斗争，杀官吏，捕官军，直至宣和四年（1122），才基本被镇压下去。

方腊起义虽败，但英名长存。

方腊传奇① （一）

题记：据淳安县文管会馆藏国家一级文物《方腊起义石刻》（天然鹅卵石，椭圆形，分四面环刻）所记，"□□□□庚子十月初九日，睦州青溪县万年乡方十三作逆，名腾（腊），妻姓邵。至十二月出洞，初五烧人家屋，打到杭州，便打秀州，城不开。丑年三月，天兵捉焉。四月廿七日，辛太尉入洞，收下入京。改为严州淳安县。丰源院僧用琴记"。本篇所采五则传奇故事（含别传《武松独臂擒方腊》），就是依照民间原汁原味的《方十三谋天下》缩编的，以还其民间传说的本来面貌。平添数语，是为本篇题记。

方家弄口认师父

冬去春来，一年一度的端阳祭祀活动，如期在万年乡竭村里方家弄口血湖卧牛石举行。山里山外的方氏族人，凡是走得动路的男丁，大都会不约而同地纷至沓来，有如赶庙会一般，人头攒动，熙熙攘攘，这是祖上传下的乡风②。

此乡有个与众不同的风俗：过端午，不像别处那样裹粽子，而是时兴蒸馒头、包包子③；别处裹粽子、划龙舟，为的是缅怀爱国忧民的屈原，而此乡方姓的蒸馒头、包包子，则是为着凭吊"一门双骥"④。

据方氏宗谱世系图稽考，竭村方家弄聚居的方姓人家，都是晚唐诗隐公

元英（即方干）先生的后代子孙，寻根溯源，当为淳安始迁之祖方纮的后裔，而血湖祭祖的对象，就是方纮的两位嫡孙方侪与方俨。

话说方氏族人常去落脚，并张罗祭祀活动的那户人家，就是北宋末年揭竿起义，以致名震东南半壁河山的方十三家。别看他家一贫如洗，可他父亲却是一位知书达理的正人君子，不仅辈分高，而且人缘好，深受邻里的拥戴。因此，遵照"三代爷，三代叔"⑤的习俗，不分男女老少，都呼他为"太公"。

方太公祖上，也是颇有名望的书香门第，从爷爷这代起，家业渐渐破败，门庭冷落，到他手上，家境每况愈下，而一蹶不振。古书有云，"屋漏偏遭连夜雨，船高又遇打头风"。他五十岁丧偶，既当爹、又当娘，把一个襁褓中的十三郎⑥拉扯成人，确实不容易。谁知雪上加霜，偏又碰上一场"花石"⑦浩劫，父子俩往后的日子该怎么过？眼下就剩下半亩薄地和两间泥墙屋，莫说是给十六岁的十三郎成亲，就是一日三餐都难以对付。由是盘算着，最好的出路是给儿子认个匠人师父，让他学上一门手艺，好歹也能混上一口饭吃，就为这块心病，愁得他吃饭不香，睡觉不稳。好在吴家山有常老弟有话在先，答应帮忙替十三认个师父，并约定趁端午祭祖的日子，陪那位师父登门商谈拜师事宜。偏又不巧，眼看日薄西山，前来与会祭拜的人群业已散去，唯独不见有常老弟的人影，心中不免忐忑不安，不住地犯嘀咕。

"说着曹操，曹操就到"。正当太公犯愁的当儿，还真把有常老弟给盼来了，同来的还有早就认识的杨八桶匠，不由分说，太公连拉带搡地把两位"贵人"⑧让进了堂前，一面端茶递烟筒⑨，一面去坦里喊十三回家来会客。

为了慎重起见，杨八桶匠并没有急于应允，只是说待见过十三再作结论。有常深知杨八桶匠的为人，尤其注重班门艺德，从不轻易收徒；即使碍于脸面，破例接收一名学徒，也得先过"面试"这一关。用他自己的话说，条件很简单、也很苛刻，"一是不懒惰，二是不要嘴皮，三是不糊涂"。因此，今天上门考察，无非是证实一下十三具不具备以上三个条件。

不大一会儿，十三从对面山上挑着一担松毛头⑩回家来了。一进门见有客人在场，显得有些腼腆；随着太公的指点，很有礼貌地向"有常叔"和"杨师父"致意问好。杨八桶匠为此朝有常递了个不易察觉的眼神，嘴角闪过一丝微笑。

"多大年纪?"杨八桶匠开门见山地和十三对话。

"虚长十六。"

"读过书吗?"杨八桶匠继续发问。

"这——"十三下意识地向父亲瞟了一眼，很不自在地回答："谈不上读书，只是跟家父认字涂鸦而已。"

"你们这地方，为何称作碣村，"杨八桶匠意欲考考十三的书工①，"这碣字该如何解释?"

"据里居图诠释，肇迁之初，始呼'碣村'，以地瘠民苦、多着麻布服饰而名之。其后拦溪筑碣，兴修水利，旱地变良田，收成好了，家境宽裕了，全凭拦溪滚水石坝，遂以'碣村'而易之。"

"精辟!"杨八桶匠一拍大腿，情不自禁地连连叫好。为了考察十三的品行，又进一步提问："听你有常叔说，村里人老是喊你的绰号。"

"叫我癫痫②。"十三照直回答，而后轻轻嘟囔了一句："不是绰号，是嘲笑。"

"你记恨吗?"

"总觉着不自在。"十三沉吟片刻，终于和盘托出自己的感受，"自家人叫我癫痫倒也无所谓。如果是陌生人，尤其是与我有过节的人喊我癫痫肯定有气。"

"你听说过方三拜这位古人吗?"杨八桶匠把话题一转，意欲用晚唐诗人方干的掌故来开导十三，万不可意气用事。

"那是我祖宗。"十三侃侃而语："可我始终弄不明白，如此一位名扬万里的大诗人，竟会那么迂腐，任人呼他那么些个让人寒心的绰号，就连我这个做晚辈的听了也不舒服……"至此，其倔强个性，直让太公和有常为之大捏一把汗，生怕好端端的一次机会，就让这个不知天高地厚的倔小子给砸锅泡汤了。

可出人意料的是，杨八桶匠所看重的，恰恰是方十三倔强的个性，而这正是他收徒的一个秘诀所在。在他看来，一个人倘若没有个性，那是成不了大器的。无须赘述，方十三拜师学艺的事，也就自然而然地谈妥了。

从此，十六岁的方十三跟着杨八桶匠，踏上了一条完全由自己左右的人生之路……

注释：

①传奇：以区别于历史故事与神话传说。

②乡风：当地方言，即风俗。

③包包子：当地习惯把馒头、包子统称包子。为便于分别，又称"实包子"（即馒头）和"菜包子"（含肉包子、豆腐包子）。

④一门双骥：出自唐兰台御史张文成《后汉开国公方储碑记》中的"五龙之室，双骥之门"句。

⑤三代爷、三代叔：同宗族中难以断定辈分，因此，往往出现爷爷称呼某长者为"太公"，而这位爷爷的孙子也跟着叫此长者为"太公"，这是常见的通例。

⑥十三：即方腊的小名，其名来历不详。

⑦花石：即史称"花石纲"。

⑧贵人：方言，泛指肯帮忙、做善事的好心人。

⑨烟筒：又分长烟筒、水烟筒和敲管（不包铜皮的自制烟筒）之类。

⑩松毛头：即可用作发火柴的干燥松树毛桠子；散落地上的松针，则呼为松毛丝。

⑪书工：方言，即学问；而写字则称作笔头。

⑫癞痢：因生癣疥等皮肤病而毛发脱落者。

白果树上掏八哥①

"寒来暑往，秋收冬藏"。方十三跟着杨八桶匠学箍桶，早已"满师"②做了伙计。匠人门中有个不成文的规矩，学徒"满师"者可以另立门户，自行开作；如果愿意留下给师父做伙计，则由师父给付工钱。如此一来，方十三就有铜钿养家糊口；与此同时，还可利用做夜作③，揽散活（单件包工包料）来赚些外快④，日子也就好过多了。

大凡做匠人者，每到一地都要投东家⑤，既有利于"委生活"⑥，又便于安宿落脚。位于帮源腹地的横坑源吴家山，是杨八桶匠自徽州府来青溪地界做手艺的最初，也是时间待得最长的一个落脚点，一年当中少说也要来上五六回，只要山外寻不着生活做，就会身不由己地转悠到吴家山来。究其原因：一是山里杉木多，又盛产桐油和生漆⑦，箍桶材料现成。再加上一应生产、生活器具，离不开粪桶、水桶、瓮桶、饭甑、米桶和粉盆、脸盆、脚盆，箍了要破、破了要修，修不起还得再箍，无非是开支个把工钱而已。二是有老东家方有常为之从中游说帮衬，凭他的人缘和面子，好歹也要挤些生活出来，少说也有十朝半月好做。

提起方有常这位老东家，虽说身为里正，家产富有，可他的为人处世，看上去要比人们想象中的"保正"好得多。平时与人交谈，满口徽州腔，因此，对他不明底细的人，总以为他是徽州人，其实不然。一次偶然的机会，东家向杨八桶匠谈起他的身世：他的祖上是青溪人，因入赘桐江章才子家做了上门女婿，于是就成了白云源人，传到他曾祖这一代，又从桐江迁居徽州；后来，他祖父做起生意，渐渐赚了些钱，便到吴家山置了产业，因此返回老家另辟里居，撑起了一大家门户，是为会说徽州话的地道青溪人，这是不争的事实。

杨八桶匠和方十三师徒，由于常来吴家山做生活，三天两头去方有常老东家投宿，有如自家人朝夕相伴，关系非同一般。尤其是方十三老大不小的，有心无心地老爱挑逗老东家的小孙子，一会儿把他逗得蹙眉噘嘴，一会儿又把他逗得活蹦乱跳；一遇闲空，不是与之对答千字文"龙师火帝，鸟官人皇"，就是结伴前往肥潭岩⑧溪坑里捞鱼摸虾。对此，老东家总是睁只眼闭只眼，顾自用手捋理山羊胡须，就当是"两小无猜"的一对小顽童，无须大人

去分清二白。

　　一年三月三，万年镇上做庙会，方十三想趁回家为祖坟立碑机会，顺便去镇上看看热闹，不料被东家的小孙子"跟上了尾巴"，直到走近青童岭脚迈石埠⑨时才被方十三发觉，好说歹说小孙子就是不肯转身回家，方十三硬是把他背起去镇上逛了个高兴；为了讨他欢心，方十三还破费为他买回一对能会话的八哥。虽说这孩子有些顽皮，倒也挺懂事，一到家就把方十三一路上照顾他的情形，一五一十地告诉了家里，一家人为此深有感触。从此，只要家里做茶⑩，都要给方十三留上一份。

　　不过，自从养了两只八哥以来，麻烦事就多了。八哥也是活吃牲口⑪，要吃要拉，而且非得要小心翼翼，谨慎侍候，还要不时为它捉小虫子添喂，隔天清理一次鸟笼，你想，一个做活人家，谁有那份闲情逸致来对付？尤其让人烦恼的一件事，这两只八哥没几天就从前来围观逗乐的几个顽童嘴里，学会了骂人的脏话。殊不知，八哥只会"学舌"，可它毕竟不会明白什么是好话、什么是坏话，更不管被骂者的贫富贵贱。一家人想尽了法子，也难改变这种尴尬的局面。为此，方有常老东家陷入了两难之中，若将两只八哥放飞吧，生怕挫伤了小孙子的心灵；让它留在小孙子身边吧，一家不得安稳，还会无端伤害别人。

　　隆冬已至，寒气逼人，方十三师徒两人，又从山外转回到山里。当他得知八哥骂人的事体后，心想，得去"料理、料理"⑫。其实，他也不懂养鸟术，无非是照搬吓唬顽童那套把戏去试试看。别看他咋咋呼呼费了好多吐沫和神气，笼里的八哥却越骂越起劲。后来，方十三真的发火了，对着笼子愤愤地吼了一声，"你敢再骂人，就把你杀掉"！话声刚落，笼子里顶回了一句"放屁"，可把方十三给气坏了，于是跺着脚狠狠地把它教训一顿，"'信口雌黄'，你懂吗？'雌黄'就是小孩的粪便！"最终还是在村口白果树上，为这两只八哥搭了个巢，并且找了个借口，骗取了东家小孙子的"勉强答应"。

　　冬至那日，方十三早早起身，去堨村对岸郑家坪上坟，这是乡间农家约定俗成的老规矩，而杨八桶匠则提出要去灵岩山汪公老佛栖身的那座寺院里拜佛烧香，师徒俩因此就没有去"委生活"，权当歇歇力、换换筋骨⑬。按照路程推算，从吴家山到灵岩山，半天工夫可以打一个来回，而去堨村就远了，打一个来回，还得要起早落黑。然而，当方十三返回吴家村时，却不见师父归来，心中不免有些焦急不安，一直等到半夜子时，还不见师父的影子；因为明朝长岭上委好一场生活，只好很不情愿地钻进了被窝，蒙头睡上一觉。不想等到天亮，也没见着师父，只得独自一人去长岭上做生活。

三天后，方十三挑着箍桶担子下了山。刚踏上村口一条石硑，就瞅见老白果树下围了一群村里人，走近一看，原来是几个后生家不满树上八哥一大早骂人，在那里掷石头砸它的巢；杨八师傅为了保住老东家小孙子的一对"心肝宝贝"，正在费尽口舌地帮着解围。十三得知原委后，迅速卸下肩上的担子，随手操起扁担窜上前去，"看哪个敢动八哥一指头！八哥不懂事，何必去计较，就当三岁稚童在你头上撒了一泡尿，'付之一笑'不就是了"。可就有"不买账"的，照样掷石头，嘴里骂个不绝；还有的竟然扛来长梯，意欲上树捅巢。情急之下，十三冲向白果树，双手合抱树身，有如松鼠上树那般快捷，"唰唰唰"几下工夫，就蹿上了搭巢的树枝，用自己的身子挡住了雨点般的飞石。事情已到了这个份儿上，哪个还敢再往十三身上掷石头，一个个呆兮兮地，活脱泄了气的猪尿泡。

一场闹剧平息了。可村里人连做梦也想不到，本想上树捧两只八哥回家的方十三，却在八哥巢里得着两件稀世之宝：一件是"天符牒"，俗称无字天书；一件是出鞘无声、斩首生风的"巨阙"神剑。因为自古流传，"得天书、神剑者，必得天下"，所以，方十三就顺理成章地被山里百姓敬奉为救苦救难的"希望之神"；从此说一不二，雷厉风行。

注释：

①八哥：鸟类，通体乌黑，会学舌。

②满师：古时学徒以三年为满，满师即学成。

③夜作：方言，做工呼为"做生活"，夜里赶工，称之夜作。

④外快：即兼职或业余赚钱。

⑤东家：房东。

⑥委生活：安排上门做生活。

⑦参见《千字文》。

⑧肥潭岩：在横石村外西山下溪中。

⑨石埠：溪中不等距离安置的石墩，类如桥，可渡行人。

⑩做茶：方言即午前午后烧点心。

⑪活吃牲口：泛指需要人工喂养的家禽，家兽。

⑫料理：方言，意即管教、整治。

⑬换换筋骨：方言，换换别事做做。

毛竹杪上吊草鞋①

万年镇方圆数十里地面，是个山多地薄，全靠山货出息和做匠人糊口的苦位置②。山里人自认命苦，为了寻找一种精神寄托，由是信奉起由徽州传过来的一个秘密宗教组织，人称"教会"。凡是自愿入会者，必须预交三升米，由教会统一收储经管，并以出借的方式，接济揭不开锅的会友。入了会后，必须遵守教规，"食菜事魔"：即平日里吃素，听从"魔头"（会首）召唤，并且参与诵经做会③。因为它沿袭了"五斗米教"的入会规矩，同时又像佛教徒那样诵念《金刚经》④，容易被人误解为"佛不佛、道不道"，因而亮出了一个稀奇的招牌，叫作"食菜事魔教"。

方十三早已听说山里山外有许多人加入了教会，也想去试试；直至十六岁那年跟杨八师父学箍桶，经师父傅出面介绍入了会，参加过几次诵经活动。因为他口齿伶俐，声音洪亮，而且从小就会背诵《金刚经》，隔不了多长时间，就被推举为领唱经文的小"魔头"。可他连做梦也想不到，"满帅"后自己时来运转，竟独得"天书、神剑"两样宝物，一时间出人头地，成了方圆百里的头面人物，满教会的男女老少，无不为他感到骄傲和自豪，于是就顺理成章地做了"食菜事魔教"的总"魔头",手下管着十二位小"魔头"。

别看方十三做了总"魔头",但还得要仰仗杨八师父的谋划,凡事只要有师父在,他就能顺顺当当地做过去,反之,就会失去分寸。记得岁末那次"做会",十三趁宣讲经文的机会借题发挥,对"是法平等,无有高下"⑤慷慨陈词:"是法当真会平等吗?简直是痴人得梦赏。天底下谁见过有这等好事体?可想而知,那只是官府老爷和地主老财怕受苦百姓起来造反,而让御用文人编造出来的花招。道理明白不过,为什么做煞的人吃不饱穿不暖,而嬉煞的人却吃着羊羔美酒、穿着绫罗绸缎,那是因为我们的命运是由少数有钱人掌握在手里。反过来说,如果有朝一日,我们能够把命运掌握在自己手里,不就有出头之日了吗?"他的这次演说,博得听众的喝彩和回应。唯独杨八桶匠一人忧心忡忡,因为他担心如此公开鼓动教徒,万一走漏风声,岂不功亏一篑?于是寻思着上灵岩山去找汪公老佛想想办法,怎样才能稳妥地按住方十三这匹"黑马",时机不到,怎能随便打出旗号。当夜无话,翌日起来对方十三交代了几句,便径直上灵岩寺烧香拜佛。当天去当天来,正赶上吃夜饭;夜里照常与方十三一起做夜作,就当什么事也不曾发生过。

不知不觉,又到了一年一度的冬至节。杨八桶匠据说在家乡也是一个出了名的孝子;后来双亲亡故,只身闯荡江湖,也始终不忘每年冬至去寺院烧香拜佛,奉上些许香金,为已故考妣做场"功德",以尽自己的一片孝心。由于不久前已上灵岩山做过"功德",因此他主动提出,意欲伴随方十三一道去上坟,顺便看看方家祖坟的"龙脉""穴子"⑥。师父如此一片好心,做徒弟的感激还来不及哩,师徒俩一拍即合,备上香烛和"利市纸"⑦,匆匆出山,赶赴堨村对岸郑家坪。

人常说,"无巧不成书"。师徒俩刚行至方家弄口,便与行色匆匆的汪公老佛相遇,三人由是同去村中讨口水吃⑧。(因为方十三父亲去世后,方十三又常年在外,因此常年锁着门,灶头冷冰冰,难以接待客人,故有去隔壁邻舍讨水吃之举。)据汪公老佛自己讲,他是刚从老城云游归来,"既然大家都是老交情,索性跟着去看看十三兄弟的祖坟,午后一道回帮源吴家山去如何"？方十三毕竟涉世不深，压根儿就估计不到，这竟然是师父和汪公老佛早已设下的"圈套"；听说汪公老佛要去"看坟"，心里十分高兴，顺便请他指点指点自家祖坟往后能不能"出人"⑨。由是，三人结伴去了一趟郑家坪，然后转身返回吴家山。

一路上边行边聊，话题自然是围绕着方十三家祖坟"出不出人"而展开的。据汪公老佛告知，方十三祖坟穴子为"猛虎跳墙型"⑩，可惜迁葬时没往深处挖，因此底子不厚，唯一的补救方法，就是靠祭主⑪虔诚地往坟顶培土，每天都要去培一抔土，一直培到坟顶上出"灵芝"。汪公老佛立住脚，独自屈了半天指头，然后十分有把握地说，"得要七七四百九十天吧。"杨八桶匠深知方十三鬼点子多，怕他心急了"投机取巧"，于是朝汪公老佛使了个眼色，意思是得定下一个可供检验的标准才是。汪公老佛会意，把方十三拉到身边，十分神秘地嘱咐他，"你每天起早去一次坟上，培了土后，再往坟前那根大毛竹杪上吊上一双破草鞋，日复一日，一双加一双，直到毛竹杪碰上坟顶为止，切莫投机取巧，不允许有半点差错"，如此这般，一一交代清楚。行至肥潭岩岔路口，三人分道扬镳，各赶各的路。

话说方十三祖坟培土一事，确实认认真真地去做了，而且起早落夜得十分辛苦。刚开始，一般都是不等天亮动身去坟上培一回土，再爬上毛竹杪吊一双破草鞋，然后返回吴家山吃早饭；后来在黄金岭一带做生活，离祖坟近了，就改作夜里去坟上培土、吊草鞋，前前后后跑上了三四个月的光景⑫。虽说坟上堆满了老厚一层新土，可吊满破草鞋的那棵毛竹杪，却总不见弯下腰来，他心里不免有些犯愁，难道是汪公老佛骗我不成？于是，就去祭台石边草窝里拔草寻"灵芝"。说来也巧，他刚伸手去拨拉，还真让他发现了三棵铜钱大的"灵芝帽"，心里不觉一阵惊奇，心想这老佛果真能捏会算，于是随手抓了一把枯叶子轻轻盖住它，这才信心十足，继续每日一次地去祖坟培土吊草鞋。

看官或许已从上述情节中得知，"培土吊草鞋"，无非是杨八桶匠为约束方十三的草率，同时也是借此机会磨砺其毅力和意志的一条锦囊妙计；从未来揭竿起义的战略意义上说，也是出于"积蓄力量，等待时机"，通盘谋略的考虑。谁知就在方十三离"四百九十天"还差九十天的节骨眼上，出了不该出的差错，搅乱了杨八桶匠和汪公老佛的全盘计划。因为老是不见毛竹杪弯腰，方十三当真耐不了性子，先是两双一次，或者三四双一次往毛竹杪上吊，看看也不太见效，索性用破草鞋夹住石头往上吊，不出十朝半月工夫，就让毛竹杪碰上了坟顶。为了防止弹回去，他又别出心裁地用手攫着毛竹杪，使劲往下拖了两下，只听得"噼啪"两声响，整根毛竹竟被拦腰折裂开了口子。十三见状，暗叫一声"不好"，赶紧跑到坟前去瞅那三棵小灵芝。不看则已，一看则惊呆了，那小小灵芝早已枯萎夭折，自己辛苦培土吊草鞋的一番虔诚，由此而前功尽弃。

方十三将"灵芝"夭折之事，告诉了杨八师父，以求教补救办法。杨八桶匠自是叫苦不迭，但又不便实话实说。寻思良久，只得变着法子安慰方十三说："往后不管做什么事，务必要谨慎小心。常言道，心急吃不了热粥，凡事要有耐心，万不可意气用事。"如此这般，好歹按住了方十三的胡思乱想。

据说，方十三毛竹杪上"吊草鞋"的事一经传开，山里山外不由得纷纷扬扬，尤其是对教徒们的触动更大，甚至有人怀疑方十三不可能"成气候"。为此，杨八桶匠不得不连夜去找汪公老佛商量对策，最终商定做好武装起义的各种准备，以应对提前举事。

注释：

①毛竹杪：毛竹顶部的细梢（末尾）。此传说，原有很大的迷信色彩，这次改写时有过较大改动。

②位置：方言，即地方。

③做会：民间的一种自发的互助团体，会首称作头首，聚会，活动称之"做会"。

④《金刚经》：佛经名，《金刚般若经》或《金刚般若波罗蜜经》之略称。

⑤南宋方勺《青溪寇轨》称，方腊歪曲《金刚经》，即把"是法平等，

无有高下"，曲解为"是法平等？无，有高下"，并以此来"相与扇惑"。

⑥穴子：即坟（茔）。

⑦利市纸：用红纸剪成纸条，将其压在坟头，称之为"挂纸"。

⑧讨口水吃：即找个去处歇歇脚。

⑨出人：迷信套话，意为"后代子孙出将入相，贵为公侯"。

⑩风水先生根据坟地周边形胜，想象出来的一种"形象"比喻，如"狮象守门""鲤皇上天堂"之类。

⑪祭主：负责祭祀的主人，若子若孙，均可为祭主。

⑫光景：即光阴，这里指时间。

吴家山中杀里正①

自从"食菜事魔教"从聚会诵经演变为办"狮子班"②，公开操练拳脚、打制兵器以来，身为帮源里里正的方有常整天愁眉不展，心神恍惚，总有一种大祸临头的预感。

一天夜里，等杨八桶匠和方十三进谷仓③安寝之后，方有常便把自己的三个儿子唤进后堂，一五一十地谈起自己的心事，无非是让他们帮着出出主意。大儿子世隆是个憨厚的作活人④，顾自呆坐着吸旱烟筒，一心只管划算修塘开圳⑤和来年种种农事；老二世熊虽说肚里有货⑥，却从不轻易表态，心想"都是一方水土上的父老乡亲，无非是练练拳脚，逢年过节出门去混口饭吃，说千道万，总也不至于够上犯上作乱的罪名吧，你老头子犯得着去小题大作"？因此，话到嘴边又咽到肚里；老三世庚年轻气盛，仗着自己是秀才出身，凡事爱卖弄三分，加之，平日里又看不惯方十三那副自命不凡的神气，如今听老父亲让他拿主意，由是添油加醋地数说了方十三等人的许多不是，而后怂恿父亲"先下手为强，伺机抓住他一个把柄，去县衙门告发他们"……是夜，父子四人商量好了一条计策，然后神不知鬼不觉地运作起来。

翌日拂晓时分，方家宅院里一阵骚动，说是"二东家"心绞痛的老毛病犯了。一阵手忙脚乱过后，老二世熊就被老大世隆和一个哑巴长年⑦扶上藤椅抬起上路，直奔老城市而去。与此同时，杨八桶匠和方十三两人早已被嘈杂的喧嚣声所惊醒，赶紧披衣起身，想出来看看出了什么事，不料谷仓已被方世庚用大铁锁反锁住，任人喊破喉咙，也没人接应，如此稀里糊涂地遭了人家的暗算。

话说世隆和哑巴长年一路上马不停蹄，约莫掌灯时分赶到老城市，是夜投宿西井边一家客舍⑧。次日一大早，世隆向哑巴长年比画了一阵，示意他在客舍看住藤椅和抬扛，说等他陪"二东家"看完病，再来叫他一道进山。

临出店门时，世隆搀扶着世熊，哼哼唧唧地走着，不大一会儿就踏上古渠，两人下意识地回头张望一阵，确实没有熟人走过，这才甩开手脚，直奔县衙去告官。

当时的县尹陈光，是个非常有心机的"老江湖"⑨。当他得知方十三等人假借"跳狮子"和"诵《金刚经》"为名，操练拳脚、打制刀枪，密谋犯上作乱的举报后，吓出一身冷汗，恨不得将其立等缉拿归案；可转念一想，此事非同小可，万一走漏风声，捅出乱子，难免酿成大祸。况且，须得层层申报，少说也要十朝半月，不如虚晃一枪，瞒过当事人的耳目再说。于是装模作样地让世熊复述了一遍案情，这才拍案断喝一声，"大胆刁民，竟敢平白无故地诬陷邻里乡亲？来人嘞，将此人拿下，击杖四十，先行收监，听候发落"！好在县尹给面子，没有为难方世隆，要不，连个报信人都没有。约莫半午前过一些，世隆折回客舍把哑巴长年叫上，两人抬起空荡荡的藤椅，心急火燎地赶回山里报信。用一句老话说，"天无绝人之路"。两人摸黑赶到榴下岭脚时，一向不生病的世隆，半路里发起了"绞肠痧"⑩，幸好近处住着一户圣手郎中，于是就去请求搭救。据郎中说，得马上服药，待观察一宿后方可分出阴阳⑪。事已至此，只得遵医嘱留下诊断，让哑巴长年独自背起抬扛，赶回吴家山给家里打招呼。话说，这哑巴长年正愁脱不了身，如今天赐良机，嘴上不便说，心里正欢喜着哩。他头也不回地直奔吴家山，一门心思地记挂着被反锁在谷仓里的杨八桶匠和方十三师徒的安危。

说起这哑巴长年，别看他在方有常家少说也有两三年光景，只知道他在灵岩寺做过烧火和尚[12]，后来被汪公老佛打发下山，经杨八桶匠撮合做了有常家的长年。其实，他很有功夫[13]，是一位智勇双全的武林高手。他的真实身份是暗中保护杨八桶匠，并在万不得已的情势下，直接与汪公老佛单独接头；而在平日里天衣无缝地装聋作哑，纯粹是掩人耳目，这是旁人做梦也料想不到的隐情。如今方十三师徒被关，方有常业已反目成仇，可谓千钧一发，是该轮到自己挺身而出的时候了。一路上边走边盘算，不大一会儿便靠近了方家宅院墙围门脚，说时迟那时快，他以抬扛点地，顺势一个"鹞子翻身"，轻飘飘地落入院内，然后蹑手蹑脚地摸到谷仓门边，运足腿功，噌噌两脚就把十来斤重的四道匝虾尾锁给踢开了，然后冲进谷仓，一手一个挟住方十三师徒，纵身跳出墙围，径直来到肥潭岩下，对两人运功施救。也许会有人对此费解，杨八桶匠和方十三都是有功力的汉子，谷仓里关了一天一夜，总不至于浑身气力消耗殆尽吧？局外人有所不知，"二东家"歹毒，不但亲自坐镇，派人严加看管，而且还叫人不时地对着谷仓泼辣椒水、燃生松毛往里灌浓烟，试想，师徒俩一天不吃不喝，哪能经得起如此烟熏辣椒呛？若不是哑巴长年赶来搭救，挨得过今夜也挨不到明早。鉴于方十三师徒元气大伤，需要将息两天方可恢复正常，在征得两人同意后，遂由哑巴长年护送，借着晨雾的遮掩，悄悄地摸上了灵岩山。

常言道，"字要一画画写，文章得一句句做"。话说世隆半路得"绞肠痧"，服了郎中的草头方[14]，当时煎了一通，后半夜再煎二通，天亮醒来就觉着宽松、好受多了；因为担心哑巴长年表达不完整，于是就向郎中讨了两剂药回家接着煎服，而后拄着拐杖回吴家山。可他万万没有料到，家里人并不见哑巴长工的影子，只知道杨八桶匠和方十三凭空被劫走了，家里人心惶惶，正拿不定主意。当世隆将告官之事，原原本本复述了一遍之后，方有常敏锐地感觉到事关重大，容不得半点迟疑，当即吩咐世庚快马加鞭，火速赶往县衙再度告急。

古人有云，"魔高一尺，道高一丈"。就在方世庚策马奔赴县衙告官的当天夜里，方家大院被食菜事魔教的人里三层、外三层地围了个水泄不通，大有一触即发之势。先是，院外的人群举着火把叫骂不绝，而院里一大家子人口悄无声息地只顾搬木石顶门，约莫过了个把时辰，只听三声炮响，方十三在火光中纵身跳上了祠堂门口的旗杆石，手举神剑，有如发表檄文⑮一般高声喊叫："食菜魔教与这一家子前世无冤、今世无仇，自可河水不犯井水。可如今欺侮到我们头上来了，劫持我们做人质在先，恶人告状又紧随其后，是可忍，孰不可忍？常言道'无毒不丈夫'，横竖都是一刀是吗？与其坐以待毙，何不先拿下这伙歹人的狗头……"话音未落，有如洪水猛兽般的数千民众，早已破门涌进前厅后院，边烧屋、边敲人⑯，"尽取方有常一家四十八口⑰"，由是揭开了北宋末年一大农民起义的序幕。

注释：

①里：基层行政建制单位，里正，即保正、地保之类。

②狮子班：为当地习武者自发组织的一种聚会形式，每逢节庆，走门串户地去表演技艺，并以此结交武友，切磋技艺。

③谷仓：专门储藏稻谷的仓库，亦可住人；有门无窗，全封闭。

④作活人：体力劳动者。

⑤开圳：开挖水渠。

⑥肚里有货：即有学问的人。

⑦长年：长工。

⑧客舍：唐宋时期的旅馆；明时称塌房，清时称客栈。

⑨老江湖：方言，即老练。

⑩绞肠痧：即今称盲肠炎。

⑪分出阴阳：即下结论。这里指诊断结果。

⑫烧火和尚：泛指寄居寺院的俗家弟子。

⑬功夫：这里指武功高强。

⑭草头方：即民间草药偏方。

⑮檄文：古代用于征召或声讨等的文书。

⑯烧屋敲人：方言，指杀人放火。

⑰事见正史与方志。

武松独臂擒方腊①

方腊起义，"自号圣公，建元永乐，陷六州五十二县"，最终被童贯领兵镇压下去，这都是有史可稽的事实。至于方腊（即方十三，人呼方癫痫）"被俘"一节，众说纷纭，莫衷一是。其中有二说，与史载大相径庭：一说"就擒者非腊"（参见《贵耳集》）；一说"擒腊者非韩世忠，乃梁山武松所为"。虽说时过境迁，今人无法对证，但有一个迹象，值得关注，即在淳安民间，十分反感戏班出演《武松独臂擒方腊》的武打戏，尤其是方氏族居的村落更是严加禁演，轻者遭围攻，重者被驱逐出村，是为约定俗成的乡规。

笔者从未看过"宋江打方腊"的戏文，但在严陵就读期间，尝闻师长吴祖德先生口述《武松独臂擒方腊》的传说。今钩沉成文，并附《方腊传奇》之末，以飨读者。

……话说杭城失守，方腊被迫率领大队人马退保郡城睦州；宋公明②挥师掩至，直逼乌龙岭下，两下扎营对阵，待机一决雌雄。

一日，方腊单枪匹马，出北门巡营瞭哨，不多一会儿，便来到一个俗称"乌龙桥"的所在。因为从小就听老辈人说起过"乌龙桥"的掌故，十分感人，早就有身临其境，抒发思古幽情的夙愿，如今驻足斯境，岂有策马错过之理？由是下马漫步桥头，下意识地去追寻那个"乌龙王"的神形仙踪。

睦州向为"揖睦之邦"，民风淳朴，而所谓的"乌龙王"，便是平民百姓赖以逢凶化吉的一种精神寄托。别的不说，只要听听"乌龙山""乌龙庙""乌龙桥""乌龙井"这一连串地名，就能让人感觉到它的不同寻常。据当地方志③所记，这"乌龙王"并非子虚乌有的四海之尊，而是有血有肉的读书人，确切地说，是唐朝时屈死的秀才邵仁祥。他原是青溪县很有才华的学子，读书用功，人品出众。一年赴郡城应举，论文笔，当列首选，不料被考官偷梁换柱，致使无颜以对父兄，最终忧患成疾，客死梅花城④，是为唐代乡举史上一大冤案。邵仁祥死后第三天，曾给郡守"托梦"，如不为其翻案昭雪，誓必以牙还牙，并且相约以三天为期限，先让郡城"恶臭三日三夜"，以示"此意已决"，条件是在乌龙山为其建一座"乌龙庙"，享用民间香火。郡守若能满足他的心愿，再让郡城"雅香三日三夜，"以表"永不反悔"。说来还真神乎，郡城果真"恶臭三天"，郡守只得以最快的速度、最好的工匠和最好的建筑材料，为其立庙于乌龙山，并将其行申报朝廷，为他追封了一个名曰"乌龙王"的神号，岁享祭祀。据说就在"乌龙庙"竣工开光⑤之际，郡城百姓当真领略了三日三夜的雅香韵味……发思古幽情的方腊，猛然间记起汪公老佛早在举事之初，就曾对自己闲谈过睦州地面的乡风，其中就提起过"邵秀才以死相抗"的掌故，并且原原本本讲述了这秀才来"乌龙桥"投河自尽的经过。常言道，"触景生情，寄情于景"。从邵秀才的屈死，想起自己的坎坷遭遇，生性倔强的方腊，情不自禁地伤感起来，真想痛哭一场，可满肚的泪水却怎么也挤不出来。悔当初不该心胸狭隘，听不进杨八师父"饮马长江"的宏韬大略，以致犯下今日这般欲进不能、欲退不保的兵家大忌，何颜以对"江东父老"⑥？思前想后，心乱如麻，拿不出一点主张。

或许是鬼使神差，合当有事。正当方腊倚栏沉思之际，不期与前来窥探虚实的梁山步军头领行者武松、花和尚鲁智深相遇，两下少不了一场你死我活的争斗，一来一往、一进一退地足足打了五十来回还难分胜负。还算武松聪明，边战边寻思，"照此二对一地硬拼，定会落下一个鱼死网破的结局"，由是眼珠一转计上心来，趁机给鲁智深投过一个"诈败"的眼色，"只要能把这厮诱进万松林伏击圈，就不怕拿不住他"。别看鲁智深平日里戆头戆脑，可他粗中有细，要不怎会称他叫"福将"⑦？武松一个眼色，尽管看不透这行者葫芦里卖什么药，可起码也猜出个八九不离十，无非是让自己"见机行事"。当看见武松卖个破绽跳出圈外之际，他也依葫芦画瓢地照着做了，尾随武松边打边退，想方设法把方腊诱骗去万松林。

方腊明知有诈，却佯装不识，仗着自己手中握有天赐神剑和十二把见血封喉⑧飞刀，紧催坐骑，风风火火地追了上去，一直追到万松林岔路口，方才勒马打住，并且不住地对着林子叫骂，"有本事就出来给老子比试!"说来真巧，率先钻进林子的行者武松，迟迟不见鲁智深的面，又听方腊在那里叫骂，心想"莫不是这花和尚遭这厮暗算了"，不免心焦地随手用戒刀狠劈荆棘，以发泄自己的自责。别看这只是瞬间的响动，却被眼明手疾的方腊逮个正着，他手起刀扬，循声直插武松藏身处，前后只一眨眼的工夫，就把武松的左臂给砍断了。武松也曾听说过方腊有绝技，不期今日让自己给碰上了，情急之下，赶紧用汗巾捆扎好断臂处，然后一声吼叫，纵出林外来与方腊拼命，"看看我武二郎怎样收拾你这只吊睛白额大虎!"方腊深知自己暗器的"见血封喉"药力，因此也就没有把打虎成名的武松当回事，只是"猫鼠游戏"一般与武松周旋；可武松是条受不得半点凌辱的硬汉，不容分说，一刀把自己那条快要断的左臂自行砍了下来，"省得碍手碍脚多累赘"，然后使出"燕子轻功"，或马前或马后，或腾空或滚地，像九里蜂蜇人一般，死死匝住方腊不放。

据说，方腊平生有两大致命弱点，"一是做桶匠怕漆，二是好剥牛怕血⑨"。别看他南征北战，冲冲杀杀，可那是不得已而为之，只要看到血迹，心里就不自在。如今瞅见武松浑身血淋淋的样子，心里难免有些忌讳。转念一想，"他反正活不了多久，何必费神去与他周旋?"于是瞅个空当，斜刺里冲出一丈多远，意欲回城歇息。武松看见方腊想溜，心想"两条腿焉能赶得上四只蹄子的奔马"？瞅准方腊勒马转身的一刹那，飞出戒刀砍断了战马左前蹄，把方腊掀了个人仰马翻，紧接着一个"老鹰扑食"，伸手直插方腊的护腰带，运足打虎的气力，往上一提、一摔，就把方腊给"做了"⑩。对于方腊的死因，民间有两种说法：一是被武松生擒后交由官军押解汴京邀功去了；另一说法，方腊被武松掀下马，而后被掼下乌龙桥，摔成一团肉泥伴随溪水东流入海去了。不过，对于武松的死，大家都如此说："方腊死后，武松也未能保住性命，待花和尚赶来搭救他时，早已剧毒攻心，一命呜呼。"

注释：

①这是一则向为淳安方姓子孙所忌讳的民间故事，或许今天也还会有人

忌讳。但是，缅怀方腊是一回事，发掘民间传说是另一回事，必须公正而客观地处置才是。

②宋公明：即及时雨宋江。

③参见《严州府志》和淳安旧县志。

④梅花城：即梅城，一作严州。

⑤开光：一种宗教仪式，多用于新塑像或翻新旧塑像时的一种仪式。

⑥江东父老：这是一句俗成的比喻，泛指家乡父老。

⑦福将：泛指逢凶化吉，常胜不败之人。

⑧见血封喉：比喻剧毒难解，必死无疑。

⑨漆：即漆树，落叶乔木，用树皮里的黏汁制成的涂料就是漆。方腊箍桶得用漆，可他怕沾上漆；他平时爱给人屠牛、剥牛皮，可他怕闻血腥味，如用现代人的话说，称之为"过敏"。

⑩做了：方言，意为把人打垮，或者杀了。

方腊传奇（二）

虎口救牧童

北宋末年，睦州青溪县永平镇万年乡的蜀溪畔（今淳安威坪七都溪）有个依山傍水的村庄——碣村。村前有东山尖作屏峰，后有苍峰尖作照壁，溪边千亩田，山脚千亩地，锦绣翠绿，满山茶林漆园，茂竹修篁，一片郁郁葱葱，真是好地方。碣村有个方家巷，还有凌家巷、吕家巷。方家巷靠在苍峰尖脚，一棵大枫树下住着方腊一家。方腊虽住在碣村这个好山好水的田园里，却是干净茅厕——无粪（份），自幼学得桶匠手艺，并练得一身武功绝技，特别是他做桶匠的一把镩铲，挥舞得虎虎生风，银光闪闪，刀枪不入，泼水不进。但他决不恃强凌弱，还是肩挑桶匠担，走乡串巷谋求生计。然而，贫困百姓连饭都吃不饱，哪有好多桶匠活路做，只得到财主家去做。六都帮源村是方腊经常去做桶匠活计的地方。

帮源毗邻安徽歙县，后山有个幽深的山洞，所以也叫洞源里，这里住着百十户方姓人家，大都是低矮茅舍，土墙木棚。唯独村东头一幢高楼瓦房如鹤立鸡群，飞檐高啄，描龙画凤，屋内更是雕梁彩栋，金碧辉煌，财主为附庸风雅，四壁挂满字画，令人眼花缭乱。高楼大门口，一对石狮，虎视眈眈，黑漆的大门上还有一对暴眼龇牙的虎头铜铃门环，大门顶挂着镏金匾额，上书"余庆堂"，两侧门柱上有黑底金字对联："向阳门第春常在，积善人家庆有余。"这就是永平一带赫赫有名的财主方有常的家,他的名就取自大门上那副对联尾巴桩上"有常"两字。方有常不仅有钱还有势,他任里正的芝麻绿豆官呢!

但这个有常,老百姓背地里都叫他"无常",无常是鬼的代称,可见大家都恨死他。他的四个儿子更是如狼似虎,穷凶极恶,老大叫世隆,老二叫世熊,老三是世庚,老四世成,人称无常四虎,并编有顺口溜,"无常四只虎,害我百姓苦,吃人不吐骨,孩儿不敢哭"。那时,不懂事的孩子要是哭闹,大人只讲"无常四虎来了",就吓得孩子哭声戛然而止,大气不敢出。

一天,无常四虎饭饱酒足,又出门寻欢作乐,残害乡民,一路撩花摘草,踢鸡赶狗。走到离村不远的溪滩里,看见一牧童在放牛,世熊虎面一翻,曝牙咧嘴地说:"你小子牛不看牢,要你的皮。"世庚鬼眼一转,就想恶作剧取乐,便故意假惺惺地说:"牛要逃走,我教你一个好法子,把牛绳捆在腰里,牛就逃不了。"说着就把牛绳结结实实地捆在牧童腰里,四虎抚嘴窃笑。突然,他们猛地在牛屁股上一拍,并大声吆喝,那牛冷不防遭惊吓,突地跳起五尺来高,不要命地猛跑猛跳起来。可怜牧童牛绳紧捆着腰,被牛拖着大哭大叫,惨不忍睹,无常四虎却仰天大笑,拿牧童的生命取乐。牛儿正跑得欢,孩儿正被拖得惨,眼看牛就要跨过坑,那坑内尽是锋利的石塔,牧童掉下去就没命了。这时恰巧方腊和杨八桶匠挑着零杂担进帮源,一看,他们大呼"不好",方腊连忙丢开担子,飞开纵步,跃身冲到牛面前,以迅雷不及掩耳的快速动作,一把抓住烈牛牛鼻串,用力一扯,扯断牛绳,顺势一撑,烈牛猛地滚下坑内,四脚朝天动弹不了,牧童得救了,方腊急忙将他抱起,只见牧童血肉模糊欲哭无泪,一问才知道是无常四虎做下伤天害理的恶作剧,方腊仰天疾呼:"如此世道,苍天何忍!"远处,四虎看见方腊来了,慌不择路地逃回家躲起来。方腊抱着牧童进洞源村,乡亲们都赶来,他和乡亲们讲起此事,人们怒火冲天,蜂拥到方有常家门口,方有常矢口抵赖,这时群声鼎沸,一致要无常鬼交出四虎,四虎吓得从后门逃到安徽去了。方腊抱着牧童,跃上石狮高声说:"我们穷百姓给财

主做佣工，吃的猪狗食，做的牛马活，还遭毒打戏弄．我们能忍受吗？"众乡亲齐声说："不能！"方有常一看众怒难犯，慌忙赔下笑脸，向众乡亲求饶："老夫教子不严，惹是生非，待寻回犬子动家法严惩，老夫一定给牧童调治好，往后绝不敢虐待佣工，务请乡邻包涵。"众人看见方有常以前作威作福，横行乡里，今天也向穷百姓打躬作揖，自是高兴。这就是方腊后来经常给穷哥儿们讲的斗地主老贼、只有穷人抱成团才有力量的道理。

惩虎救贫女

又有一天，风和日暖，柳絮扬花，正是阳春三月时光，无常四虎照例又是出门寻花问柳，追蜂逐蝶。老大世隆以经商为名，早早骑马到青溪县城妓馆嫖妓去了。家中世熊、世庚、世成三虎自不甘寂寞，他们结伙来到郊野。合该出事，只见野外梅花树下一块大青石上，有四个女眷在歇脚，原来她们是婺州（今金华）兰溪县一个吴氏妇人携眷避难，家中男人被官府抓去抬花石纲惨死在外，族人欺她是女流，要将她强卖给人，她携带三个女儿逃往歙县投亲。那妇人五十上下，倒也端秀，只是满脸戚容，三个女儿正是豆蔻年华，妙龄青春，只因家遭不幸，日夜兼程，倦怠疲乏，显得憔悴清瘦。但她们一个个都是颦眉秀目，清丽纤秀，丰满的胸脯，婀娜的身姿，恰似淡雅的芙蓉亭亭玉立，含羞露怯更显得温柔端丽、妩媚动人。

世熊世庚等三虎来到野外梅花树边，一见这几个女的，一个个像猫见腥一样馋涎欲滴，跃跃欲试，马上走近用淫言猥语调戏。世庚鼻子一抽，油滑地说："啊呀，如此春光，好水灵灵的鲜花啊。"三人淫笑不止。那吴氏夫人吓得连忙道万福，诉说家遭横祸去歙投亲之苦。世熊更下流地说："你们避难在外，无家可归，何不到我家，吃的是油，穿的是绸，夜里有人共枕头，岂不美哉！"羞得母女几人满脸绯红，那吴氏连忙跪下叩头："民女才脱虎口，连夜逃命至此，望公子千万放生！"那三个女儿更是吓得蜷缩一团，恰似羔羊遇虎一样哆嗦。看见这可怜求救的样子，三虎更是欲火中烧，色胆包天，就要动手。又是世庚说："不忙，我看我们每人手拿青梅，在二丈外抛出，除这老婆子外，掷得哪个女的，那女的就跟哪个。"说着摘下青梅，三虎每人一颗，这时，女孩子们开始逃窜，但那时女子全是三寸金莲，能逃远吗？世庚将青梅掷在三女身上，世熊掷得长女身上，世成本想掷三女，无奈世庚先下手为强，他只掷得二女。他们三人"呼"的一声，如饿虎扑食一样，拖住三个女孩，哪管她们呼天喊地，拼死拼活。那吴氏气得大喊一声："天呀！"一头撞在野梅树上，顿时昏死过去。在这青天白日朗朗乾坤中，方有常的几只虎子就这样肆无忌惮地作奸犯科，残害生灵。他们硬拖住三个女子往家走去。一路上沸反盈天，哭声好不凄惨！

震天动地的哭声，惊动了正在帮源村做桶匠活计的方腊，他连忙放下工具，走出一看，竟是无常三虎在光天化日下强夺民女，顿时怒发冲冠，他大步流星跨到路中，凛然一站，声如霹雳，怒斥三虎："你们真是畜生孬毛，竟敢仗势恃强，奸淫民女！"这三虎虽惧怕方腊武功，但鄙视方腊是个佣工，他们也曾学得几下拳脚，想以众敌寡未必吃亏，就出言不逊："你这桶匠管箍桶，何必狗咬耗子多管闲事？"方腊更是气得七孔生烟，随即施展扫堂腿，左右开弓，世庚、世成一个趔趄，跌倒在墙壁下，一个狗吃屎，一个嘴啃泥，方腊顺势双脚分别将两人踏住，并像抓鸡一样抓住世熊后颈，方腊连忙要三个女子快走，对三只恶虎说："你们敢动一动，我稍用力，即叫你们变成肉泥！"这时，方有常老贼一见此景，吓得尿了一裤裆，忙说："有话好讲，望腊贤师高抬贵手，饶我犬子……"三个弱女子被救下后，吴氏夫人也被乡亲救醒扶着来到方腊面前，跪下叩谢，感激涕零，连磕响头，方腊只得上前连忙搀起，指着有常及地上刚爬起的三虎说："你们如再作恶，我方腊决不轻饶，快，拿出我的日工钱给她们当盘缠，送她们去歙县投亲！"方有常连忙拿出几两碎银。三个儿子摸着屁股一拐一拐狼狈地溜回家去。自此，更与方腊结下深仇。这里，吴氏母女千恩万谢了方腊，才慌慌上路。

路劫方七佛

无常四虎不仅横行乡里，鱼肉百姓，涂炭生灵，还帮助宋王朝官府横征暴敛，强夺四方奇石异物，供奉朝廷。当时朱勔作为苏杭应奉局头领来到青溪弄花石之扰，无常四虎更是为虎作伥，助纣为虐。

当时，帮源洞口有一巨石，状似蹲狮，巨石表面的突起如粒粒金刚石密密排列，透明发亮，色彩斑斓，棱角分明，熠熠闪光。当地人称火石金只不过是块普通石塔，但方有常为了讨好朱勔，即用黄表封识，将其指为御前之物，要帮源村民抬到蜀溪官船上，那巨石如犬牙交错，凌利锋快，更是笨重无比，足有万斤，用铁牛轭索扎扛，又要伤石，无常四虎就抢夺百姓破棉被将石头包住，再用粗大棕绳捆缚，需百十人抬扛。帮源村路窄桥狭，无常四虎及官兵就拆墙毁房开路，指阻住的房屋为不祥，令其拆平，制造惨剧。当时帮源洞尘土蔽日，哭声震天，令人发指！

帮源村有个方七佛，终年给方有常做佣工。他上有老母，下有嗷嗷待哺小儿，其妻又卧床患病不起，他的房子被指为不祥之物，要强行拆毁。方七佛气得五脏俱焚，死死守在大门上，家人全在屋里。无常四虎及官兵真是丧尽天良，竟猛推屋墙，那房屋原是泥墙茅舍又年久失修，不堪一击，结果房屋"哗"的一声倒塌，尘烟滚滚，可怜方七佛的老母及妻儿全被活活压死，方七佛虽曾跟方腊学得武艺，终因寡不敌众，被无常四虎及官兵抓住五花大绑，以对抗朝廷、扰乱公务罪名押解到青溪县大牢。官兵一路上像拖猪牵羊一样拖打方七佛，方七佛被打得皮开肉绽，鲜血淋漓，惨不忍睹！

中午时分，官兵你推我拖押解方七佛，来到蜀溪虹桥上，过往乡民都驻足观望，议论纷纷，越来越多的人涌来，霎时虹桥上水泄不通，方七佛向众人哭诉，甚是凄哀，但穷百姓自身难保，谁个敢救？正巧，方腊从塌村挑了桶匠担到蜀阜村去，远远看见众人围观，急忙大步走去，一听是方七佛在恸哭，连忙分开众人，人们一看方腊来了，纷纷让道。原来方腊和方七佛是八拜之交，早已义结金兰。方七佛一见方腊，大哭号啕："腊兄啊！无常四虎跟官兵拆我房害死我老母妻儿，给我报仇啊！"方腊一听七佛遭此凶丧，泪如雨下怒不可遏，拿起桶匠镘铲就"嘶嘶"割断捆绑绳索救下方七佛。官兵见势就一齐扑过来，未曾近身，只见方腊镘铲轮舞，飞转成一银圈，寒气逼人，官兵一伙刀枪齐往他身边击来，只听得叮当当响成一片，官兵刀枪互相撞击，被方腊镘铲舞得像流星陨落在虹桥两边飞入水中，吓得官兵一个个抱头鼠窜落荒而逃。方腊也不去追赶，说："冤有头，债有主，我不杀他们，如果再为虎作伥，下次决不轻饶！"围观众人啧啧称赞方腊见义勇为、豪侠大度。方七佛被方腊搀扶到堨村家中，后来他死心塌地跟方腊扯旗造反，成了一名得力干将，转战南国，英勇非凡，直至壮烈牺牲，这是后话。

吕将传密经

堨村吕家巷，居着吕姓人家，方腊在吕家巷有一个好朋友叫吕将，自幼一起玩耍，成了总角之交。这吕将生得眉目清瘦，英武机灵，风采俊逸。因家有些田产，故自幼进学读书，且天资敏悟，勤奋好学，使他满腹经纶，四书五经，诸子百家，无所不通。但他嗜武成癖，经常和方腊习武练功，切磋武艺。方腊神力过人，且拜汪公老佛足下，武艺精湛，吕将自是佩服得五体投地。他也和汪公老佛谈古论今，深知武术派路很多，虽有不齐，其实则大同小异，他各路拳法都苦学苦练，灵活娴熟，并能集南北诸派之长，自创一套拳法，合雄健刚猛与绵密紧凑于一炉而冶之，既长于进攻，也足资防守。所以吕将青年时代显得仪表堂堂，倜傥潇洒，但却桀骜不驯，而他父亲深信"天子重英豪，文章教两曹，万般皆下品，唯有读书高"。一定要吕将读书上青云，捞得一官半职以光宗耀祖。开始，吕将也深信学而优则仕，发奋攻读，博览群书，后来成了太学生。

但吕将不是迂腐之徒，他纵览天下，因生长乡间，更深知民间疾苦。他看到宋王朝徽宗赵佶骄奢淫逸，堂堂皇帝竟深开暗道到京都名妓李师师处宿奸，如此腐败糜烂透顶，百姓愤恨至极。宋王朝对内压雪求油，剔扒搜刮，又是大兴土木，筑万岁山、延福宫，花纲之役弄得百姓怨声载道，哀鸿遍野；对外卑躬屈节，割地求和。吕将深感宋王朝日沉月落气运已尽，想在仕途上进取的美梦破灭了。他经常和方腊、汪公老佛纵论天下大事，声讨宋王朝的昏庸残苛。方腊武艺高强，胆略过人，才干超群，疾恶如仇，深孚众望，早想起事。吕将想只有辅佐方腊打天下，才能实现心怀社稷、拯民于水火的抱负。他深知载舟水覆的道理，水者民也，失民心者失天下，得民心者得天下。他苦心经营，寻得一本《摩尼教经》做了手脚，趁夜间月黑天高爬上方腊家门口大枫树，将"教经书"放好。方腊天天大清早就在枫树下习武，当他抬脚向枫树踢去，突然一本黄缎绸面的天书从天而降，翻开一看有符牒谶语，不得其解，就去找吕将，吕将早料到，就故作惊讶，说："腊兄得天书符牒，必成天子，何不到郑家坪庵堂汪公老佛那里去求尊师破解谶语。"说着两人来到汪公老佛处。

汪公老佛翻开天书，只见黄表扉页上面画着符牒图，一根独木如伞的盖顶屋烧着，千万人头攒涌唯独一人高大出众，举着火把。第二页工整写着四句谶语："宝盖盖木木已朽，草木一秋烧着走，圣教救人出火宅，元元万众要出头。"汪公老佛一看大喜，说："这是天书谶语，方代宋，方腊果是天子；第一句明明指宋已朽烂，第二句指赵家王朝要遭火烧，赵王像丧家之犬了，这草与赵是一个意，烧与赵也一样，（后来赵佶父子被掳走，赵构南逃临安当时虽未明说，但已应着谶语了），第三句是只有信奉圣教方能跳出赵家火灾；第四句：元元万众要出头，这个头就是万字上面加一点即方（万字不是简化字，宋代已通用），也就是方腊要取代宋王赵家天下了。"汪公老佛一解，又说："我亲眼看到天上一颗明星落在方腊门口枫树上，并梦见方腊成龙，还传给我四句歌诀：'东山挂斗斗成龙，天子宝基出圣公，方腊就是圣公王，永乐天下福满堂'。"方腊一听："大助我也！"于是一传十，十传百，信奉明教的人成千上万，后来方腊举义旗，汪公老佛、吕将都成了谋士，如果方腊始终听吕将计谋，很有可能起义成功，方腊或许真的取代宋王朝了。

怒杀方有常

方腊处处打抱不平，联络了广大穷苦乡民，人们都把他看成救星。方腊和汪公老佛等在东山尖脚郑公坪庙宇内议事，运筹起义大计，洞源里方肥、方京、杨八桶匠等也星夜往返堨村洞源之间。当时到处流传着："宝盖盖木木已朽……方腊就是圣公王……"的歌谣，里正方有常吓得要死，怕得要命，连忙召集四虎商量：如何捕捉方腊，邀功请赏。

一天夜里，余庆堂一片幽绿灯光，像坟墓里的鬼火摇曳，方有常铁青着脸，有气无力地靠在太师椅里，四虎则愁眉苦脸地在苦思对策。还是三子世庚算读了几句"之乎者也"，摆头晃脑地说："贼党蜂起，扰攘乡里，我等理应呈文专程赴县告知陈光县尹，火速派官兵捕捉。"方有常不屑一顾，鼻子"哼"了一声说："你们这些不孝子拈花摘草，偷鸡摸狗倒本事通天，你们知道方腊武功了得，数十个人都近身不得，何况官兵要来，风声走漏，捕捉个鸟！"四只虎大眼瞪小眼，面面相觑。阴险狡诈的有常老贼，抽了口水烟，用火纸媒点点世庚，"你做张呈子，耍点文墨，不要白字连篇；世熊到县跑一趟，告方腊谋反，这是官府应该管的事，也不是我们一家的官司，就不打点银子了。"这有常原是个吝啬鬼，财主财主越不舍，他心痛银子，站起来捋一捋老鼠胡子，踱着方步又说："我们设局骗方腊来做生活，再见机行事，将他关进仓库里，等官兵一到即捆绑起来押解到县城。"四虎顿时眉飞色舞说："好好好，这是瓮中捉鳖，捉住方腊，我们一定痛打一顿，出口气，再叫他造反。"

当晚，世庚摇动笔杆，苦思冥想，录章摘句，总算写就了呈子："青溪县尹陈太爷钧鉴，永平万年乡帮源里正方有常叩拜容禀，查堨村刁民方腊，妄称妖幻，眩惑众听，阴串贫乏游手好闲之徒，群恶啸聚，蓄意谋反，犯上作乱，此等流寇贼党我等恨之切齿，乞请速遣官兵捕揖……"第二天，世熊即鬼鬼祟祟登程赴青溪县。

那陈光县尹，原是个贪财好色之徒，这时正在县衙内厅和他的娇妾调情戏嬉，那淫荡女子正在他怀中撒娇装嗔。世熊一到县衙，认为告方腊谋反是火急状子就擂鼓。陈光一听鼓响，高兴地对淫妇说："堂鼓一响，白银万两，乖乖，又有你的了。"就连忙更衣升堂，坐定就问："何人击鼓？"只见世熊手呈状子，却不见银两，自是不悦，一看告方腊谋反，心中一吓，他怕方腊神勇，如声张出捕捉不易。再则想敲方有常一竹杠，弄些银两来赎世熊，故不露声色，拍惊堂木："大胆刁民，这无头官司无凭无据竟敢戏弄本官，扰乱公堂，拖下去打五十大板，押入大牢，退堂！"几个公差衙役"呼"地上前按倒世熊扒下裤子，手起板落，打得世熊杀猪似地号叫，而后被拖入牢监。

再说方有常设计要方腊来家做活计，正巧，方腊这几天在帮源村方肥家做，一来以做手艺活作掩护联络百姓，二来与方肥等进一步商议起义事宜。这时，方有常贼头贼脑来到方肥家，见到方腊故意装出一副和善面孔："腊师傅，我是老东家，有几天生活要给我做做。"方腊以前经常到他家做，这次也不好推辞，如不给他做反引起方有常的怀疑，再则去他家也好试探这老贼对外面盛传的歌谣有何动静，于是就顺水推舟说："好的，明天去给你做。"有常老贼窃喜，认为方腊已入圈套，连声说："好！好！毕竟是老东家，熟门熟路。"说着，便怀着鬼胎屁颠颠走了。

第二天，方腊和杨八桶匠来到方有常家，照例吃了早饭，开始出料，下午做到点心边，方有常就开始施诡计，假惺惺地讲："腊师父，我这仓库里有好多老鼠洞，麻烦你给我修修。"方腊本不想进仓，但看见方有常及几个儿子的异样表情，就故意拿了镘铲、斧子进仓库看他们有什么鬼花招，他们也想叫杨八桶匠进去，但又怕他生疑，认为有家丁一起也能收拾他。有常及几个儿子和家丁都来仓库边，快天黑了，杨八桶匠箍好一担粪桶，到仓门口叫方腊歇工。突然方有常拿着大锁关上仓门，世隆、世庚、世成一伙要推倒杨八桶匠，杨八桶匠一看情况有变，双臂猛地往后一扬，随即飞开双腿，打倒几个家丁。这时，无常三虎急忙关了仓门、锁住大锁；杨八桶匠冲到大门边，又摔倒几个家丁飞奔出有常家，大叫："有常老贼把腊兄关在仓库中了！快来人啊!"顿时,方肥、方七佛、方京等和众人涌来,方有常和儿子急忙关起大门,四人背靠大门气喘不止,喝令家丁抬大树抵住,心想只要等世熊带了县衙官兵来,就一定驱散门外众人,方腊只能缚手待擒了。

这时,方腊突然被关仓库中,又气又觉得好笑,因他早料到有常有鬼,心不慌,色不变,看来起事就要马上开始了,在县官兵未到前来一个血染帮源吧!他打定主意,抢起镭铲,稍用腿劲,只一脚,仓库门被踢飞到天井里,一看,有常及家人正死死护住大门,方腊冲到大门,有常一家吓得屁滚尿流一个个抱头鼠窜,四外逃散,方腊打开大门,众人像潮水般涌进,有常等逃至堂前。这时,方腊手舞镭铲,一团银光如电光绕树,又似空跃银蛇飞舞,寒光闪处,只见方有常这老贼的头像个烂西瓜一样滚出丈把远。方腊更兴起,跃过尸体,抓住有常家人如砍瓜,切菜般地"咔嚓""咔嚓"一个又一个,那镭铲所到之处,身首分家、恶血横流,杨八桶匠、方七佛、方肥等一伙穷兄弟也杀得方有常家人血肉飞溅。霎时间,地上堆满七零八落的尸体,因在忙乱中,众人却没有注意方世庚已逃到厢屋爬在明柱上,跳墙逃到宋源山的桥洞里躲着未被发现。方腊和穷兄弟这场大砍大杀,报仇雪恨,痛快淋漓,经点数共杀方有常家四十八口,他们将方有常的谷粮衣物全数分给穷百姓,然后一把火将余庆堂烧得干干净净。

血染帮源后,方腊率众星夜赶到帮源口堨村。一路上,百姓随聚,万众云集;即在堨村漆园与汪公老佛、郑魔王、吕将、方百花等起义将领誓师起义。一场轰轰烈烈的农民起义运动序幕就这样拉开了。

尚书胡拱辰名垂千古

　　明朝，淳安最早当上一品官员——工部尚书的是胡拱辰，他于明正统四年（1439）中进士。

　　胡拱辰（1416—1508），字共之，别号亦拙斋，梓桐双桂源胡溪（后因拱辰惠慈于民遂改慈溪）人。出身官宦世家，书香门第。宋代先祖胡果始住胡溪，胡果曾孙胡汝砺以行文著称，汝砺弟胡一之和汝砺之子胡南逄于绍兴二十七年（1157），同登进士，官府即将梓桐改称双桂源。开禧元年（1205）胡一之孙胡诚又荣登进士，胡拱辰祖父胡志良、父胡泽，均是家风严正之士。明代正统四年，胡一之裔孙胡拱辰再登进士。真是一门四进士，两朝双荣耀！

　　拱辰初为黟县知县，事甫三载，刑清讼简，民俗以淳。黟之民念念于公，即建生祠，又于祠下立田 10 亩以充祭享修葺之需，又建"循良""去思"两坊以志不忘。由于政绩卓著，升为监察御史，上疏陈述明弊八事，为朝廷所注目。不久因父丧而辞归守孝。己巳年（1449），蒙瓦剌部首领也先俘去英宗，代宗遣使臣蒋文等来到拱辰守孝的墓庐夺情请其入京，他坚守制不起，使者恳词谕以时事危重。拱辰幡然改曰："君父一道也，今朝廷危急存亡之秋，宁忍泄泄（人之殃）。"于是上京师，所陈之策，多被采用。景泰庚午（1450）改江西道。因圣驾未复，国事多艰，凡四上章累千万言，安宗社为心，皇上皆嘉纳之。拱辰在内台七载，尽心尽职，后升提督，南京兵部侍郎，最后，任南京工部尚书辞归。

胡拱辰任左参政时，上书陈述国家要重视选将，保邦，修德，弭灾，深得景帝信任。任职间平定了宣慰安陇富叛乱，陇富感服，躬土兵送往迎来。贵州等驿自此通行无滞。后在广西又平定白水堡地方少数民族仡佬族头目沈时保的骚乱。在四川、广西皆有安邦保疆功绩。在兼提督江巡时捕获劫掠巨魁。任南京兵部侍郎时，孝庙春秋旺盛而天下尚虚，拱辰不胜激切，与侍郎倪谦、崔恭昧死上言，而在京大臣举座惊惧失色，幸圣嘉纳，升南京院右副都御史，皇上锡金织绯礼袍一袭。拱辰又上章乞休，朝廷慰留再三，甲辰（1484）升擢南京工部尚书。

任职时议修府之九五大殿，所需之材茸之则用五十一万一千，拱辰顾惟江南旱涝相仍，民力弗堪。他即在朝阳门外育桐、漆、棕三园。但朝廷每年仍于各处取工匠开漆、剥棕、打油，络绎于道，供应靡费。拱辰乃上章乞委部属，会同巡视屯田御史谐三园通量地亩，分栽树株，责以成效止。令各园军丁为修殿事提供方便。在修茸大殿诸事后，两次上章乞休，始得准，遂归里。

弘治中，巡按御史陈铨向朝廷进言，说拱辰退休十余年，生平清操如一日，乞加礼仪，以励臣节。朝廷赐禄米每月二石与隶卒四人。正德三年（1508）卒于家，享年九十三岁。知府讣告于御史，据史载："拱辰死之日，身无以为敛，祭无以礼，棺椁助于有司，孝帛资于亲党，似此廉贫，实可怜悯。"史鉴乃转闻于朝。朝上追赠太子少傅，谥庄懿。

胡拱辰不但为官勤政为民，廉洁奉公，而且学识渊博，著作甚丰，有《鸡肋》《文武学则》《锦官稿》《从征稿》《华封纪事》《山居杂咏》《敬所杂著》《亦拙斋诗集》等八九部。他的胞弟胡拱璧，天性孝友，颖敏好学，经史诸子百家皆通其大旨，其兄拱辰官一品，他丝毫不显贵，不张扬，韬晦丘园，足迹不履公庭。知县、知府大人请他饮酒，均婉言谢绝。胡拱辰的长子胡孟阳，孙胡铤，皆学有所成，前后任官履职，奉公为民。为表彰胡拱辰的德政，梓桐建有"进士坊"，县治中街建有"同朝尚书坊"，县西隅有"晚节重恩坊"。

明代政治家、三元宰相商辂

　　明朝宣德十年（1435），淳安人商辂乡试夺魁，正统十年（1445），会试继又夺魁，接着皇帝英宗进行殿试，再次夺魁。商辂三元及第，历仕英宗、代宗、宪宗三朝，累官至内阁秩一品事。商辂为"三元宰相""三朝元老""一品当朝"，名震朝野，声传天下。

　　商辂，（1414—1486），字弘载，号素庵；明代淳南辽源（今里商）人。自幼丧母，敏慧耳熟，读书刻苦，卓绝超群。他努力自奋，步入仕途后，在险恶的官场中，总想遵循"民为贵、君为轻、社稷为重"的儒家理念。他仕途坎坷，十年一节，节节令人感叹！

　　正统十四年（1449）七月，蒙古瓦剌部首领也先进袭大同，时宦官王振挟持英宗亲征失利败归，行至土木堡（今河北怀来境内），被也先掳去，史称"土木堡之变"。其时国无主，人心惶惶。时任内阁修撰的商辂，以国为重，偕群臣具本，恳请英宗弟郕王继帝位，是为代宗。当时，有侍讲徐有贞倡言南迁，商辂与兵部侍郎于谦上疏抗言："京师为天下根本，若一动，宋南渡之事可鉴也！一步不得离此！"至敌兵临城下，商辂与二三大臣统筹经略战守事。景泰元年（1450）八月，英宗朱祁镇被送还北京，代宗表面欢迎"太上皇"，暗地里串通心腹欲废英宗儿子朱见深的皇储地位，立自己儿子朱见济为太子。代宗竟以官位、重金贿赂大臣，一时升官发财者甚众，致有"满朝皆太保，一部两尚书"之谣。唯独商辂拒不接受皇上所封"保傅"之职，表明他在"易储"问题上的持正立场。时商辂身为大学士、兵部侍郎。天顺元年（1457）正月，被软禁在南宫的英宗，在旧臣的拥戴下，趁代宗病重，发动"夺门之变"，一举复辟成功。

英宗重新执政后，第一位召见商辂，同他商量国家大计。在用人问题上，英宗提出像陈循这样的人不能用，而商辂却向皇上进言："陈循历事累朝，老成练达"，"陛下初复大位，宜新天下耳，不宜有议"。英宗听取商辂意见，任用如故。时有石亨、张倪、张辄、杨善等，窃弄权术，势焰可畏，商辂从容不迫与他们辩论不已。故石亨辈忌恨商辂，屡加弹劾，大肆诬陷，终因他们诬于谦谋逆将商辂牵连下狱，于谦被杀害，商辂被削职除名，贬民返乡，时年商辂44岁，正好为官十年。

商辂在罢官居家十年中，多在深洞岭下"仙居书屋"赋诗自娱，并募工凿山开道，去险就夷，为故乡做好事。一度应邀赴庐山白鹿洞书院、铅山鹅湖书院讲学。成化二年（1466），宪宗朱见深召商辂复出，以故官入内阁参与机务。不久言官林诚、胡琛等交章诋毁商辂，说皇上不应用他。而宪宗不信谗言，即升商辂为兵部尚书，兼职如故；同时，要加罪林诚、胡琛等人。商辂忙向宪宗进言："臣尝请优容言者，奈何因论臣复责言乎？"宪宗对商辂如此宽宏大量，喜曰："真大臣也！"商辂首疏八事："勤圣政，纳谏言，储养将才，整饬边备，革冗滥之弊，设社仓之法，崇先圣之号以配天，开入德之基以造士"等，均被皇上采纳。

商辂风仪俊伟，器宇凝重，为人平易纯洁，简朴稳重，宽宏厚重，有容人之量，至临大事，决不议，毅然莫能夺。他直言持正，刚正不阿。景泰间，塞上腴田为势豪侵据，商辂请还之；乾清宫门失火，工部请采木至川、湖，商辂极力劝阻少缓以节民财；开封、凤阳诸府饥民，流徙济宁、临清，商辂招垦畿内入府，给粮种，使民有所养。成化年间，替周太后管庄的内吏侵占民间地产，众民与内吏械斗，太后大怒，"欲尽徙苏民之边者计八十余家"。司礼太监将本下至东阁会议，商辂据理力争："天子以天下为家，何以庄为？""只有内吏侵占民地，未有平民百姓敢侵占官地者"。众民遂得安宁，而免徙

边庭。

成化十三年（1477），司礼太监汪直设西厂，横恣无比，权倾朝野。商辂上疏抗言，力罢西厂。先是宪宗览疏不悦，认为"朕用一内臣，焉得系国安危乎？"于是传旨诘责商辂甚厉。商辂仍为谏："朝臣无大小，有罪皆请旨取问。汪直辈擅自抄收三品以上京官，擒械南京留守大臣，害得大臣不安于伍，如此辈不黜，国家危乎，安乎？"上奏后，遂立命撤去西厂。不久汪直心腹韦英等，犯"诬缉妖言"之罪而斩于市，人心大快。事隔不久，终因官场险恶，宦官排挤，商辂以"疾作休致"而辞归故里，又是宦海十年。后居家又十年而卒，亨年73岁。商辂23岁起，十年一节、节节如竹，真是"凌霜竹箭傲雪梅，直与天地争春回！"

商辂卒后赠太傅，谥文毅。著有《商文毅疏稿略》《商文毅公集》《燕山笔尘》，以及所纂《宋元通鉴纲目》等书。子良辅、孙汝谦皆以辂恩入国子监，良辅授礼部精膳司主事；汝谦授尚宝司丞。后人为纪念商辂，在北京、杭州、严州及其家乡均建有"三元坊"。严州府城和淳安县城建有"三元宰相"石牌坊各1座。

商辂初任明代宰相

明代商辂，三元及第，其博学奇才轰动了朝廷内外以至整个神州旮旯，英宗皇帝无比器重，一发榜立即下诏："留朝重用。"

商辂出身于贫寒乡村，他满身裹着寒气，满心装载着乡民的寒微，他一出山问世，就坚定要把为民办好事摆上朝政唯一主题。他一开始主持朝政，就铮铮铁骨，黜奸拥贤，耿耿丹心，勤政廉洁……好容易才赢得了国泰民安，功绩卓著，在朝博得皇上宠信，在野受到了子民拥戴，政局红红火火，国力蓬勃日盛。然而，时间长了，也得罪了一批奸臣、酷吏，他们绝不就此善罢甘休，乖乖屈服，而是加紧暗结私党，百端刁难，以图挫垮商辂。同时，由于商辂任人唯贤，又得罪了三亲四友、七邻八舍众多乡亲，引起了他们不满而骂商辂"独槽狗""狗不认骨的狗官""官高威风是威不长的"……这一骂，恰好给奸党一个借鸡生蛋良机，他们就此趁火打劫，变本加厉诽谤商辂："连亲友邻里都不讨好，到处辱骂反对他，可见这家伙确是朝廷地地道道一大巨奸了"。

商辂治政，日渐遭遇到了这样那样的绊石、桩砦，从此满腹尴尬，虽经他日久的深邃运筹，但仍然积重难返。

一次，商辂回乡省亲，他祖父带他往祖坟上扫墓。商辂见坟顶上一棵大松树长得又直又高，十分羡慕，就欣喜地对他祖父说："爷爷，这棵大树长得这么直、这么高，实在少见啦！"他祖父经常听见乡亲们到处谩骂商辂当官不认亲、不顾乡邻，积怨满腹，早就打算要好好教育他一番的，而今正好机缘巧合，就急不可待地吁叹了一声"哼"——说："独木不成林呀，树直树高焉有何用？"天赋颖悟的商辂，听了他祖父这句至理名言，茅塞顿开。他回眸历史，朝朝代代都有秦桧、岳飞，奸忠相持排挤，往往奸者狡狯恶毒，敛众势焰而取胜；忠者则忠诚耿介孤弱而被挫垮。他又重温古训"亲不亲，故乡人""亲顾亲""邻帮邻"……以此结合自身实际：在朝单枪匹马，势单力薄，怎可稳操胜券？幸蒙祖父一语千金，一针见血的指点，深中肯綮。打这以后，商辂回朝，马上转变了战略，变任人唯贤为贤亲结合举措，从此以后在科举取士中，浙江考员优先录取，特别是大力选拔家乡严州府辖六县德才兼备可靠考员，作核心骨干组建一个守必固、攻必成的坚固堡垒式的朝廷内阁，主持朝政，齐心协力，把朝政大加推陈出新，改革一番，让大明江山重放光彩，面貌日新月异。

商辂智过生死关

商辂毕竟是人不是神，也会有意气用事的时候，有一年为了江西考生王敖出言不恭，商辂用了香灰计，诱使皇帝开了金口，点了浙江的夏谦为状元，而使王敖落榜，就是一个例子。

三年后，王敖继续上京赶考，商辂还是点了他的状元，两人同朝为官。但是商辂作弊的消息还是不胫而走，差点要了他的性命。

商辂在朝为官时，只要一有空闲时间，就喜欢打扮成普通百姓到民间去"溜达溜达"，了解一些百姓疾苦，惩治一些贪官污吏，一些一时不能解决的事，也带回去"研究研究"。

这天黄昏，商辂单人独蹄游荡在江西境内的黑虎岭上，只见恶山含岭，怒石吐水，时值深秋，冷风飕飕，草木萧萧，人临其境无不心惊胆寒，毛骨悚然。商辂不由自主地掏出怀内的一只鸽子，在鸽子脚上的小纸片上写了几个字，才又塞入怀内。

商辂提防得很及时，一阵呼哨，路两边的茅草里冲出十几个手持长矛的汉子，个个头发蓬乱，面目可怖，虽在深秋还赤裸着上身，把商辂围在当中。一个身穿长衫头目模样的矮个子空着双手，注视了商辂一会儿，又从怀中拿出一张图来对照了一下，得意地挥了挥手说："带走，就是这个浙江佬。"

商辂一见矮个子头目手中的画像，就知道这伙强盗是有目的而来，说不定跟京城的王敖有关系。他来不及细想，必须面对现实，从容应付。他没有看围在身边的强盗，而是在他们的身后环顾一周，好像发现什么似的，众强盗都以为身后来了什么人，都转身回望，商辂怀中的鸽子就在这一瞬间飞上了天空。

黑虎山上有三个强盗头子，老大叫气死天王彪，老二叫巨无霸李豹，老三叫小诸葛张虎，三人在大厅上见喽啰把商辂押到，高兴地连干三杯，命令把商辂绑在大厅的柱子上。气死天王彪接过小头目手中的画像，反复看了几遍，点头笑道："不错，就是这个浙江佬，号称蛾眉月，遮了我们江西满天星。弟兄们，拖出去斩了，看他这蛾眉月还发光不？"一声令下，喽啰们上前动手。

"慢着，你们这帮强盗，我身为朝廷命官，要钱没几两，要命有一条，要杀就杀，可不能剥我的衣裳搜我的身。"商辂在想法子拖延时间。

王彪不知是计，连忙吩咐手下搜身，不一会儿几两银子和一张画就送到了他的案前。王彪、李豹、张虎三个头子看了半天，也不知画的是什么东西。吩咐把商辂关起来，他们又商讨起来，这是一幅柳炭画，画面上只有草草几笔，却画出了连绵起伏的山韵，显然是某处真实的山峦。他们分析想那商辂是三朝宰相，一定积下了无数的金银财宝，暗中藏在某个地方，这图说不定就是藏宝的所在。三人心照不宣，各自安息去了。

再说商辂被关在山坳里的草棚里，面对孤灯好不紧张，一怕信鸽中途遇难，二怕强盗识破计策，提前杀掉自己。原来那画是他今天凌晨在一处山峰下看日出，用柳炭草草构成的山景，留待回宫细描的草图。当时面临生死而灵机一动，用它来作缓兵之计。

三更过后，草棚里走进一个人来，正是那三当家张虎，商辂知道他们已经中计，装着死到临头灰心丧气的样子。张虎悄悄说："商辂，你我今世无仇头世无冤，要杀你的是王敖，我们只不过是他的杀人刀而已，我们江西的小官虽多，他们却嫉妒你，我是草莽汉子不管那一套，只要你告诉我那藏宝图的具体所在，我就放你一命，只要你官职还在，还怕没有钱财？"

"果然是王敖在作怪，"商辂叹了口气说，"好吧，我就成全你，附耳过来。"张虎把耳朵凑到商辂的嘴边，半天也没有听到什么声音，却听商辂大声说："听明白了？""啊！"张虎的身子往前伏倒，背上插着一柄深入心脏的匕首。

"哈哈哈，三弟你也太贪心了，宝物想一个人独吞，那多不够意思，"李豹提着一柄大朴刀钻了进来，把刀停放在商辂的脖子上，"快说，财宝在什么地方？"

商辂装着很害怕的样子说："在……在……"嘴巴凑上了李豹的耳朵。巧在这时王彪出现了："二弟，我们不能被他利用而自相残杀。"

"不错，我差点上了他的当。"

"今晚咱们同床而睡，明天点他的天灯。"

"好主意，点天灯最有趣。"

第二天清早，商辂就被带到那原来的大厅，更惊奇的是李豹并没有被王

彪杀死，还好端端地和王彪坐在大厅上。

点天灯就要开始了，一大锅蜡已烧到火候。为了不让商辂死得太快，他们在他的鼻子上接了两根空心芦秆。不一会儿，一根两尺对心七尺高的蜡烛浇成了。王彪好不得意，一声令下，点天灯开始了，商辂的性命也在呼吸之中。

正在这生死攸关的危急关头，信鸽带来的官兵从天而降，剿灭了这伙强盗，商辂也获得了新生。

商辂回到京城，不知是何缘故，既没有在皇帝面前告王敖的状，也没有找王敖的麻烦，而是好如以往，同朝为官，辅佐皇上。谁也不知是啥原因。

商辂连中两省解元

商辂是明朝江南享有盛名的大才子，他笔酣墨润、满腹经纶，大比之年科场会考，连中浙、皖两省解元头衔。俗话说："今科状元代代有，两省解元世间难。"往年会考如同现在高考一样，全国上下都在同一日期会考，商辂为何连中两省解元呢？说来还颇有一段不平常的经历哩！

传说，商辂少时在安徽（今歙县县城、古称徽州府）就读，他聪明过人，读书认真，览阅世间通书，熟读名家名句，诗词文章腹内记藏，经典名著倒背如流，全班成绩他名列前茅。

大比之年，商辂就地赴考。但当时有个规定，每个应考生员都要回户籍所在地应试，商辂不知其因，与考官据理力争，相持不下。站在一旁的主考官见其口齿伶俐，天文地理，无所不晓，对商辂颇有好感。于是说："这样吧，你若在浙江考得榜上有名，我属考场属你头名。"商辂闻言，大叫一声："一言为定！"考官说："决无戏言！"当下双方立下文书（协议）不得翻悔。

于是商辂启程，赶往浙江严州府应试。因在安徽耽误时间，距离统一考期接近，从安徽赶往浙江严州府至少还需两天，商辂心急如焚，翻山赶路，行至大阜犁岭足，腹中饥饿，精力疲乏。只见路旁一间茅屋，走近探问，想讨碗水喝，恰好一位老夫人不知为了何事，正在拷打其子，商辂见状，上前劝解道："老夫人不知为了啥事如此大动肝火？"老夫人道："这小子，真是庸才，实不争气，攻读数载，连我这对联都答不上，还读啥书，念什么经？"商辂说："出的什么对子？且不妨说来我听听。"夫人道："上联是'炭里火红灰如雪'"，商辂一怔，一时也答不上来。夫人笑道："年轻人这对联还不好对吗？下联应是'谷黄米白粉似霜'。"商辂点头称道："妙对，妙对呀！"心想这深山老岭竟有如此人才，实在难得，真可谓是卧虎藏龙之地啊！

当下谢过老夫人，讨碗水喝，匆匆上路赶往严州府。

按统考日期来说，商辂赶至严州时，会迟到一天。说也凑巧，刚好严州府考场大门倒塌重修，考试推后两天，今日修缮完毕，准备考试，考生都已陆续进场，准备关门之际，正好商辂匆匆赶到。监考官员说："你来干啥？"商辂道："大比之年，国家在诚招天下有识之士，遍寻为国为民建功立业的栋梁人才。如今解元未到，怎能关门？"考官说："口气不小，哪方人士？"商辂道："吾乃淳安里商人士。"考官见其衣貌端庄，举止不凡，口才流利，胸有抱负，顿时也起几分爱才之心，就想试试其人真才实学如何，再作主张。主意一定便道："也好，如果你能答得上我出的对联，就让你进考场应试。"商辂道："请出上联！"于是监考官说出"炭黑火红灰如雪"的上联，商辂一听心想，真是天助我也，不假思索答出老夫人赐给他的"谷黄米白粉似霜"的下联。监考官一听，佩服得五体投地，心中暗道："奇才，实是奇才！"二话没说，让商辂进了考场。

凭着商辂的真才实学，三日后发榜公布，商辂名列榜首，独占鳌头，考取浙江解元，于是商辂身怀凭证，又匆匆去安徽应试，不由分说，他的文墨远远高于众人之上，一举摘取安徽解元桂冠。从而轰动了整个徽州府。

淳安商辂公一年之内摘取两省解元桂冠的美名就这样传开了。

商辂题诗

商辂为官，经历三个皇帝，后人称其为三朝元老。商辂在朝为官，三起三落，贵为宰相，贫为小吏。

商辂题诗的故事，就发生在第二次被贬的时候。

这一天，商辂作布衣打扮出现在安徽徽州，见一座座石牌楼耸立在街当中，不由感叹徽州人杰地灵，人才辈出。行人中一阵议论声引起了商辂的注意，接着后面又来了一群行人，看穿着显然是本地财主，手里拿着各式礼物，都讲着同一个话题：给张善人祝寿去。

从行人的议论中，商辂知道张大善人家财万贯，喜欢结交朋友，济助贫苦百姓，儿子在朝为官，迎来众多家资丰厚人的巴结。商辂自思：反正闲着无事，何不去凑个热闹，也好打发一段时光。

商辂随着祝寿的人群来到张大善人家中，只见前厅和两厢都坐满了人，只有正厅两桌还空着。正厅墙上挂着一个硕大的寿字，笔画刚劲有力，倒也颇显气派，定是本地有名的字画家所书。他两手空空未带丝毫寿礼，却迈着心安理得的步子，走过天井，心平气和地坐在下横头，等待寿宴的开始。

不一会儿，寿宴开始了。

正堂前两桌都是本地有头有脸的人物，商辂坐在其中显得非常土气，光从衣着上看就叫人不得不皱眉头。好在谁也不知他是何方神圣，表面上不敢得罪，生怕是老寿星的"嫡系部队"，到时候吃不了兜着走。商辂是每上一道菜，就举起筷子请人吃菜，未等人家动手，他已先下手为强尝个头鲜，看得旁人直摇脑袋。

同桌的客人都放下筷子开始议论起来，张三附在李四的耳朵边说，看他那副吃相就好比饿鬼来投胎；工二对唐五耳语说，看这人恐怕是个叫花子；宋八可没他们文明，自言自语叹道，不要面皮枉为人啊，引得其他桌上的客人都翘首相望，莫名其妙。

商辂边吃边听，感到世态炎凉，自己虽然无功受禄吃了一顿酒饭，却叫你们奚落。唉，你们衣冠楚楚就看不起破衣烂裳的人，实在是以貌取人，狗眼看人低。

酒过三巡，坐在主位的张大善人站起身来，拿出一幅中轴画，要大家题诗助兴。客人抬目望去，原是一幅山水画。只见画的上方是一轮红日，红日下是连绵起伏的群山，近处一条山脉向左延伸，怪石耸立，苍松叠翠。一江溪水顺着山脉曲缓而来，江中一条小船，船头站着一持篙的老翁，老翁的脚边一群小鸡在"吱吱"啼鸣。

客人们看完画，你看看我，我看看你，谁也不知何意，摇头晃脑地表示无可奈何。

商辂同桌的几位头面人物，心中俱想，这个乡下老头今天吃得最多，现在也叫你出出丑，所以都推商辂题词。商辂也不谦虚，心中早有腹稿，提起笔来，一气呵成，题下一首七言诗：

日出东方万山低，
草船撑过小江西，
此翁并非寻常客，
吩咐群鸡莫乱啼。

贺客见商辂笔走龙蛇写得一手好字已是吃惊，再看字里行间闪现的是一派帝君气概，知道今天遇上高人了，羞愧地低下了头。

换官船的故事

有一年，商辂公把自己打扮成乡下佬，独自下江南视察。一天，来到苏州的运河渡口，只见河面上停着许许多多的船只，其中有专门为官家、富商游山玩水乘坐的华丽官船，有供生意人运载货物的货船，也有平民百姓常坐的篷船。他跨上了一条又破又旧的篷船，想沿江察访。

老船公见自己船上来了一位衣冠不整的老头儿，竟想雇船游玩，心中好

生纳闷：这个老头儿到时付得起船费吗？继而一想：千万别只看衣衫不看人，还是开船吧，到时只要多少给一点，总比天天坐在船中喝西北风好。

商辂坐在船中，一边尽情观赏运河两岸的景致，一边跟老船工搭话："老人家，瞧，你的篷船这般破旧了，怎么也不修一修啊？"

"唉！"老船工听了感慨地说，"你这位客官，看你也并非富有之人，怎么不懂得穷苦百姓的苦楚呢？本来一年的船钱收入就少得可怜，还要被船霸敲去一半，加上出官差，运这样，运那样，能填饱一家人的肚皮就不错了，哪有钱来修船呢？"

"哦，船霸怎么敲诈呢？"

"说运河的水面是属他们管的，在这里行船，必须交纳水面费。"

"真是岂有此理！难道官府也不管吗？"

"官府？苏州知府上任还不到一年，自己的腰包都塞满了。若惩办了船霸，不是断了自己的财路吗？我说你这个人啊，看着像个平民百姓，又有一把年纪，连这点都不懂吗？"

商辂听后，沉思良久⋯⋯

"我们家三代都是以撑船为业，我这副老骨头，在这运河上折腾了大半辈子，风里来，雨里去，苦哪！若是赶上风调雨顺的年头，好歹还能填饱一家人的肚子，若是赶上灾害荒年，我这破船乘客稀少，只能饱一餐饿一顿熬日子了。唉——"老船公重重地叹了一声，又接着说，"祖上留给我的只有这一条比我年纪还大的船，这可是活命的根子啊！"

正说着，商辂忽见坐船偏离河心，沿岸而行。他往外一看，其他船只也都陆续靠向两岸。商辂正感蹊跷，待要问明原因，忽听得前面那只船上的艄公正嘱咐乘客道："众位客官，前面有官船，请大家不要喧哗，以免带来麻烦。"

商辂公听后，向老船公打听说："老人家，前面是什么官船，这等威风？"老船公答道："苏州知府的官船，他经常携带家眷乘船游玩，一路霸道而行，人们都要远远回避，若惹上了，轻者遭顿毒打，重者船毁人亡，谁吃罪得起呀。"

商辂公听了，眉峰一耸，蓦地站起来，收起了手中的折扇，问老船公道："老人家，你想不想要那只官船？"老船公听了，苦笑着说："你真会开玩笑，我只求平平安安能够温饱就心满意足了，要官船，做梦都没想过。"

"老人家，我不骗你，今日，你只要把船开到河中心去，大胆向官船撞去，我保你能得到那艘官船。"

老船公瞪起眼球，朝商辂从头到脚，又从脚到头，足足盯了一筒烟工夫，还是摸不透其中的奥秘，便说："这可是拿鸡蛋碰石头啊，我可没吃过豹子胆。""不用怕，老人家，我既然敢叫你去撞，一切由我担当，决不让你吃亏！"老船公一想，这个老头儿恐怕是有些来头的。也好，撞撞运气看……

于是，小船又偏离了河岸，撑向河中心，向着前面的官船迎去。

再说前面的那艘雕龙刻凤、富丽豪华的官船，缓缓地逆水而上。船上一个奴才猛见一只破船迎面顺水漂来，正欲吆喝，可哪里来得及？只听得"咚"的一声，篷船正好撞上了官船。

这一撞，犹如在马蜂窝底捅了一竹竿，官船上顿时乱哄哄。随着嘈杂的怪叫声，从船舱里传出怒喝声："哪个刁民，如此大胆！竟敢冲撞本府游船！"珠帘掀起，从舱里跨出一位官员，南瓜脸，凸肚皮，胖得像肥猪一样，向篷船厉声喝道："来人哪！把这条破船给我砸了！"说着，一拂袖，正要归舱时，篷船中传出一声冷笑，接着又是一声："慢着！"众人转眼望去，只见从破船舱中走出了一位乡巴佬，手中却又拿着一把扇子，站立在船头。

胖官员大声怒喝道："该死的老头，是你撞了本官的船吗？"

此时，河沿的行船都纷纷围拢来观看，船工和游客们也暗暗为这位老人捏了一把汗。

可篷船上的老人并不慌张，他将手中的扇子一抖，"唰"的一声护在胸前，只见扇面上露出一颗红彤彤的大印，上书"代皇巡按"四个大字。

知府太爷呆呆地看了半晌，"扑通"一声跪倒在船头，哆哆嗦嗦地哀求道："商……大……人……下官该死！下官该死！"

商辂冷冷一笑，说："你就是苏州知府吗？你先不要忙着请罪，我要你先

换一条船，至于你为官如何，到时再论吧！"知府连忙答应，和船上的人都爬上了老船公的破船。

商辂转身笑着对老船公说："老人家，这艘船就是你的了，今后好好过日子。开船吧！"

商辂吟咏家乡美

明朝成化年间宪宗皇帝坐江山时，商辂续任当朝一品宰相。他品格磊落，虚怀若谷，上崇君主，下爱万民，更能居高思卑，酷爱群臣百官，尤能恪守朝规皇律，一丝不苟，身体力行，满朝官吏一一仿效，恪尽职守，朝廷风尚，一派正气。

他要求百官：上朝，严区三等九级，各就其位，各尽其职，办好朝务，造福社稷；下朝，则不分五湖四海，文武大小，一视同仁，融洽一体。茶余饭后，经常同大家欢聚一堂，谈古论今，吟诗作对，谈笑风生，总要聊个淋漓痛快，方肯离席分手。

一日，众官员云集一邸，又嘻嘻哈哈地拉开了欢聊序幕：有的喜聊自己家乡风景独特，惹人向往；有的夸张自己家乡物产丰富，引人垂涎；有的炫耀自己家乡常出才子名人，受人敬仰；有些吹嘘自己家乡名胜古迹奇秀，令人倾慕；有的……有的……大家正各显神通，你吹自己家乡的珍珠风采，我夸自己家乡的玛瑙精华，各扬各个家乡的特色，互不相让，不甘落后，正哄闹得十分喧嚣时刻，三元宰相商辂也兴致勃勃地插了嘴，向大家宣扬自己家乡的精华风貌来了。他诙谐地说："众位家乡物华天宝，人杰地灵……各处各有特色，实在可贵，惹人羡慕了，但是我们家乡浙江淳安，古迹之奇、人才之杰、物产之博、风景之秀……与众位家乡相比，很可能还会更胜一筹呢！倘若不信，就听我吟咏点滴凤毛麟角吧：'铜桥铁井小金山，石峡书院活龙山；小小金銮殿，大大铁帽山。百里三状元，隔河两天官。一门甲两第，三元迭三方。'"

商辂撰联自勉

传说，商辂小时候读书不太用功，天资一般，所以，第一次到县里考生员没有考上。从那以后，商辂痛改前非，天天五更就起床苦读，不论严冬酷暑，从不间断。后来，终于在省里的乡试、京里的会试、金銮殿上的殿试，都考得第一名，连中三元。他在得中状元后，写了一副自诫自勉的对联：

二十年前，学考无名，县考无名，

府考无名，人不用功难出异；

五百日里，乡试第一，京试第一，

殿试第一，蓝衣脱下红袍归。

商辂妙对酬密友

有一次，商辂返家省亲，在杭州拜访同僚于谦，于谦邀请商辂游西湖名胜。当时，钱塘江畔有座望江楼，彩壁飞檐，气势宏伟。坐在望江楼上，俯观钱塘江水滚滚东流，气象万千，二人心有触感。于谦出了句上联要商辂对：

望江楼上望江流，江楼江流千古秀；

商辂不太熟悉杭州名胜，一时对不出。后来两人又坐船游湖心亭，商辂看到了三潭印月，忽然想起在杭州省考时，曾住在印月井旁边宿店里，时常到印月井旁念书。于是灵机一动，对出了下联：

印月井中印月影，月井月影万年明。

于谦听了，哈哈大笑，连声说，"对得妙！真不愧宰相之才。"

徐贯尚书一品冠群僚

明代，淳安有"淳之南文毅公（即商辂）以三元魁天下；淳之西康懿公（即徐贯）以一品冠群僚"之称。徐贯是工部尚书，和胡拱辰为同朝尚书。

徐贯（1433—1502），字原一，蜀阜人。先祖徐宣于宋宣和年间自龙游沙溪迁至蜀阜，以打铁为生，俗称"打铁徐"。徐贯乃十二世孙，生而明敏，幼从姚文敏公授春秋，又从贤师吴福、方汉之学。景泰癸酉（1453）中举人，登天顺丁丑（1457）进士，授兵部主事，因委查军伍有功，升兵部郎中，表现出"才猷茂著，练达事体"，寻擢福建右参政。奉敕巡视海道，分守延平、邵武四府，时值灾荒民饥，徐贯设法开官府仓库，减价拯恤灾民。擢迁本省右布政使，又逢闽中大疫，死者连相枕藉，徐贯致力出公帑筹棺以葬之，病者治之，民感恩戴德。继而擢山东左布政使，又升都察院右副都御史，巡抚辽东，目睹纲纪不振，则首弹劾参将佟昱不职而罢黜之。镇守总兵有多占军丁为佃户者，徐贯坚决取缔，政悉革之。处置严宽并用，边方绰有条绪，兵将畏服，夷虏帖然。政绩卓著而升工部左侍郎，时值江苏松江一带，连遭水患，朝廷议推徐贯奉敕前往治之。贯至，简有条理，选能任贤，授以方略，并身先士卒，与民共苦，民工归心，将士用命。疏浚苏杭运河，连通港汊河道，不久平息三吴水患，功盖当朝。时著名诗人李东阳赞曰："老我东吴治水来，逢人开口羡奇才。腾腾剑气冲牛斗，凛凛霜威肃宪台。文思骏奔三峡水，声名轰赫九霄雷。应知不待吹嘘力，自有殊恩出圣裁。"徐贯后晋升为工部尚书，累加太子少保，宠赉优渥而急流勇退，以疾恳疏乞归，敕加太子太傅，令驰驿还乡。有司月给米3石，岁拨夫4名，优其老考。

徐贯居官，不畏豪强，心系百姓，每至一地，实心实德办实事，离任时，百姓均涕泣挽留。苏松治水，三吴人民勒石纪念。杭州的"贯桥"，就是当年百姓为纪念徐贯疏浚运河而命名的。徐贯为官清廉，蜀阜曾有众多官厅，唯徐贯的"玉麟堂"朴素无华。蜀阜因而有"官最大，厅最小"之说。相传徐贯告老还乡时，有大船12艘，满载行李沿运河南下，每船吃水都很深，有人怀疑船内所载为金银财宝贵重物品，遂向皇上参奏："徐贯貌似清廉，实则贪婪，赃船运乡，欺世盗名，速截留查办。"皇上即派员追上徐贯船只，逐艘查验，见12艘船满载数百钉桶，撬开桶盖，竟是卵石，未见任何贵重物品。徐贯返回朝廷，皇上问其故，贯回奏："臣为官多年空手回乡，有失皇家体面。且臣工部之职，于人，是美差；于我，是苦差。我苦，人未知我苦；我清，人未知我清。臣料有参奏查验之举，正可明我心迹，示我清白，况且卵石运回乡正好为乡亲铺路之用。"徐贯返乡后，果然修桥铺路，造福梓里。当时五、六、七、八都往返必经蜀溪，他主持修建木板虹桥，并写下《虹桥记》："道经于此，皆病涉焉，间亦有沉溺者……士君子之心在济人，得志者则兼其天下，不得志则随其力之所及，济于一隅一乡……视世人不拔一毛以利天下者何如耶？……"

徐贯身为高官，但胞兄徐廷杰虽满腹经纶仍在家事农，贯归里后也劳作田园。有诗曰："野有田园架有书，归来何必叹穷途？"他家事并不顺利，两个儿子不幸患天花夭折，两任妻室也前后病故，他的《思泰儿》诗，情恸意绵："念尔情偏切，吞声泪满裳。五年为父子，千载痛断肠。来生缘尚在，骨肉莫相忘。"他的悼妻诗如诉如泣："归来最是伤心处，尘满空房月满梁。"徐贯虽高官显位，但他的本质仍是农家平民本性。他为官清，为父慈，为夫诚，为文真，情操高尚。他曾著有《余力稿》12卷，收入《四库全书》行于世。还有《龙邱徐氏族谱》，为蜀阜深厚的文化渊源作出良好开

端。他的诗文格调清迥，意境高远，忧国忧民之情跃然纸上，其名收入《中国文学家大辞典》。

为纪念徐贯，后人将其塑像入县城乡贤祠，并在县治中街立有同朝尚书坊，蜀阜有其进士坊、勋阶极品坊、青宫少保坊，以昭青史。

邵瑞彭揭贿选一举惊天下

邵瑞彭（1887—1937）。一名寿籛，字次公，今富文查林村人。

1908 年，邵瑞彭就读于浙江省立优级师范。目睹清政府腐败无能，丧权辱国，毅然投身于资产阶级民主革命。先后加入光复会、同盟会，并任同盟会浙江支部秘书。省立优师毕业后，邵瑞彭勇敢地参加了辛亥革命光复浙江的军事行动。事成之后，邵瑞彭不图个人名利，托疾返里。

1912 年 12 月，中华民国国会成立，邵瑞彭当选为众议院议员。1915 年，袁世凯阴谋复辟帝制，邵瑞彭拒不同流，忧郁返里。1921 年，孙中山发动第二次护法运动，号召国会议员到广州商议国事，邵瑞彭和其他一批国会议员一起南下，在国会非常会议上，选举孙中山为非常大总统。后因军阀横行霸道，邵瑞彭离开广州回到北京。不久，应北京大学聘请，担任北大教授，又应清史馆赵尔巽之请，协修《清史稿·儒林文苑传》，间或为京津各报撰稿。

1923 年，直鲁豫巡阅使曹锟谋任总统，密遣北洋军阀政府内务总长高凌爵出面收买国会议员。10 月 1 日，设在北京甘石桥的总统选举筹备处，向在京议员分赠支票一张，面额五千元，规定总统选出三日后即行兑现。邵瑞彭对曹锟贿选议员的丑行十分愤慨，表面上与已出卖灵魂的议长吴景濂相周旋，取得行贿证据——支票一张，暗中作脱身准备。当日深夜，邵瑞彭化装逃至天津。10 月 3 日，致函京师地方检察厅，控告高凌爵、吴景濂等人为曹锟谋任总统向议员行贿的罪行；同日，通电全国说明得到一张五千元支票之由来，并将支票制版向各报公布，于是曹锟贿选总统丑闻大白于天下。10月5日，曹锟粉墨登场，遭到举国上下的一致声讨。10月8日，邵瑞彭在天津再次致函京师地方检察厅，重申依法起诉之严正立场："决不申请撤销。"同月中旬，邵瑞彭辗转返乡。途经上海、杭州，留沪议员及浙江地方当局，分别集会欢迎，抵达严州（梅城）、淳安时，淳遂旅严同乡会、石峡师范讲习所和雉山小学，分别举行欢迎大会。会场均贴有"揭发五千贿选，先生万里归来"的大红条幅。会上邵瑞彭发表演说，怒斥曹锟贿选总统的罪行，言辞慷慨激昂，闻者无不为之动容。

旧中国政治舞台一片黑暗，邵瑞彭对从政渐渐失去信心。这以后邵瑞彭相继应聘担任北京大学、民国大学教授。1931年，应河南大学聘请，担任国文系主任，寓居开封，清贫自守。授课之余，潜心治学，工词章，尤精通古历算学，卓有成就，学界评为"发有清一代诸人未发之秘"。1937年12月2日，邵瑞彭在日寇进攻开封前夕不幸病逝，终年五十一岁。著作已刊者有《泰誓决疑》、词作《扬荷集》四卷、《山禽余响》一卷，未及编成册的70余种，藏浙江省图书馆。

邵瑞彭撰写对联

戏台联

一年，清平源小溪村演出十年一次的大会戏，请了当时有名气的"长春班"来主演。消息传开，十里八村的群众欣喜若狂，纷纷赶来观看。

戏行将开始，可台口一副对联推来推去无人敢写。说也凑巧，那次正好邵瑞彭返乡在小溪村探亲访友。大家不容分说就把他拖来了。邵瑞彭也不推辞，提起笔来"唰唰唰"一挥，就根据"长春"二字写了这么一副对联：

长江万里，数不尽沧海桑田桑田沧海

春梦一场，说什么衣冠人物人物衣冠

戏开台了，不识字的看戏看得有声有色；识字的看对联看得津津有味。甚至戏下台了，有的人一双眼睛还直挺挺地盯住戏联不肯离开。

药店联

淳安老县城有爿叫"寿春堂"的药店，老板姓邵，有意想结识邵瑞彭，聘请他写一副对联。这样做，一是认同宗，提高自己的知名度；二是可以装点店门提升名气，博得生意亨通。他盼呀盼，一天终于盼到邵瑞彭从河南回来了。当邵瑞彭路过老县城时，老板喜不自胜，马上把他拖进药店，并备了

丰盛酒席招待他。酒过三巡，老板即提出撰写对联的要求。餐后，邵瑞彭当即根据"寿春"二字边思索边写了如下一副药店联：

寿世寿民寿日月

春风春雨春河山

亭子联

（一）早田畈（地处淡竹乡，现已没入千岛湖）方树清先生新建了一个亭子。这个亭子是全清平源数十个亭子中规模最大、最富丽堂皇的一个。亭子中还每天供应茶水、挂草鞋十双，以应过往行人所需。方树清之所以肯花此血本，一是为积德修善；二是祈求自身能尽快发大财、做大官。

方树清是邵瑞彭的姨表侄，新亭落成之日，自然恳求邵瑞彭给他取亭名、撰亭联。邵瑞彭对表侄的内心世界了如指掌，于是就给亭子取名为"二虚亭"，并撰写了这样一副对联：

二大皆空，看苍狗玄羊随处现形随处幻

虚名误我，问来鸿去雁为谁辛苦为谁忙

附注：二虚亭另有一副对联是曾留学日本早稻田大学的太子源阳村的邵自南先生撰写的。对联为：

为名忙为利忙忙里偷闲不妨凉亭坐坐

劳力苦劳心苦苦中作乐权把笑话谈谈

（二）民国十三年（1924），孙中山先生在广州国民党一大会议上通过宣言，实行联俄联共、扶助农工三大政策，把旧三民主义发展为新三民主义；把国民党改组成为工人、农民、小资产阶级、民族资产阶级的革命联盟，促成了革命统一战线的形成。

追随孙中山先生革命多年的邵瑞彭先生，展望祖国美好前景，心情无比喜悦，就从南宋大诗人陆游诗中撷取下两句诗：

雨后有人耕绿野，月明无犬吠花村。

将它写成对联，要他家里人除夕贴到村脚水口亭上去，以此昭告广大民众，在孙中山先生领导下，革命已露曙光，和平、甜美的日子行将到来。

对联贴出后，邻村一位秀才看看提出意见说，对联虽好，但不该用"人"与"犬"对。这消息传到邵瑞彭的耳朵里，弄得他非常生气，驳斥秀才一知半解，只看其联，不看其联意。第二年除夕，他又把原联重写了一遍并还盖上了自己的书画章，嘱咐家人仍贴到亭上去。

门　联

邵瑞彭祖居富文查林村，屋后是古木参天、逶迤起伏的高山，门前是长着绿油油庄稼的田园。一条澄碧的溪流，环绕着田园，自东而西，宛如一条飘逸的彩带淙淙流去。前山上，森林茂密、郁郁葱葱，与后山遥遥对峙，阵风吹来，林涛滚滚，恰似两友相笑语。这些锦山、秀水、美丽田园、古朴村庄，织就一幅多姿多彩、风光旖旎的天然图画，令邵公眷恋不已，于是，他就借北宋大政治家、大诗人王安石的两句诗写成一副春联，让家人除夕贴上自己的大门：

一水护田将绿绕
两山排闼送青来

书房联

威坪人自古就有个好传统——爱读书，只要子弟好，哪怕全家含辛茹苦，甚至卖掉茅坑也在所不惜。

有一次，邵瑞彭到蜀阜村胞姐家玩，隔壁却有个约莫十三四岁的读书孩子怠学在家，他天天要吃好的，一餐没好菜，嘴巴就翘上天。爸妈劝他不听，骂他不受，只得垂头丧气，暗地落泪。瑞彭先生从小就有助人为乐、劝恶归善的美德。于是，就自告奋勇和孩子接近，悉心劝勉，并为他撰写了一副对联：

人间唯有读书好

世上无如吃饭难

这小孩将对联贴在自己的书房中，日夜揣摩，其后渐渐改掉挑食的习惯，养成了勤奋好学的品质。

恋诗和挽联

邵瑞彭有个同胞姐姐，早年许配威坪镇蜀阜村红顶子（做官别称）家为媳。瑞彭弱冠年华时，经常往姐姐家做客。一次，一位千金来她姐姐家闲耍，邵瑞彭见她柳眉杏眼，十分苗条，无比倾慕。那千金见瑞彭眉清目秀，文雅端庄，也非常欣羡。两人邂逅初遇，彼此间因有一条陌生羞怯鸿沟，不敢直言相聊，只是眉目传情，不住地互窥对方，以表恋意。瑞彭暗一打听，这位千金姓徐，年方二九，乃威坪镇上（距蜀阜五里路）富豪人家一位掌上明珠。她勤奋好学，正就学于威坪镇蒙馆。可谓二十俊相公碰上了十八俏闺女，彼此一见钟情。从此，瑞彭对她更是恋意绵绵缠念不已。遂赋诗一首："有花无蝶谁为伴？有蝶无花孰与陪？花引蝶来花更艳，蝶因花艳蝶常来。"暗投与徐千金，试探情意，谁知一拍即合，她读了邵郎情诗，喜不胜喜，十分动情，当即回复了他一首情诗："花意早孕迎蝶来，羞颜胆怯口难开，愿君速把吴刚请，何必蝶花两相呆？"后经姐姐托媒牵线搭桥，两人喜结成情投意合、形影相随的一对美满伉俪。

成亲后，双双山盟海誓，决意海枯石烂、白头偕老。谁料，天不从人愿，一年多后，徐氏生下一女，由于产期受了严重风寒，医治无效，母女双亡。她正年轻气盛，风华正茂，即与世长辞了，是人间一件极为悲惨的事！瑞彭突然失去了他最心疼的发妻徐氏，悲恸得撕心裂肺样难受，倒地号啕大哭了一场，然后涕泪纵横地撰了一副挽联：

夺我红颜天好色

埋她白骨地无情

邵瑞彭剃头写妙联

淳安老城有爿剃头店，店里兼作修脚、挑鸡眼，手艺精，服务态度好。邵瑞彭到城里朋友家玩，有一次，到这家剃头店理发、修脚。剃头老板听说邵瑞彭是个大文人，理好发后，要求邵瑞彭给他家店门口写副对联。邵瑞彭想了一下，便提起笔来，写了一副：

诚为足下服务

且看顶上功夫

把剃头、修脚，手艺精到、服务态度好等都写进去了，且一语双关，通俗工整，含意深刻，真不愧是副妙对。

理宗点元方蛟峰

  南宋理宗淳祐十年（1250），京都廷试，全国各地考员纷纷赴京应试，人数之多，难以计数。三科考毕，阅卷后共录榜五百四十二名进士。然而，事有蹊跷，其间，前十名进士，个个才华独特，篇篇文章精悍，句句金玉良言、字字翡翠珠玑。举考官对这十篇文章推敲再三，弄得头晕脑裂，始终分辨不出等级差别，最后只好请求皇上决断。

  理宗皇帝对这十篇文章看了一遍又一遍，越看越喜，频频赞绝。然而也同样觉得这十篇文章媲美相当，难于区分先后次序。因此，状元仍然难以点出。经他一再考虑，终于想出了办法：要这十名进士每人填充出如下这首诗：

    _____宵十五是佳期，

    _____下弹琴读古诗；

    _____近常闻钟鼓便，

    _____深方见斗星移。

    _____少道人宿古庙，

    _____中宰相费心机；

    _____时得到桃源洞，

    _____与仙家走象棋。

  理宗规定：除首句外，每一句所填的第一字，一定要在上句中有的。在皇上亲自举考中，十名进士有九名都傻了眼，目瞪笔僵，填不进一个字。只有方蛟峰（梦魁）圆满完整地填就了这首诗。他的答案是：

今宵十五是佳期，

月下弹琴读古诗；

寺近常闻钟鼓便，

更深方见斗星移。

多少道人宿古庙，

朝中宰相费心机；

几时得到桃源洞，

同与仙家走象棋。

理宗皇帝看了方蛟峰填就的诗，无比赏识，十分喜爱，马上提起朱笔，在方蛟峰名字上一点，点为头名状元。碰巧，这年适逢理宗皇帝登基即位十周年，大庆年之吉日良辰点出了方蛟峰头名状元，实在大喜，就特此赐名方蛟峰为方逢辰。

南宋解元方思温

　　方思温世居淳安清平源漠川村。他幼年聪明过人，勤学苦读又能厚德敬老，受到长辈疼爱，博得乡邻广为赏识。

　　南宋绍兴年间，他参与省城大比，考中申酉科解元。回来后，由于双亲年老，上无兄姐，下无弟妹，他很守孝道，不再上求功名，也不愿出仕，一直尽孝在父母跟前。而父母因享受贤惠儿媳诚挚厚待，生活过得甜甜美美，越老越年轻，越健康长寿。而方思温呢，见双亲愈健康长寿，他愈悦乐。后父母双故，他也已鬓发皆霜，方氏宗族已轮到他任族长了。

　　他任族长，治村有方，未历数年，村貌大大改观，勤耕苦读村风日益上扬，农忙时家家无闲人，一年到头，户户无口角相争，遂此年年丰衣足食，买田受地，全村每年出外任教就有三十多人。当时，漠川村村境富庶在清平源首屈一指。为此，方思温即景畅吟诗云："玉川浮出碧山头，烟树重重翠欲流，闲把云和弹一曲，浑疑此地即瀛洲。"

　　当年名人管严中为方思温赞曰："方思温天资纯粹，学问渊源，秋闱鏖战，冠浙名元，因亲老而不仕，尽孝养而能恬（安静）喧！斯人也，不以分外之禄而薄学性中之天，诚所谓移忠于孝而谁曰不贤！"

一代清官海瑞

海瑞（1514—1578）字汝贤，号刚峰，明代广东琼山（今海南省海口市）人。嘉靖二十八年（1549），以《治黎策》中举，历任浙江淳安知县、户部主事、应天巡抚和右都御史等职。《明史》卷二百二十六有传。

为民减负

明朝嘉靖三十七年五月，海瑞从福建南平教谕被提升为地方行政官吏，做了浙江省淳安县知县。

当时的淳安，是浙江西部一个贫穷的县份。全县山地很多，田地较贫瘠，出产较多的是茶叶、竹子、柏树、杉树等。全县官有、民有田地山塘共8146顷36亩，每年负担夏绢16175匹、农桑绢326匹、盐粮3882石9斗，赋税负担相当沉重；又因为明朝开国之初没有丈量准确，每亩田实际上只有八分，有的地块只有五六分，因此使广大穷苦农民被压得喘不过气来。不过，对于有权势的富豪来说，却可以利用官吏与之串通舞弊，玩弄"诡寄"（将田产寄于他户）、"飞洒"（将田赋转加给他户）、挪移界址、改换册籍等花样来逃避或减少赋役（赋税和役税），由是造成一个"富豪享三四百亩之产，而户无分厘之税；贫者产无一粒之收，虚出百十亩税差"[①]的不均局面。更让人百思不得其解的是，还有些富豪、乡官把山地开垦成良田，仍旧只出山地的赋役，

而坐收厚利。淳安地属山区，每发洪水，常常有田地崩坍，假使原属农民所有，那么赋税还是照出，而在洪水崩坍田地的同时所伸涨出来的田地，则又往往为富豪、乡官们所占有。海瑞为了清除田籍上的积弊，重新清丈了土地，并以此计算赋役的负担。

比田赋更严重的负担是徭役，尤其是均徭，每丁少则一两二钱，多至十余两。因为淳安县地处新安江中游，是杭州至徽州的必经之道，所以，夫马支应特别多，一般官员经过，要用二三十两，而一个巡盐御史或巡按御史经过的话，就得花一二百两之多。按制度规定，本来用不着花这许多钱，并且也是禁止这样铺张的；但是，总督、布政使等为了讨好和笼络，县里派了极厚的"人情"，银差、力差都比本来所规定的超出不知多少倍，弄得"小民不胜，憔悴日甚"②。海瑞十分反对上司这种盘剥老百姓以讨好过客的做法，为此专门上了《均徭禀帖》③，严厉责备上司的毫无怜悯百姓之心。对于"均徭"的"均"字，海瑞有自己的见解。他认为"均"的精神，应该是使能负担的负担，不能负担的不负担，能多负担的多负担，只能少负担的少负担，而不是不问家业的贫富、额税的虚实与人丁的多少，就一概按户平均分派；因为富者出百十两，总是有来路的，贫者即使出很少的钱，也可能弄得典卖妻、子④，因此在他实施"均徭"时，尽量使之符合这一精神。对于当地因赋税徭役过重而四处逃亡的贫苦百姓，海瑞采取了一些有效的办法，使他们能返回故里安居乐业，允许他们将被人侵占的产业要回来，把卖给别人的子女赎回来，没有田地的分配荒田，没有耕牛、种子的，可以借贷给他们；而且规定让他们耕作三年后才起征赋税、徭役，实施了一条比较能够解决逃亡问题的对策。

另外，还有两种陋规在他的力争之后也取消了。一是地方官赴京朝觐，通常都要带上大批金银去送给京官，官员当然不会自己掏腰包，全部由老百姓来摊派，每三年里要摊派一两三钱八分，海瑞通过自身两次朝觐的经历，认为不需要这许多钱⑤，就把这项陋规革除了；二是知县向出巡的巡按御史、分巡道、分守道官员的吏书馈赠银两，也由里甲摊派，多则十二两，少则五六两的陋规也予以革除了。为此，有人对他说："若还无此，祸且至。"海瑞回答说："充军死罪宁甘受，不可如此穿窬举动。"⑥坚持不给这些书吏们一个钱。也有人向他讨好，说地方官员要想调升京官，免不了要花些交际应酬银子和送些财物。海瑞反问："假使所有的地方官吏都行贿，是不是没有一个人降级或获罪呢？"一席话把讨好者说得无言以对。

注释：

①参见天启梁氏刻十二卷本《海忠介公全集》卷八《淳安政事·家伙》。

②同上书卷九《淳安政事·均徭禀帖》。

③同上书卷九："卑职于民最亲，不能远去庖厨，见其生，不忍见其死，闻其声，不忍食其肉。"又云："比之上司见牛未见羊，为使客上官计，得以行其过厚之心者不同。"

④同上卷八《淳安政事·家伙》。

⑤同上书卷八《淳安政事》海瑞两次朝觐，自己路费用了四十八两、吏员花费十二两、造册用去十一两左右。

⑥同上卷八《淳安政事·乡饮酒礼》。

造访齐云山

海公任淳安知县期间，正是我国道教的鼎盛时期，与淳安毗邻的安徽地区多不信道教，因此，那里的齐云山佑圣真武祠的香客，大多来自浙西山区的淳、遂两县，真所谓"墙内不香墙外香。"

今天的年轻人或许对道教知之甚少。它是由东汉张道陵创立，到南北朝时期才盛行的一大宗教。因为创立时，凡入道者须出五斗米，故又被称之为"五斗米教"，其天师是张道陵，教祖是老子。

嘉靖年间的淳安百姓，因赋税徭役过重，有许多农户扶老携幼逃亡在外；留在故土的乡亲，由于年成不好和赋税不堪重负，大多衣不蔽体、食不果腹，日子非常不好过。常言道，"肚痛漫爬肠"①，在叫天不应、叫地不答的万般无奈之下，总想为自己寻找一个精神寄托。当他们风闻嘉靖皇帝曾多次派使节朝拜齐云山，大兴土木，还亲自为齐云山膳撰碑铭、匾额，想必是那里的"太上老君"果真是"有求必应"，十分灵验，于是一传十，十传百，挎着香袋②，打点行装，自发组织起一支支朝圣大军，一路上鸣锣开道，不时念颂"万福救主，玄天上帝老爷保佑"，浩浩荡荡地奔向徽州府，把徽州知府吓得"草木皆兵"，好一场虚惊。

海瑞这时正在筹划着制定各种优惠政策，千方百计招回逃亡在外的难民，安置他们垦荒种地，重建家园。不料，原本安分守己的平民百姓，丢下好端端庄稼不去培管，无端地去朝拜什么"太上老君"，弄得人心浮动，真是莫名其妙的"添乱"。古人有云，"解铃还须系铃人"。海瑞沉思良久，随即咐吩跟班衙役打点行装，舟轿相济，风尘仆仆地去会会那位子虚乌有的"玄天上帝"！

阳春三月，春意浓浓，风和日丽。海瑞一行人等日夜兼程，只五六日行程便来到了齐云山下，但见层峦叠翠，云雾缭绕，更有一峰插天，直入霄汉，果真气势壮观，名不虚传。

当一行人行至"一天门③"的石阶前，忽然狂风骤起，飞沙走石，霎时间天昏地暗，无法前行。海瑞下意识地朝"一天门"旁一座不显眼的"王灵宫殿"望去，殿里那尊菩萨手执钢鞭，瞪着铜铃般的双眼，恶狠狠地盯着海瑞一行人的脚下，一副凶神恶煞的样子。海瑞博览群书，对于齐云山的道教史略知一二，当下不由得犯嘀咕："齐云山的王灵宫殿，又称雷霆纠罚司，是专门掌管礼法的。可我一行人等上山，并无不轨之举，为何平白无故地纠罚到本官头上，真是岂有此理。"海瑞是个十分精明的人，他想既然他直盯着我们的脚下，想必是责怪我们不该踏上这方净土，如此这般假设了又否定，否定了再假设，最终还是悟出了一个头绪："莫非责怪我们不该穿牛皮靴子，对了，此乃道家圣地，向以慈善为本，岂容杀戮生灵者来此玷污？"于是当即咐吩随从和自己一起脱去牛皮靴，如同"寇准背靴"那般赤脚登山。果然不出所料，顿时风停雨止，天空放晴，满目春光荡漾，气象万千。

过"三天门"，经月华街，就是闻名遐迩的"太素宫"大殿。大殿三进，规模宏大，宫阙威然。正殿里供奉的是道教始祖李耳，俗称老子。据传，因为老子曾被唐高宗追封为"元始天尊"，俗称玉皇大帝，所以香客祝颂词中有"玄天上帝老爷保佑"的语句。海瑞摸清底细后，轻轻地"哼"了一声，心想"总算得见真神了，看我怎么与你论理"！

海瑞一行人等步入正殿，一边吩咐随从去购置香烛，一边独自在大殿徘徊一周，最终被他盯上了一面直径八尺有余的牛皮大鼓和一只庞然醒目的大木鱼，这才胸有成竹地接过随从递上的三支香，十分虔诚地向"玄天上帝"菩萨行三叩之礼，用海瑞的心里话说，叫作"先礼后兵，以理取信于人"。礼毕，海瑞伸手指了指木鱼和牛皮鼓，然后若无其事地低声长叹："我等穿牛皮靴不让上山，子民百姓食荤被你等视为不敬，然此处却放了一面偌大的牛皮鼓，还有路人皆知大荤的一个木'鱼'，实在不可理喻。常言道，礼法之前，理应人神平等。可见，你手下那位司掌礼法的护法神，还有你这位道貌岸然的元始天尊，也并非廉明公正之师也！"好一位"强项④"海刚峰，寥寥数语，把个至高无上的玄天上帝质问得满脸通红，无地自容。正当海公告退之际，突然传出"嘣、嘣"两声巨响，堂上的木鱼滚出了大殿，牛皮鼓顷刻间崩裂成无数碎片……据说，从那以后，大殿木鱼架不摆了，大鼓虽然留着，却是用麻布蒙制的。

"海公上齐云"的消息一传开，淳安百姓为之一震，出了如此不畏权贵的好官，何愁地方士绅和贪官污吏横行不法？尤其是后来发生"缉拿胡公子"和"巧挡鄢御史"事件后，淳安百姓更是对他佩服得五体投地，以至数百年后的今天仍然缅怀着他的高风亮节和爱民之心。

注释：

①肚痛漫爬肠：方言，意为找不着或者想不出别的出路与办法。

②香袋：用于朝圣的黄布挎包。

③一天门：一作头天门。

④强项：海瑞的外号，意为硬头颈。

巧斗权贵

海瑞向来反对侵扰老百姓，只要碰上官吏侵扰百姓的事情，他就毫不姑息、严厉处置，因此得罪了许多权贵。

海瑞出任淳安知县时，正遇上严嵩的党羽胡宗宪在浙江当总督。一次，胡宗宪的儿子路过淳安，因为驿吏招待不周，他就倚仗自己父亲是总督，把驿吏吊了起来①。海瑞得到消息后，十分愤慨这种仗势行凶的横蛮行为。转眼一想，肇事者是总督的儿子，不容易对付，于是定下一条妙计来整治他。他假装不相信来者是总督的儿子，吩咐手下人说："记得胡公曾一再嘱咐我们，要我们在招待过往官员时务必节省驿费开支，他真不愧是一个体恤民力的好官。如今这个花花公子行李华贵，而且气焰嚣张，要这要那没完没了，依我看来，一定是坏人假冒胡公子的名义来行骗的。"于是带人去加以搜查，搜出了一千多两银子，将其全部没收入了官库，并把经过情形详细地报告了胡宗宪总督。胡宗宪知道自己的儿子不争气，让海瑞抓住了把柄，只好忍气吞声，就此作罢。

对于京里来的大官，海瑞同样不讲情面。那时严嵩在朝中红得发紫，他的干儿子，也是他最凶恶的爪牙鄢懋卿更是狐假虎威，不可一世。一年鄢懋卿借副都御史的身份，经理东南盐课，每到一地扰得民无宁日，光扬州一地就被他搜刮去二三百万两银子②。到了杭州，所有的大官吏诚惶诚恐，生怕得罪了他而断送自己的前程，专门点选美貌的妇女给他做"内人"③；虽说他坐的是八人大轿，但轿夫却用了一百多个；招待他的酒具必须十分奢华，甚至要上千两银子。因此，人们一听到这位副都御史要来的消息，就有一种马上要家破人亡的预感，甚至比听到倭寇登陆还要害怕。当鄢懋卿将要进入包括淳安县在内的严州府地界时，表面上牌示各县，自称"素性简朴，不喜承迎，凡饮食供帐，俱宜俭朴为尚，毋得过为华侈，靡费里甲"④。然而，海瑞早知他的贪鄙，不信这些专门用来骗人的谎言，就派人出去打听，证实了鄢懋卿这次出巡极奢靡，甚至小便壶都要地方官吏做成银的送他。于是，海瑞给鄢上了一个禀帖说，"据调查，所知情况与你的通知完全相反，这就使我们很为难。照正式通知办事，深怕获简慢之罪；大肆招待，又怕违背了你体贴平民百姓的好意，请示大人究竟应该怎么办"？鄢懋卿见了海瑞的禀帖，知道海瑞是个铁面无私的知县，自己很难下台，就咬紧牙关说："当然照正式通知办事。"但细细一想，犯不着去淳安碰海瑞的钉子，就绕道他去而不入严州府地界。⑤

严州知府听说鄢懋卿临时改变计划，不到严州府来，知道是海瑞闯下了大祸，怕因此而被鄢懋卿报复，心中十分恐慌。当海瑞去见他的时候，拍着桌子对海瑞说："你的官究竟有多大呢，敢如此不安分，惹是生非。"海瑞也不辩解，镇静自如，等知府的脾气平歇了才作揖告退。事情过去以后很久，不见有什么重大事故，严州知府那颗悬挂在半空中的心才放了下来，终于平心静气地对海瑞说出心里话："淳安的老百姓总算逃过了这一灾难，但是难为你了，真的难为你了。"

其实，鄢懋卿出巡回京后，对于使他极度难堪的海瑞十分记恨，报复之心非常急切，遂于嘉靖四十一年（1562）派巡盐御史袁淳再次出巡浙江，有意去找海瑞的差错。袁淳临行，鄢懋卿找他密谈了很久，"要是不把海瑞强项⑥赶下台来，那我们还有什么体面可言？"袁淳奉了这样一个使命到了淳安，见海瑞的招待又很简慢，心里窝了一肚子火，咆哮着对海瑞说："你还敢像做教官那样神气活现么，你还敢像做教官那样神气活现么？"海瑞自思问心无愧，并不把袁淳的谩骂放在心上，认真而勤恳地照常处理政事。同年六月十五日，海瑞接到调升嘉兴府通判的任命，正准备移交时，袁淳回京奏劾，说海瑞"倨傲弗恭，不安分守"⑦。按照当时惯例，知县被论劾以后，应暂时停止处理政事，以避嫌疑。海瑞为此两次上申文作辩解，不承认袁淳捏造的那些罪状，觉得没有避嫌的必要，因此还是照常处理政事，不稍懈怠。

虽然海瑞的确没有过错，而严嵩时已获罪免职，鄢懋卿也落个充军发配边关的下场，但是朝中没有人出来为他说话，还是以"调京议处"的名义被

事实上"削职"了,而后被调往江西兴国(二等县)任县令。与其同时去职的,还有浙江慈溪知县霍与瑕(已故尚书霍韬之子),也是因为不阿谀鄢懋卿而受到袁淳论劾的。

注释:

①这一事件各书记载不同,《明史》卷二二六《海瑞传》和乾隆《淳安县志》说是胡宗宪的儿子过淳安;梁文龙《刚峰海公行状》说是鄢懋卿的儿子过淳安;李贽《海瑞传》与《明书》卷一〇八《海瑞传》说是胡宗宪的家童过淳安。今从《明史》与《淳安县志》。

②参见田艺蘅《留青日札》。

③古时对于侍童和侍婢的一种称谓。

④《丘海二公文集合编》之《禀鄢都揭帖》。

⑤何乔远《海忠介公传》:"闻其发胡公子装,敛威去。"《罪惟录·清介诸臣列传》:"先以用事私人入淳安谕意,瑞执以闻鄢懋卿、置诸法,鄢惧,迁道去。"

⑥强项即强头,刚强的人,海瑞早在任南平教谕时就有此绰号。

⑦天启梁氏刻十二卷本《海忠介公全集》卷九《淳安政事·协济夫投民壮申文》。

明断疑案

海瑞有了明察秋毫的口碑,无不得益于他对案件的分析和审理的精明。因此,与淳安同属于严州府的桐庐、建德、遂安等县发生了重大案件,凡是经过县、府、巡按御史审理仍不能结案的,也常常移到淳安县审理,或者请海瑞去参加会审。

当时,淳安梓桐源有一个叫胡胜祖的人,与邵时重为争夺山地发生纠纷,刚巧胡胜祖得病死了。胡胜祖有两个弟弟,一个叫胡胜荣,一个叫胡胜佑,胡胜佑又有一个外甥叫邵镛,都和邵时重有争山地或争产业的宿怨,于是私下弄开胡胜祖的尸棺，用朱脂涂在胡胜祖尸体头部，假作伤痕，然后到淳安县衙来状告邵时重打死人命。海瑞受理此案后，命县丞去主持验尸，自己亲自进行了检验和研究，发现"所点之朱，和以胶者，役厘火炽，是以虽洗刷数次，盆水已红，其骨不免红色。后用磁瓦刮之，头颅硬处红去无迹，至于缝痕松糙骨红迹则有，然朱脂色与打伤色一隐一显，一凝死一流活，悬绝可辨"，因而昭雪了邵时重打死人命的冤枉，明确了胡胜荣诸人的诬告罪行①。

桐庐县有一个叫徐继的人，其妹嫁给戴五孙为妻。徐继的母亲汤氏借了三两银子给戴五孙，徐继每每向戴五孙索还，均无结果。有一天吏员潘天麒带领仆人潘小毛出去公干，是夜投宿戴五孙家。刚巧，戴五孙又在门前遇到了徐继，便去买酒请徐继吃。席间又谈到了归还借银的问题，一言不合，发生了冲突，徐继用石块砸死了戴五孙。为了毁尸灭迹，徐继又用大石块压在尸体上，并将尸体投入水底。事情传开去，桐庐县衙一审主观地虚构了徐氏和潘天麒的奸情，认为徐氏谋杀亲夫，拟凌迟处死、并将潘天麒予以处斩。杭州刘推官复审时，苦于奸情缺乏根据，觉得不便下结论，但还是在潘天麒身上找答案，判处潘天麒殴斗杀人，定了绞罪。报到京里，被大理寺驳回，由桐庐县知县赵惟兴、建德县知县林以良、遂安县知县罗衮三人会审，仍旧判了徐氏凌迟处死，潘天麒斩罪，但总算把徐继这个凶手找了出来，以替所谓"奸夫淫妇"去杀人的帮凶罪名，拟了绞罪，巡按御史崔栋（崔春州）就把案件移到淳安县审理。海瑞通过调查，了解到徐氏和戴五孙感情很好，生了好几个小孩，而潘天麒也是有妻子的人，因此觉得发生奸情的可能性不大；而以前的判决中，都是肯定徐氏是串通了哥哥徐继，潘天麒串通了仆人潘小毛，如此广事声张地通奸，海瑞更表示怀疑是否会有这一种通奸的方式。从各方面研究终于真相大白，保全了徐氏和潘天麒的生命和名誉②。这件案子先后经过无数次审问，拖了十多年，要是没有海瑞出来审理，是难以得到公正结案的。

建德县有一个人叫吴吉祥，在义父吴湘家里做雇工。一天上山砍柴，遇见堂叔吴镧在偷柴，一时失手，打死了吴镧。建德县知县林以良问了吴吉祥

斩罪。这时候甲首吴洪翠因为和吴湘之间发生纠葛，便派人去对吴吉祥说，要吴吉祥一口咬定是受了吴湘主使打死吴镧的，这样做便可减轻自己的罪行。吴吉祥知道有人可以做靠山了，果然翻供，咬定是受吴湘主使去打死吴镧的，推官复审时便判了吴湘绞罪。为此，严州府委淳安县和遂安县合审。海瑞研究了吴吉祥供述的经过情况，以及分析了吴洪翠、吴湘之间的关系，否定了那个推官的判决，认为吴吉祥打死吴镧一事应该由吴吉祥本人负责，与吴湘毫无关系[③]。

　　遂安有一个人叫吴万，住屋附近有一个菜园，菜园的出入处是一道水坑，水坑上面有个石板小桥，以便来往。有一天，吴万的嫂嫂吴阿伊的义女青香发觉石板不在了，便骂起山门来，吴万听得不耐烦，叫义子法才把青香扯进屋来毒打了一顿，吴阿伊把青香接回家后，青香没过几天便死了，吴万为此咬定是吴阿伊毒死青香以嫁祸于人。也有人说是吴万毒死青香，更有人说是青香自己服毒死的，莫衷一是。案件移到淳安县，海瑞了解到吴阿伊是一个无依无靠的寡妇，唯一可以使唤的是义女青香，绝不会把青香毒死，而吴万毒死青香和青香服毒自杀的可能性也很小，因此认为不应该在没有确实佐证的情况下随便下结论，最终还是把青香作为殴打成伤致死来处理。[④]

　　从上述四件公案的审理情形来看，海瑞不仅分析案情十分精明，而且也懂得类如验尸这样的专门技术，即使已有人作了判决，他也会毫不顾虑，该推翻的就推翻。难能可贵的是，他十分爱惜百姓生命，凡事都抱着一个"以罪疑惟轻之义推之"[⑤]的精神来处理，从不妄杀无辜。

　　注释：

　　①天启梁氏刻十二卷本《海忠介公全集》卷九《淳安政事·胡胜荣人命参语》。

　　②同上书卷九《淳安政事·徐继人命参语》。

　　③同上书卷九《淳安政事·吴吉祥人命参语》。

　　④⑤同上书卷九《淳安政事·吴万人命参语》。

海瑞上任

　　不管唐宋元明清哪一朝代，哪个县官上任不是用轿抬、用船载的呢？官老爷都是前呼后拥、八面威风的。可是海瑞老爷就不同。在嘉靖皇帝坐龙庭时，他自福建南平县教谕的小官，被提升为淳安知县。动身上任时，海瑞老爷一不乘船，二不坐轿，只带着书童海安，身穿着他那件已经穿过十多年的秀才衣，一路向淳安走来。

　　海安劝他："老爷，淳安路途遥远，山高路窄，行走不便，还是坐轿去吧！"

　　海老爷说："海安啊！你既晓得行走艰难，还要去叫人抬着走，那抬轿的人不是更难走了吗？"

　　海安又说："老爷，那就雇条船去吧！沿着新安江水道，也可到淳安县城呢。"

　　海老爷也不赞成。他说："海安啊！你可晓得一县之令，为民父母。淳安有多少事等着我去做啊！我巴不得长上翅膀马上飞到淳安去，哪有心思坐着船，慢悠悠去上任呢？"海安晓得海老爷的脾气，说一不二，只得背着包袱在前面引路。

　　他俩早起夜落，行行歇歇，歇歇行行。经过严州府时，海安实在忍不住，就悄悄地给海老爷雇了一头骡子。海老爷见到没说啥，他想："有了骡子也好，可以早日到达淳安。"

一日，他俩行进到淳安县界，但见山高地瘠，遍地荒凉，催租逼税的差役往来不绝，百姓怨声载道。种田人，个个面黄肌瘦，在田地里吃力地耕作。海老爷见到这种景况，心都抽紧啦。他想：这可不行啊！老百姓活不下去了，得赶快减轻赋税，以解民困。

这么一想，海老爷更想早日到淳安，就叫海安抄近路走。海安领命，沿着茶园小溪一条小路向前走，哪知就是这么一拐弯，却闹出了一件事来。

茶园小溪冯家，有个大财主，方圆十里都是他的田庄，又是淳安县衙冯县丞的结拜兄弟，平日为非作歹、仗势欺人，压得当地老百姓喘不过气来。可老百姓又奈何他不得，背后骂他"冯剥皮"。有人要到县城里去，都不敢打冯家门前经过，而是远远地绕道过去，省得招惹麻烦。

这天，冯剥皮正和冯县丞在中堂喝酒猜拳，突然听到门外有吵闹声，不由得勃然大怒，就绷着一副木板脸皮走了出来，见门口七八个家人正围着一个骑骡子的穷秀才争吵。只听穷秀才义正词严地指责着："路是天下人走出来的，又不是你冯家的，为何不让经过？"

冯剥皮一听，木板脸皮更黄了，他站在台阶上大声骂道："呸！哪里来的瞎眼乌鸦，竟敢在大爷门前吵闹不休！"并吩咐手下爪牙："快把这个野种拉下来，把骡子没收！"

爪牙们一听冯剥皮吩咐牵骡，几个人一拥而上，不由分说，就将海瑞从骡背上推下来，将骡子牵走了。海安见了，连忙去夺，被冯剥皮的爪牙们一下推得老远。

海老爷见他们白天打劫，把个肚皮都要气炸了。他想："擒贼先擒王。"见冯剥皮背转手，正挺起大肚皮想进屋去，就跨上一步，双手一拦，说道："且慢！你做事讲不讲理？"

冯剥皮瞪起两只老鼠眼，唾沫四溅地嚷开了："啥？你这野种胆敢责问起冯大爷来了，想自找苦头吃？"

海瑞问道："苦头也罢，甜头也罢，你得先说个道理，为什么无故抢走我的骡子？你行的是哪一家王法？"

冯剥皮冷笑一下："咦，你这还不懂？你的骡子从我家路上经过，当然得没收！"

海老爷也大笑一声，责问道："啥！走了你家的路？自从盘古开天地，大路一万八，小路三万六，哪一条不是老百姓走出来的？哪一条不是老百姓筑起来的？田有田契、地有地据，你说这条路是你家的，你的凭据呢？拿出来看看！"

"你……你……我叫你这个野种嘴硬！"冯剥皮被问得无话可答，把他的木板脸皮一放，喝道："来人啦！把这野种掌嘴！"随着他一声吆喝，就有四五个狗腿子拥上来要绑海瑞。

"慢来！"海老爷厉声大喝，好似晴天霹雳："我一不偷，二不抢，你凭什么绑我？你一不是官，二不是吏，又凭什么资格掌我的嘴？"

冯剥皮笑道："好啊，你以为我无法治你吗？来人，快请县丞兄弟出来！"

这时，正在中堂喝得晕头转向、吃得满嘴挂油的冯县丞，一听有请，连忙整整帽子，理理衣衫，摇摇摆摆地走了出来。他一边走，一边嘴里叽里咕噜："仁兄叫，财宝到，准是一盆大元宝……"

冯剥皮一见冯县丞出来，连忙满脸堆笑，走上去轻轻耳语一番，然后说："仁兄，你看这野种的那个包袱倒不小哩！"

"何人大胆，敢在这门前吵闹，打搅本县吃酒？"冯县丞一听，就装出官相，打起官腔，对海瑞吆喝着："来人啦，把他拿下！"

海瑞不见犹可，一见县丞这个熊样，不由得怒火心中烧。他想冯剥皮这么无法无天，原来还有个县丞这个靠山，这还了得！他正想走上前去责问，可是连人带物已被拽进中堂。

冯县丞问："你为什么在门前喧闹？"

海瑞答道："他无故抢走我的骡子。"

冯剥皮抢着说："放你妈的屁！你的骡子走了我家的路。"

海瑞问："路是你家筑的吗？"

冯县丞喝道："大胆狂徒，在本官面前，还敢如此放肆！冯爷的房子在这

里，屋前的路就是冯爷的。你走了他家的路，他家就应该牵走你的骡。你喧闹不休，扰乱民心，是藐视王法。看你这副寒酸相，一定是不法之徒。来人，查看一下他的包袱！"

家丁们夺下海瑞背的包袱，七手八脚打开一看，只见里面整整齐齐放着知县的官衣、官帽和官鞋。大家都吃了一惊。冯县丞看了，也吓得倒吸了一口冷气，他想："这穷秀才哪来的官服？听说最近朝廷要补个知县来，莫非就是他？"他越想越怕，鼻尖上直冒汗，竟呆在那里忘记说话了。过了好一会儿，还是冯剥皮在旁提醒他："仁兄，有朝以来，哪见过做官的是这么一副寒酸相的？"

"你说得对！"冯县丞一听，又耀武扬威起来了。他用力一拍桌子，喝道："好哇！看不出你这家伙，相貌文绉绉，原来还是个大偷儿。你这包袱里的官服是哪里偷来的？快快从实招来！"

海瑞呵呵冷笑道："官者，民之父母，理应勤政爱民；可你光食君禄，不仅不为子民办事，还与土豪狼狈为奸，欺压百姓，这种官要他何用？"说着，就从怀里掏出吏部文书和印信，"唰"的一下亮在冯县丞的面前。

冯县丞和冯剥皮一见，两双脚就像被蝎子蜇了一下，"扑通，扑通"跪在地上，连连磕头："小人有眼不识泰山。大人恕罪，大人恕罪！"

后来，海老爷把冯县丞革了职；狠狠打了冯剥皮四十大板，还规定他做到三件事：一、减少佃农的田租；二、不准借故欺压百姓；三、不许霸占道路。如敢再犯，严惩不贷。

茶园一带的老百姓，听说冯县丞被革职，冯剥皮被打被罚，人心大快，都感激地说："海老爷没上任就给老百姓出了口怨气，真是海青天啊！"

海瑞背纤

　　有一年，严嵩党羽都御史鄢懋卿，借巡查盐政为名，到处敲诈勒索，每到一处，都要地方官吏向他奉送金银财宝；否则，他就拿出尚方宝剑，诬你藐视京官，反抗朝廷，被诬陷的官员轻的革职从军，重则判成死罪。一路行来，不知被他敲去多少竹杠，革了多少地方官。

　　鄢懋卿沿途敲诈之事传到淳安，县衙里的一些书吏，都劝海瑞早些打点打点，免得被鄢懋卿暗算。海瑞道："诸位放心，我自有办法对付他。"

　　一天，鄢懋卿的官船进入了淳安县境，海瑞为官清正、铁面无私的声名，他也听到了一些。心想："这海铁头这次就饶了他。不过，还得给他出个难题，叫他派五百名民夫背纤。"于是马上叫旗牌鄢四先到淳安通报海瑞，说鄢大人官船过境，速派五百民夫拉纤，其他各事一律尽免。

　　那鄢四飞马到了淳安县衙，倚仗主子势力，摆出一副旗牌官的架子，大模大样闯上大堂，高声吆喝："淳安知县海瑞听着，鄢太爷吩咐，官礼免了，火速派五百名民夫为官船背纤！如有延误，小心你的狗头！"

　　海瑞听了，火冒三丈，将惊堂木一拍，喝道："嘟！何处狂徒，竟敢冒充公差，口出胡言，咆哮公堂。来人啊！将他绑起来，重打四十大板！"

　　"嗚——"众衙役一听，按倒鄢四就一五一十地狠狠打了他四十板屁股，打得鄢四叫爹喊娘，狐威扫尽，只得捧着屁股一瘸一拐地拐了回去。

　　鄢懋卿看了鄢四这般光景，听了鄢四的禀告，气得吹胡子瞪眼睛，急于

找海瑞算账。官船一到淳安，便马上直冲县衙，击鼓升堂，要判海瑞目无纲纪，藐视京官之罪。

海瑞早有对策，说道："鄢大人，本县虽官卑职小，也是朝廷命官。你下车伊始，不问青红皂白，一到就拿下官治罪，试问我海瑞所犯何罪？触犯哪条？"

"你责打钦差旗牌，目无纲纪，这不是罪吗！"

"大人，哪是旗牌？他分明是狂徒！"海瑞话音一落，就随手呈上鄢四的口供，又接着道："这小子一进县衙，就信口胡言，说大人沿途纳银受礼，还说要下官礼银免送，只派五百名民夫就行。下官曾见过大人出京牌告，下面明明写着'素性俭朴，不喜逢迎'等语，而这厮竟敢在公堂当众叫嚣，有损大人声誉，故而将他重责，以缄其口，实为大人您着想啊！"

鄢懋卿听海瑞说得头头是道，句句在理，而自己却有口难言，只得回头瞪了鄢四一眼，假装正经地说："这小子无礼，信口雌黄，应当重责。但本官命你派五百名民夫，为何违命？"

海瑞明知他故意刁难，但不想正面揭穿，他一本正经道："下官素闻大人爱民如子，轻装简行，五十名民夫也足够了，何需五百？恐是误传，故而未派。现在大人亲口指派，下官明日一定派齐，决不误事。"

鄢懋卿被海瑞这番又甜又辣的话弄得哭笑不得，只得说："好，好！本官也不打扰了。明晨起程，民夫及早派齐就是。"

海瑞满口答应："一定派到，一定派到！"

第二天一早，鄢懋卿吩咐开船，左右回答说："大人，民夫还没来哩。"鄢懋卿想："这是海瑞亲口许诺的，为何还不见民夫来？"正要派侍卫去传海瑞前来责问。这时，只见海瑞头戴乌纱，身穿布衣，腰系麻带，一只脚穿靴，一只脚穿草鞋，带领几十个衙役朝官船走来了。鄢懋卿劈头就问："民夫为何还不派来？"

海瑞一边走，一边将裤脚卷起，回答道："大人，眼下正值农忙，民夫派不来。下官无能，只好带领三班衙役前来，亲自为大人背纤。"

说罢，拿起纤板，拉起纤绳就要背。

鄢懋卿一听，气得胡子倒竖，大骂海瑞："你这个不识抬举的东西，昨日打了旗牌，本官不加罪于你，今日倒戏弄起本官来了。好好好，你愿背纤就背吧！来人！快将海瑞头上的乌纱给我除下来！"

侍卫闻声上前，海瑞大声喝道："谁敢！我海瑞一不贪赃，二不枉法，你凭什么律条除我皇封官诰？"

鄢懋卿道："你，你头戴乌纱，脚穿草鞋，官不官，民不民，这是亵渎朝廷，践踏皇封，理该革职从军！"

海瑞反驳道："我头戴乌纱，是效忠皇上；脚穿草鞋，是为民着想，你身为大臣，践踏皇封，强迫堂堂七品县令为你背纤，驾凌万岁之上，该当何罪？"

鄢懋卿一时语塞，只结结巴巴地回答："哪，哪……哪个叫……叫你民夫不……不派来？"

海瑞走上前一步，理直气壮地道："根据大明法典，京官出巡，只准带随从侍卫，官船只准五只。而你呢，借出巡为名，官船多至几十，携带官妓无数，沿途搜刮民财，不管百姓死活，你违反圣命皇典，本县理当拒派！"鄢懋卿理屈词穷，便拿出尚方宝剑，大声叫道："海瑞小子！你再强辩，看本官斩了你！"

海瑞见了哈哈大笑，问："鄢大人，皇上的尚方宝剑，是用来斩什么人的？"

"是用来斩贪官污吏、乱臣贼子的！"

"对啊！我海瑞一不犯上，二不欺民，三不贪污勒索，四不违法乱纪。尚方宝剑斩不了无罪之人！"

鄢懋卿被海瑞顶得头脑发涨，语无伦次："那、那……难道是用来斩……斩本官的吗？"

海瑞马上堵了他一句："那也未尝不可。"说完，便从衣袖里掏出一把小算盘来，边算边道："皇上命你巡视盐务，安抚百姓，你却一路贪污受贿，搜

刮民财。后面船上装的什么？你心里明白，我也打听得一清二楚。今天，我海瑞拼着一命，同你一道进京，要告你一个违抗圣命、贪赃枉法之罪!"

鄢懋卿被海瑞揭得眼睛翻白，正想加罪海瑞，一看，四面八方的百姓扛着锄头、扁担赶来了，众衙役也怒目相视。他心中有鬼，怕海瑞再揭他的老底，引起民愤，只得低声下气地说："罢了，罢了，本官不与你啰唆了。"便慌忙命令众侍卫和家人一起下船拉纤，瘪塌塌地溜走了。

这时，众百姓看到海瑞这副官不像官、民不像民的打扮，都禁不住哈哈大笑起来。

后来，淳安人民为了纪念海瑞背纤斗京官这件事，便在海瑞与贪官争斗的地方——淳安老城南山脚下，建起了海公祠，祠内海瑞塑像正对着县衙门。据说，凡是到淳安做官的，如办事不公，贪赃枉法，一抬头见到海公祠，就会头痛难忍哩!

海瑞惩奸

明朝嘉靖年间，淳安县出了一桩怪事。一天清早，县衙门前挤满了人，大伙伸头探脑地看着墙上贴着的一张大红纸，只见红纸上正中写着一个斗大的"砉"字，左下边落款是：方正求教。凡看过的人无不摇头咋舌，连说："怪字！怪字！从来没有见过这个字。"一时间，街头巷尾，议论不休。

事情传到当时淳安县令海瑞那里，他差人把方正找来，查"砉"字的来历。方正就把事情原原本本向海瑞作了禀报。

原来此字出自财主冯仁之手。年初，冯仁的儿子时值七岁，要请个先生启蒙。秀才方正，经人举荐，应聘到冯仁家教书。冯仁生性刁滑贪婪，经常设圈套，诱人上当，借以诈取钱财。他对方正说："先生来我家坐馆，冯某绝不亏待于你，一年付你酬金纹银二十两。但我家历来有个规矩，到年终时我得出个字考考你，认得嘛，酬金照付，认不得嘛，说明你滥竽充数，误人子弟，酬金分文不给，你还得倒贴我纹银二十两。"方正是个饱学之士，自认为个把字嘛，这有何难，就满口答应。口说无凭，当下立了字据。谁知到了年底，方正要向冯仁结算酬金时，冯仁却在纸上写了个"砉"字给他认，方正一看，猛吃一惊，从未见过这个字呀！几乎把一部《说文解字》翻烂了，也查不出这个字来。他自认倒霉，辛苦一年，非但分文未得，还倒贴了纹银二十两。但是，他想自己才疏学浅，难道偌大个淳安县就没有一个人能认这个字吗？所以他张榜求教。

于是，海瑞差人把冯仁找了来，向他请教这个"峇"字的音和义。冯仁答说："这个字嘛，就是槽头水落到石板上发出'滴、滴、滴'声音的滴字。"海瑞又问："你从什么书上看来的？"冯仁答道："书上有，谁个不识，这个字奇就奇在书上没有。"鬼蜮伎俩，欺人太甚。海瑞顿起惩罚这个劣绅之念。他说："我也写个字请你认一认。"说罢，提笔写了个"笤"字。冯仁看了说："小民不识这个字，请老爷指教。"海瑞说："我是要好好地指教指教你！"随即吩咐升堂，惊堂木一敲，喊道："来人，把冯仁拉下去重责四十大板。"话音未落，马上拥上几名衙役，把冯仁掀翻在地，举起竹板重重责打。而后，海瑞说："现在我来指教你，我那个字嘛，就是竹板打在你的屁股肉上，发出'啪、啪、啪'声音的啪字。这个字奇就奇在书上也是没有的。"接着，他厉声训斥道："大胆劣绅，竟敢乱造文字，借以图赖酬金，诈取钱财，今天责你四十大板，不算过分。本县责令你，立刻付给方正酬金，诈取的纹银如数退还。以后，你再敢敲诈勒索，胡作非为，本县追究到底，从严惩办！"

冯仁挨打受罚，哭爹喊娘；百姓闻说，无不拍手称快。

伐竹挡舟

海瑞在淳安任知县时，对旱路关卡、水路码头都管得很紧，如碰到一些贪赃枉法、偷漏皇粮国税的，不管是平民百姓还是皇亲国戚，都得按皇律办事，决不徇私情。

一次，从徽州下来三只大船，自称是"贡船"。码头水哨打出旗号，要船靠岸检查。可是这三只船非但不靠岸，反而快桨急橹，扬起大帆顺风而去。水哨见这三只船不听信号，连忙到县衙禀报。

海瑞听罢，不觉大怒："岂有此理！哪有不停船检查之理？走，非追回检查不可！"说罢，快步赶到码头，乘上一只轻便小船，带了水哨，飞也似的向三只大船追去，"嚓"的一下拦在大船前面，海瑞站在船头问船夫道："皇律早有规定，船过关卡水哨，应停下检查。难道你们不懂吗？"那船夫结结巴巴地答不出话来。

海瑞一挥手："开舱检查！"哪知一检查，船上装的都是花盆，别的一无所有。海瑞一看这些花盆，皆一色赤色瓷盆，里面栽有各种花草，一时感到难以收场。正在迟疑之时，从船尾钻出一个人来，只听他冷笑道："哈哈，海大人管得可真够宽啊，真不愧是个清官！可惜啊可惜！怎么还是个七品小芝麻官？哈哈哈哈……"

海瑞抬头一看，此人不是别人，正是前些时路经此地，而海瑞没有厚待他的严嵩党羽、巡盐御史袁淳。海瑞见是袁淳，便说："袁大人，这是朝廷的

规矩，本县的职责，望大人见宥。不过，不听水哨号令，是要罚银两的。"

袁淳听了，还是一阵奸笑，说："海大人，告诉你，咱袁某进出皇宫也无人过问，何况你这小小的县境？你要罚银两，咱袁某为官一身清，没有！如果你非要不可，给花一盆，以作银两。不然，我要开船走了！"

海瑞见他来头不小，一时又抓不到把柄，便顺水推舟地说："既然大人深知下官的难处，下官就公事公办，这盆花我就收下了。"说着就去捧花。

袁淳万万没想到海瑞竟敢去捧花，当海瑞双手伸出去捧花时，袁淳却连忙拦住，慌忙地说："慢着！这花是献给皇上的贡花，你敢动？动了就是欺君之罪。"边说边命令船夫："开船！"

海瑞见是装贡花的船，也只好让他过去。大船擦身而过，又传来了袁淳的一阵嘲笑。海瑞望着这扬长而去的大船，心里真不是滋味。

回到县衙，海瑞坐立不安，左思右想：为什么装贡花的船，袁淳不敢靠岸检查？为什么当我去捧花时，袁淳脸色惊慌，急急开船？"啊，对啦！赃物一定装在花盆内！"正当他要发快船去追赶时，一个县吏上来问他："海大人，杭州急需的毛竹催了三次了，何时砍伐？"

"伐竹？"海瑞一听砍竹，顿时有了主见，连忙道："今日就砍，今日就砍。"边说边拟好公文，吩咐下属海安火速赶到锦溪，天黑之前砍好一万根毛竹，并全部投入新安江内。又对海安如此这般地说了一遍。

海安是海瑞的得力助手，办事利索。他一到锦溪，就叫来百多个庄稼汉上山砍竹。只一个多时辰，就砍下了一万多根，并全部投在新安江最窄处的铜官水道内。一时间，江河堵塞，大船小船都难以通过。

再说，袁淳离开了淳安县城，以为闯过了关卡平安无事，便在船上摆起酒宴作起乐来。正当他寻欢作乐，忘乎所以时，只听船主报告："老爷，大事不好！前面满江毛竹，河道堵塞，船难过去。"

袁淳听罢，大吃一惊："岂有此理！谁敢阻挡贡船？"说着，踉跄地走到船头一看，但见满江的毛竹堵了里把路，有百余民工正在那里拖竹扎筏。再一打听，这里是锦溪，仍属淳安县管辖。这时，他心里不免暗暗发愣了。不过，这袁淳还自以为是朝廷命官，只要开口打打官腔，那班民工谁敢不从？便清了清嗓子，高声喝道："民工们！咱是京里巡盐御史袁某，今奉皇上圣旨火速回京，望尔等快把毛竹拖开让道。如谁敢说个不字，斩首勿论！"

只听岸上有人答道："御史大人，对不起！这万把根毛竹也是朝廷急用之物，今天一定要扎好筏出篁，延误不得啊！"

袁淳一听，糟了！若是今晚出不了淳安县境，万一海瑞再来，那就麻烦了。于是又改换口气道："民工们，那就这样吧，你们先让道，让我的船过去，我到上面去给你们说个情，保证无事。你们扎筏可慢慢来，不要紧的。"

"不行啊！若是误了时辰，我们可吃罪不起呀！你看，这里有海县爷的公文哩。"

袁淳听了暗暗叫苦。见说服不了众人，又用金钱利诱："民工们，本官深知你们淳安县穷，靠筏竹种山度日。这样吧，现在你们马上拢竹让道，放船过去，我每人赏银三两。"

众人一阵喧哗："海县爷铁面无私，我们不敢啊！"弄得袁淳急得搔头，一时没了主意。

这时，只听岸上那人道："御史大人，我们淳安虽穷，可有骨气，决不要不义之财！"说到这里，指了指船上的花盆景致，又说："这花好看，我可有点喜爱。若御史大人能赏盆花给我们，就给你拢竹让道。"

袁淳心想，这些泥腿子懂个啥，给花就给花，以后你们发现花盆里有金银，我已到了京城，还怕它个屁。便笑着说："好，只要答应马上让道，花马上就给，你自己拿一盆。"

那人便上船捧了一盆花，反身对大家说："好了，大家就给这位大人拢竹让道吧！"说完朝村里走去。

袁淳见大家开始拢竹了，心里一块千斤石头落了地。他松松臂膀，笑道："海瑞啊海瑞，你想找袁某的岔子，哼！'竹篮打水一场空'。"

那位捧花的不是别人，就是海安。原来，海安走后，海瑞也随即骑马赶到了锦溪，坐在驿站临江的窗边观看。见海安捧来花盆，便接过来一掂，觉

得很沉，倒出泥土一看，原来盆底尽装着金银元宝。海瑞一见，十分恼火，便对海安道："走，到江边跟他算账去！"

海瑞一到船上，劈头就问袁淳："袁大人，你为何出尔反尔，上午我向你要盆花，你说是贡花，说谁动了谁就犯了欺君之罪，现在，你为何又赏给他人呢？"

袁淳见海瑞突然出现，心里早发了慌，又经海瑞这么一问，急得额角上冒出了像豆子一样大的汗珠，结结巴巴地说："哈哈，实不瞒你说，这贡花里面，我夹带了几盆回去装点自个儿花园的，既然海大人爱花，我也奉送几盆。"

海瑞笑道："我海瑞官小位卑，承蒙袁大人赏赐，一盆足矣。"说完，就动手去捧花。

袁淳巴不得海瑞早点离开，连忙吩咐家人将海瑞要的花捧下船去，好早点开船溜走。而海瑞呢，又故意客套，要自己去捧。两人推来让去，"啪"的一声，花盆打碎在船头上，里面滚出了黄灿灿、白花花的金银元宝。海瑞指着脚下，问袁淳："这是什么？"

袁淳一下子吓昏，回答道："泥……泥土。"

"泥土？"海瑞气得咬牙切齿："你们身为朝廷命官，却是鱼肉百姓，挥金如土！老实说，这些金银从何而来？不说明白，皇上面前分上下！"

在事实面前，袁淳怕丢了乌纱掉了命，只好如实招认这是他趁奉旨巡盐之机，从各地搜刮来的，因怕关卡检查发觉，才以贡花为名，藏在花盆中。

海瑞说："今日的事在光天化日之下，有众百姓为证；明日和你一道进京面圣！"

袁淳见海瑞如此刚正不阿，又有众多百姓在场，怎敢说个"不"字？只得乖乖从命。

海瑞禁馈送受贿

海瑞在淳安做知县的时候，廉洁奉公，自己生活也很俭朴。

一年夏天，正遇上他母亲海老太太六十大寿。海瑞为了庆祝他母亲的生日，一早起来，特地拿出五钱银子，叫家人上街买两斤猪肉，一斤鱼，一斤蛋，一斤酒，准备做几样好菜为母亲祝寿。

快近中午，海瑞正在公堂办案，忽听海安传话，说老太太叫他回后堂有事。海瑞处理好公务就连忙赶到后堂。当他前脚刚踏进门就见母亲很不高兴地坐在那里。海瑞不知何故，忙上前问道："母亲大人，有何事吩咐？"

海老太太用嘴朝厨房一努，道："你做的好事，自己去看看吧！"

海瑞摸不着头脑，走进厨房，只闻一阵五香六味冲鼻而来。一看，只见锅台上摆满了七碗八盆，除鱼、肉、蛋、青菜四样外，还有清炖甲鱼、辣子鳜鱼、炒山雉肉、七鲜汤、八宝饭等。这时他心里才明白了，便转身到海老太太面前赔不是。

海老太太说："儿哪！不是我做娘的不知道吃鱼肉鲜味，但要时刻记住平民百姓啊！今日虽是老身六十寿辰，难为我儿一片孝心。可我早同你讲过多次，生活要俭朴，俸禄要节用，要清清白白做人，公公正正为官。将来官满回去，不要让老百姓在背后唾骂，要替祖宗争气，留个好名声啊！"

海瑞听了母亲的教训，连连点头称是。辞别母亲出来，海瑞马上找到那个家人问道："我只给你五钱银子，怎么能买到那么多好菜？是不是你垫了银子啦？"

那家人见问，只好结结巴巴地说："老爷！我没垫银子，是人家送的。"

海瑞问："是哪个人送的？"

家人说："是书办董文才送的。他说，老太太寿辰之日，本应送点贺礼，怕老爷不收，故送点鱼鲜山货，给老太太换换口味。"

海瑞听了道："他虽是一片好心，但你跟随我多年，应该晓得我家的规矩，为何还要收下呢？"

家人说："我也回绝过他，可他说，现在衙门里哪个不请客送礼？只是瞒着你老爷一个人，这点小意思算得了什么！"

海瑞又问明了家人，甲鱼、山雉等多少银子一斤，叮嘱他今后再不准收人家东西之后，就走进书吏房找董文才。董文才见海县爷到，连忙起身让座。海瑞开口道："文才，今日老母寿辰，蒙你费神买了那么多时新鱼鲜，现在将价银一两零五分送上。多谢你啦！"

董文才连忙推却："大人说哪里话来，老太太六十大寿，属下理应祝贺，只是素知大人清正廉明，不敢贸然造次，这点点鱼鲜山货，都是在下小子们昨夜捕钓的，何敢收钱。"

海瑞听了正色道："你身为书办，应该懂得本县严禁馈送受贿的条令。你这样做，岂不是要败坏我的名声？"

董文才听了十分感动，才抖出心里话来："大人说得对。我这样做，正是想试一试你是否表里如一。既然如此，我将心里话同你讲了吧……"便将县吏、典吏等如何阳奉阴违，表面说得好听，暗里收礼受贿等等事情，都与海瑞一一讲了。

海瑞经过查访证实，严办了一名受贿严重的典吏，并出了告示，告知全县乡民百姓。布告中写道："官有俸禄，吏有薪银，近接百姓告状，本县吏司仍有沿袭旧风陋习、受馈受贿之事。今特告示：凡受贿者革职，重者惩办；接受馈送者，笞四十，减一等；门役皂隶人等收礼者，重者枷号示众。"

这个告示一出，全县百姓无不拍手叫好。从此，在海瑞任知县期间，衙门风气大变，人人廉洁奉公，成为当时两浙地方吏治的楷模。

海瑞亲断南瓜案

　　明嘉靖三十七年（1558），海瑞由福建南平县教谕升任淳安知县。他微服上任经过茶园巧惩路霸"冯剥皮"，严惩恶吏冯县丞，又亲自给严嵩党羽鄢懋卿的官船背纤智斗奸臣；还伐竹挡舟拦住严贼另一党羽袁淳的贡船巧查他搜刮来的金银等深得民心，淳安百姓拍手称快，扬眉吐气，都道穷县来了个大救星。有道是"耳听为虚，眼见为实"，而真正使得临歧一带的八都（今屏门、王阜）、九都（今瑶山、琅洞）、十都（今临歧，夏中）这三都的村村庄庄的老百姓心服口服，称赞他为官清正、一心为民的，还得源于 1559 年夏季的一件"大"事。

　　那是夏季的一天，海大人正在县堂理事，忽有一乡民来至县衙门口将一纸条呈给衙役便匆匆离去。衙役速将纸条呈给海大人，海大人展纸一阅，不由大惊失色，原来那纸上白纸黑字清清楚楚写着临歧村出了件"斩了母子除了根"的凶杀案，临歧村民一致要求"请你县官速来临"处理这个案子。有道是人命关天，海大人马上扔下手中之事，带了书童海安和若干衙役直奔临歧。

　　单说海大人一班人大汗淋漓、气喘吁吁地急走慢赶了大半天来到临歧村，进得村来只听到祠堂内传来"人之初，性本善……"的孩童的朗朗读书声，却不见村内有什么异样的气氛。他不由心中纳闷：村子里出了凶杀案，却为何这般平静。他信步来到祠堂门口，却见那里早已聚集了数十人，见了他都齐刷刷地跪下行礼，而且个个脸上笑嘻嘻。海大人不由心中暗暗责怪：我心急如焚，而你们却喜气洋洋。他正欲上前询问，见人丛中走出一人，只见他身穿灰色长衫，手持乌黑纸扇，满脸带笑地鞠躬施礼道："海大人请了，老朽鲁文理，在学堂执教二三十个学生。今日海大人亲临我村，实乃我村数百村民的荣幸，请到学堂边的寒舍一叙。"海大人此时哪有心情叙谈。他急忙问道："听说贵村出了两条人命，本县十万火急赶来查问。敢问老先生，这凶杀案出在哪家哪户？"鲁秀才心中一惊，继而哈哈大笑道："想不到海大人当真为此事赶来，由此足见大人您确实是位一心为民的好官，实乃我们淳安百姓的一大幸事，只是望海大人恕老朽斗胆惊扰了大人，耽误了您的公务，害得您辛苦亲来我村。"鲁秀才一席话让海大人一头雾水，不由追问道："如此说来，这人命案是假的？那这纸条又是怎么回事？又因何报假案？"鲁秀才一听脸露愧色道："纸条是老朽信手涂鸦写的，只是这案子说大不大、说小不小，我们难以说服当事人，只得斗胆写信给您，想不到您果真来了。"原来事情是这样的，村头的鲁老四在割牛草时不慎将村中的方胡利地边的一根南瓜藤割断，正好这南瓜藤上长了一个橘子般大的小南瓜。要知道这方胡利是村里有名的有理不让人、无理也能争个理三分的角色。他见好端端的一根南瓜藤遭割，岂肯善罢甘休？于是双方争吵起来，他一定要鲁老四赔钱，鲁老四哪肯答应。两人争吵着闹到祠堂门口找鲁秀才评理，鲁秀才及村人好说歹说也无法劝说两人平息下来，因此鲁秀才只好写信托人带给海大人。海瑞得知原是这么一回事，不由轻轻地嘘了一口气，问道："这两人现在何处？"鲁秀才回道："他俩仍在村中争吵，待我叫人把他俩叫来。"不一会儿，两人来到，见了海大人忙跪下行礼。海大人问道："你俩为了南瓜藤这一区区小事，争吵了一上午，耽误了干农活不说，还有损淳朴民风，成何体统？现在由我审判这一南瓜藤案。你俩各自将事情原委细细说来。"方胡利一听忙抢着说："海大人，鲁老四割牛草时故意将我菜园里的南瓜藤割断，害得南瓜藤母子命丧黄泉。要知道这南瓜既可做菜又可当粮，是我一家的命根子，岂料鲁老四心狠手辣，斩了母子除了根，绝了我的口粮蔬菜，是何居心？望大人明断。"鲁老四一听也不示弱，道："海大人，别听他一派胡言，小小一根南瓜藤有什么大不了，说什么斩了母子除了根，有那么严重吗？何况我是割草不慎一刀错割，可也不能全怪我，谁叫南瓜藤自己不好好长在菜园地里，却将身子延伸到地边我家的荒地里，和杂草为伍，这不是有心占我的地吗？他还倒打一把要我赔钱，没门！"这真是公说公有理，婆说婆有理，说得海大人也一时无了主张。这时，旁观的鲁秀才和众村人也都静静地看着，聚精会神地听着，他们要看看海大人如何断这不大不小的案子。这时，只见方胡利匆匆跑回家拎来一根二三尺长的南瓜藤指着藤上的一个小南瓜说："大人你看这不是斩了母子除了根吗？"海大人一看心里道：可不是吗，不仅害死了藤上的小南瓜（儿子），还将它的母亲（南瓜藤）斩了，可这毕竟不是人呀。海大人道："胡利，鲁老四割了你的南瓜藤，害了一个小南瓜是实，这是他的错。可他也不是故意的，而你也不能趁机要他赔钱呀。"方胡利一听回道："大人是只知其一不知其二，鲁老四他割了我的南瓜藤，不仅不认错赔礼还和我顶嘴争吵，您说，天下哪有这种好事？有道是'国以民为本，民以食为天'，我们老百姓播粮种菜说容易也不容易，就拿这小小南瓜藤来说，事先要整地打坑播种，还要施肥除草，长到这样子算是丰收在望了。再说去年就得留种贮种等，实在是'谁知盘中菜，叶叶皆辛苦'呀。再则一个南瓜可炒几碗菜，饥饿无粮时还可当一两餐口粮呢，大人您没有听过'吹牛十八万，老南瓜当午饭'这句淳安民谚吗，若不是鲁老四狠心将它斩掉，它至少可长好几个大南瓜呢。大人，您读的书多，经的事多，难道连这个道理都不懂吗？"方胡利一阵连珠炮直说得海大人连连点头，思量道：可不是吗，虽说南瓜算不上什么精粮，对"朱门酒肉臭"的豪门富户来说是不屑一顾的东西，可对"路有冻死骨"的缺粮少食的穷苦百姓来说却是个宝贝呀。方胡利的话句句有理，然而这南瓜藤已被鲁老四错割断了，再也长不出来了。有道是损坏东西要赔。于是他问道："胡利，你说的话不无道理，可是我且问你，这南瓜藤只长什么？"方胡利一听道："这谁不知道，当然只长南瓜呗。"海大人紧跟着问道："可你叫他赔钱也不对呀，你这不是趁机敲竹杠吗？"方胡利不服道："谁叫他割了我

的南瓜藤还不认错，还和我顶嘴。"海大人和颜悦色道："这件事由我做主，鲁老四不慎将你的南瓜藤割掉，命他等到自家地里的南瓜成熟时赔你五个大南瓜。"鲁老四一听叫屈了，"这么一根小小的南瓜藤，竟叫我赔五个大南瓜，您这断的是什么案呀，都道您是一心为民的海青天，看来是徒有虚名呀。"海大人一听正色道："谁叫你不把别人的庄稼蔬菜当回事呢，爱护他人的庄稼蔬菜就像爱护自己的一样，因为这是我们生存的命根子呀，大家说对吗？"这时，鲁秀才出来打圆场道："鲁老四，你讨饭不识好，还想吃个饱，你自己不慎做了错事，不仅不认错还和人争吵，海大人判你赔五个大南瓜一点不过分。"鲁老四一听这话才站在一旁不吱声了。这时，海安再也忍不住了，他指着围观的村人骂道："你们真是吃饱了撑的，这么点小事还要请老爷亲来审断，老爷辛辛苦苦跑来一趟，你们可知道老爷公务多么繁忙，你们这不是存心捉弄朝廷命官吗，你们知罪吗？"海大人一听急忙阻止道："海安，你怎么这么说话？这不是什么小事，而是关系到老百姓和国家的大事，试想，老百姓若是吃不饱穿不暖，还说什么国强民富，我这个父母官也不安心。老百姓的事情不论大小，告诉我们都要帮助解决，难道非要等出了人命才来审案？老百姓有事不找我这个父母官找谁？当官不为民做主，还不如回家卖红薯。海安，快不要责怪他们啦。"海大人的一席话，直说得海安低下了头，感动得围观的村人和鲁秀才流下了眼泪，鲁秀才再也忍不住了，他擦了擦眼泪激动地说："海大人呀，这全是老朽胆大妄为的错，害得您亲自来临歧一趟，您要骂要罚要打全冲我来。"海大人急忙阻止道："鲁秀才，你们没有错，南瓜藤案看似小事实是大事，你们做得对，我海瑞能有今天，靠的是老百姓的信任和帮助，老百姓是我的衣食父母。"海大人一番推心置腹的话，不由让鲁秀才和村人个个泣不成声，心道：像海大人这样一心为民，时时刻刻为老百姓着想的父母官确实是打着灯笼也难找呀，海青天果然是名不虚传呀。此时，海大人见事已完毕便带了海安和衙役顾不上吃饭匆匆地赶回县衙。

　　可是，海大人他们哪里知道，这桩南瓜案确实是鲁秀才同村人一道借题发挥将他请来的。原来大家早就听到有关海大人为官清正，锄强扶弱，一心为老百姓的事儿。可大家就是不信天底下有这么个好官。有道是"天下乌鸦一般黑","世上哪只老虎不吃人"呀，他们认为这是海大人假心假意收买人心然后再捞一把拍拍屁股走人的放长线钓大鱼之计。耳听是虚眼见为实，他们决定试探一下这位海大人到底是怎样一个官，正巧方胡利和鲁老四为南瓜藤一事争吵不休，鲁秀才眼睛一亮：何不就此事试探一番，又想到这么点小事海大人是不肯亲来解决的，于是鲁秀才沉思一会儿妙笔生花地写了"斩了母子除了根……"这张纸条把一件小事说成是骇人听闻的两条人命的凶杀案。哪想到海大人"真金不怕烈火炼"亲自来村，在弄清事情原委后不仅没有责怪他们，还不厌其烦地在现场调解此事，以理服人。有道是"窥一斑见全豹"，鲁秀才和村人佩服得五体投地，这才坚信人们说得没有错，海大人是当之无愧的海青天。就这样，这个海大人亲断南瓜案的故事像长了翅膀似的一下子传遍了八、九、十都的家家户户。

海瑞分水

　　地处浙皖边境的王阜乡曹家坞村，在离村不到 300 米的高山下有个洞，土名叫"龙洞"，洞底有一股冬暖夏凉的清泉，从地下喷射到地面，不仅水量大，而且大旱不干，仅是流量比平日少一些而已。别看这一洞泉水，要担负下游 65 亩水田的灌溉任务。而这些田由于地形长，分成四大片，当然流水渠道也就长短不一了。最短的只有几米长，长的竟有 900 多米，不说旱天，就是平时风调雨顺，900 多米外的田，放水都是比较困难的。另外，这些田又涉及四个村 500 多户，这样一来，争水就成为不可避免的事情了，历代以来，村民们为天旱争水经常打架，尤其是大旱之年，争水尤为突出。有一年，遭逢百年未遇的大旱，田野禾稻半枯，滴水贵如油，这一年，各村农民都纷纷出动争水，不仅动口，还动手，一时争口打架弄得难以收场。四村族长连夜跑到县城告急，但是县府官吏有谁知农民的疾苦，最后这些族长还是怀着希望去抱着失望回。在那黑暗的旧社会，农民是多么渴望有个关心农民的清官啊！天无绝人之路，农民盼望的清官终于来到了。

　　那是明朝嘉靖三十七年（1558）五月，海瑞升任淳安知县，这里老百姓听说海老爷是个清官，他到淳安后为了减轻贫苦农民的负担，亲自到农村考察民情，重新丈量土地，按实有土地的多寡分摊赋税和徭役，同时还对那些贪官污吏进行整治，老百姓都把希望寄托在海老爷身上。

　　嘉靖三十八年（1559）即海瑞上任后的第二年，王阜一带又逢大旱。这年旱情一露头，各村农民都请族长马上去求见海老爷，请他来帮助解决这里农民的争水问题。说来也巧，当他们四人跑到华坪村时，听说海老爷已来威坪一带视察民情了。四族长心里非常高兴，马上改道，翻过长岭直奔威坪。当他们见到海老爷时，都连连叩头恳请海老爷帮助解决王阜四村农民争水的问题。

海老爷见了四族长心急如焚的情形，已知问题的严重性，但是当时威坪一带还有点要事没处理好，一时难以动身。他深思良久，最后对族长们说："你们先回去，我隔日再来。"

四族长一到家，村里群众都拥上门来，问："海老爷来不来，哪一天来？"当族长们告诉大家："海老爷来，不过要隔日再来。"农民不懂"隔日"两字是什么意思，族长们又对大家解释"隔日就是明天不来后天来"，这一下农民们都喜出望外满怀激情回家，倚门等待海老爷的到来。

时刻把群众冷暖记心头的海老爷，没有辜负老百姓的期望，果然在第三天就带着三名官府要员，冒着炎炎赤日，翻山越岭，步行七十余里，来到这偏僻的王阜。一到王阜，他一方面叫官府要员通知有关村族长于第二天带上三五名农民代表来青山亭开会，另外，他自己叫来附近两名老农带路，到四片田里去实地察看，边看边问带路老农每片土地的亩数和水路长短问题。

当天海老爷吃过晚饭后，不顾白天步行的劳累，与几名官府要员反复商量怎样分水的问题。最后，终于定出了分水的办法。

第二天一早，族长和各村农民代表一早就来到青山亭，等候海老爷的到来。海老爷也非常懂得农民的急切心理，他没有多久也就带着官府要员来了。海老爷来到现场，顿时会场一片寂静，都洗耳恭听海老爷开"金口"。只见海老爷不慌不忙地对大家说："我经过多方了解，要解决这里旱时争水的矛盾，唯一的办法就是分水。"代表们一时呆了一下，有位代表忙问："这么多的田，农产又这么多，水怎样分？"海老爷让一位县府要员把头天晚上画好的分水图，先贴在墙上。然后海老爷根据四片田亩的多少，流水渠道的长短，分别划出全天十二个时辰的分水时数：

垅里田距离近随到随放，不规定时间；

凸上田，早上放水，限定在上午 8 时半以前为止；

后岭畈，整个白天放水；

沣吾畈，整个晚上放水。

海老爷最后特别强调：各村农户一定要自觉遵守，任何人不得违背这一规定。

到会代表看了这具体的分水图，又听了海老爷最后的强调，大家心情激动万分，情不自禁地高喊：海青天！

时序更迭，光阴荏苒。在漫长的四百四十多年的岁月里，广大农民始终把海老爷的命令牢牢铭刻在脑子里，落实在行动上。尽管几百年来经历过数以千计万计的大小旱灾，再没有为放水打过"争夺战"，当然偶尔也有过不讲理的年轻小伙子，不按规定时间放水，但只要在场的老年人大喝一声"这是海老爷定的"，他也就无话可说，灰溜溜地走开了。这真是：

> 海老爷，关心人，
>
> 为分水，翻高岭。
>
> 七十里，徒步行，
>
> 调查好，计划定。
>
> "圣旨"下，百姓听，
>
> 四百年，牢记心。
>
> 遇大旱，水不争，
>
> 讲团结，讲精神。
>
> 同声高呼青天好，
>
> 清廉知县人人尊。

注：这里百姓都把海瑞叫海青天。

海瑞巧断一案三冤

嘉靖三十六年（1557）腊月，淳安西乡威坪镇济世堂药店伙计胡友仁一夜突遭残杀，上身倒在门外，头部、颈项、肩臂多处被乱刀劈砍而死，血泊里有菜刀一把，当夜被更夫发现，即飞报县衙。翌日上午，汤县丞一帮人马赶到，仵作勘验后将菜刀呈上，汤县丞见菜刀柄根旁有火印"程制"并另有一"和"字，心中窃喜，随即传令程姓铁匠到案，程铁匠接过刀，不禁大惊："这不是毕和圣家的刀吗?"汤县丞仰头大笑："凶杀大案，神速破获，带杀人犯!"衙役即刻将毕和圣捕来，毕已是50多岁，佝偻着背，精瘦干巴，大呼"冤枉"。汤县丞不容分说，铁枷一锁押走毕和圣浩浩荡荡打道回府。

这时地保又发现药店不远的竹筒巷王余庆门上有血手印，慌忙赶到县衙报案，当天王余庆又被捆绑到县衙，王余庆也是大喊冤枉。后来有人议论王余庆胞弟王余春门槛上也有血迹鞋印，地保又急奔县衙。衙役在三家搜查搜出王余春床下有血迹的鞋、衣裤，汤县丞严刑拷打，王余春呼天叫冤，并说："昨夜，我妻突然腹痛如绞，我急忙赶到济世堂抓药，到门口正要叫门，见门半开半掩，脚下一绊，我跌倒，地上热乎乎的，双手湿漉漉，我惊吓得发不出声音，慌忙转身，走不了多远，见更夫敲更而来，就紧紧躲靠我兄余庆门楼下，不敢喘气，血手印是我紧靠印上去，血手印是朝下的啊，不信大人可明察，我们兄弟真是冤枉啊!"

海瑞到任后，勘察积案，感到胡友仁遭凶杀一案，人犯有三，皆证据不

足，难以定案。于是唤来海安，两人乔装打扮，微服私访，来到威坪镇。

海瑞扮成测字先生，海安则装成小贩，两人慢慢悠悠走街串巷，来到毕家巷里，一低矮破旧的老宅里有一年轻女子正喊喊哭泣，甚为悲切。海瑞就向邻家坐在门上绩麻的一老妪讨茶喝，坐下闲聊，老妪深深叹气："可怜啊，这女子的爹吃冤枉官司，他是连蚂蚁都不敢踩死的人，竟天上飞来横祸，讲他杀人啊！"原来，哭泣的女子就是毕和圣之女，父女两人相依为命，毕氏女正豆蔻年华，甚有姿色、贤惠文静，不远处叶家巷叶大乐是个游手好闲之赌徒，三番两次来调戏，也向毕家提过亲，遭毕老头严词拒绝，叶大乐仍不死心，一次趁毕和圣不在家，他偷偷摸摸来欲行不轨，刚好毕老头返家撞见，顺手抄起菜刀吓唬他，叶边逃窜边说："走着瞧。"济世堂出事那夜，毕家那把菜刀又突然被偷。

海瑞一路走来又转入叶家巷，到叶大乐的住屋门口，口中念念有词："吉凶祸福，测字可知，人事天时，莫逃乎数。"果然，从院门探出一人，面有慌色，目有惧光，海瑞故意站住，手持八卦，稳重地上下左右看测说："此宅近有晦气缠绕，风霾飘荡，知祸避灾，祸福无常。"那人左右窥探见无人就轻轻说："先生，进来吧，测字可灵？"海瑞说："字由天成，测字知天意，诚信必灵，客官测何字？""那就测测叶字吧。"海瑞若无其事地说："叶（葉）字生在草木中，有弃世之嫌啊！"叶大乐着实吃了一惊："那就测个大字。"海瑞故意大声惊呼："啊呀！大字人的头颈加一横，人头不掉也是头颈戴枷，你有大祸啊！"叶大乐更吓得面如土色，连忙说："不，不，你，胡说，那我再测乐字？"海瑞这时慢吞吞地说："客官，这（樂）乐字并不乐，是双丝绕白木，白木乃棺椁，怎么，你真有大灾啊！"叶大乐一下溜出了口："那，那我怎么办？"海瑞笑了笑："客官，不必惊慌，叶则随风飘，又是廿起笔，你只在二月二日（即今夜）子时出门避灾则消也！"叶大乐转悲为喜，连忙掏了一块杂银称谢。

海瑞出了院门，在转角处就碰上海安，海安说："大人，我已去济世堂察访，那夜老板外出徽州，只留伙计看守店堂，店大门顶的一字窗栅锯断两根，案犯破窗而入，失窃少许杂银。"海瑞他们回到县衙，海安带一班捕快星夜赶往威坪，在叶大乐住宅四周埋伏。子时过后，叶大乐开门想逃，衙役捕快一哄而上，手到擒来，带上堂，海瑞更衣端坐，惊堂木一拍："叶大乐，抬起头来。"叶抬头一看，竟是测字先生威严对视，吓得尿了裤子，一五一十供出原委，原来叶大乐因赌博输了钱，又欲夺毕女不成，就偷了毕和圣的菜刀，摸黑到济世堂，破窗而入行窃，被伙计发现，行凶杀人，窃了杂银，开大门而逃。

　　海瑞平了一案三冤，县民齐呼海瑞为海青天。

淳安科举史上第一人——吴少微

唐代的"北京""北都"均为山西太原府的别称。它不仅是我国北方各民族经济交流中心，而且在文化交流中也具有举足轻重的地位。在当时的文学创作中，尤以魏郡人谷倚、武功人富嘉谟和新安人吴少微的文笔为人所重，时称"北京三杰"。

吴少微祖籍延陵，其祖于唐时经休宁转迁淳安老城定居。他自幼秉承家训，奇伟不群。十三岁时，遍授五经略通大义。十七岁时，博涉子史爱好写作。二十七岁那年，即武周长安元年（701）考中进士，不仅是淳安科举史上中进士的第一人，也是睦州第一位进士。

吴少微中进士后，就被派往太原府做了晋阳县尉，不期与武功人富嘉谟同官。其时，太原府长史张仁亶很尊重有学问的人，因此，少微、嘉谟和太原主簿谷倚三人便成了长史府中的常客，受到优厚的礼遇。所谓"知遇之恩，涌泉相报"，只要长史有事需要代笔，少微他们就会乐意去做。其中，颇有影响的有两件事，前者是撰写《崇福寺铭》，后者是撰写《进九鼎铭表》。尤其是《进九鼎铭表》非同小可，那可不是一般的著作，何况这"九鼎"向为国家政权的象征，太原府长史张仁亶之所以要让"三杰"之一的吴少微来撰写，显然是经过深思熟虑之后的一个"知人善任"之举。

相传，古代"禹收九牧之金，铸九鼎，象九州"；"成汤迁九鼎于商邑，周武王迁于洛邑"；"战国时，秦、楚皆有兴师到周求鼎之事"；"周显王四十二年，宋大丘社亡，九鼎没于泗水彭城下"，从此，这一传国之宝不复存在。到了唐武后万岁通天二年，即神功元年（697），重铸九鼎，可谓是举国瞩目之盛事。对于吴少微来说，太原府长史请他撰写《进九鼎铭表》，自是一种无上的荣宠。

少微与嘉谟生活的那个年代，天下文人大多还仿效南朝梁时流传下来的所谓"徐庾体"进行写作，两人对此并不苟同。"徐庾体"的弊端在于为文华而不实，粗俗不合理，而且气调渐劣，所有这些都是导致武周时期文风不竞的根本原因。因此，两人相互切磋，不断创新，就成了"以经典为本，雅厚而雄迈"的新型文体，人争慕之。这种与众不同，自成一家的文体，时人称之为吴（少微）富（嘉谟）体。

说到两人的仕途生涯，只是徒有虚名而已。登第后，两人就来到晋阳，不到一年工夫，又接到张易之兄弟的邀请，让他俩去参与编写《三教珠英》（编撰珠英学士集五卷）。凡是天下名士尽在应邀之列，历时三年，《三教珠英》书成，凡一千三百卷、目十三卷。时值武后晚年，朝政大乱，张柬之等乃因后寝疾，迫其禅位于中宗（唐高宗第七子），少微与嘉谟又从长安返回晋阳，一直待到唐玄宗中兴之初，再也没有出过晋阳城。对两人来说，这也是一生中著述甚富的最佳时期。

开元元年（713），两人先后离开晋阳，少微调任吏部侍郎去了长安，嘉谟调任寿安尉去了洛阳，哪知分手不到半年，由于兵部尚书韦嗣立的举荐，让少微做了御史台察院右台监察御史，而另一位左台监察御史，恰是少微的故友富嘉谟。两人由是重逢，而且同在御史台察院做事，这对两人来说，不能不说是一份"天作之合"的美差，从此可以朝夕相伴，把盏唱和。

"开元中兴"，百废待举，对于专司弹劾之职的御史台察院来说，责任之重大，自可想见。按唐制，监察御史十五人，隶御史台察院，其职责除专司弹劾之职外，还要兼顾郡县行使纠察，涉及面广，南来北往的很不轻松。不过数月，富嘉谟终因积劳成疾，病倒在床。

一次，少微去外地行使纠察，耽误了一段时日，回长安后第二天，就起不来床，这才预感到自己年迈力衰，将不久于人世。于是赶紧派人去探视富嘉谟，可能的话，两个人约个时间拉拉家常。不多一会儿，派去的人返回禀报，说嘉谟已于凌晨谢世，临终一再叮嘱，暂不通知少微，以免急坏了故人的身体。少微见报，抚胸痛哭。哭到伤心时就赋诗，赋罢诗又哭，足足哭了一宿，方才闭目入寝。直到次日，御医为他号脉时才发现，这位淡泊明志的一代文宗已悄然离开人世。

淳安最早的学校——上贵精舍

窃观志书，淳安始有学校，当首推北乡东源港之上贵精舍。

上贵精舍，以其所在地上贵里得名。其地多胜迹，左有汉山，右有唐山，精舍坐落在唐山脚，面朝魁峰（一作奎峰），背靠天堂山，向有"鲤鱼上天堂"之传（溪中一对天然石鲤犹存）。由此构成一派"崇汉尚唐，德久弥光"的理想境界，为东源港一大形胜。

相传，上贵精舍系旧上贵寺改建而成，创始人是一位乡先生，姓方名昊字太初，乡人呼为静乐先生。《中国人名大辞典》称其生于唐末，"唐亡，耻非所事，隐居岩谷中。钱镠招之，不肯往。聚徒讲学，终其身。乡人化之"。历代方志，载其讲学上贵，并将其列入《人物传·高士》。不过，在民间却流传着他的许多脍炙人口的佳话，从各个不同侧面，揭示了他的为人高洁和治学严谨的风范。其中，广为流传的莫过于一则《万可里鱼》的故事。

据老辈世代言传，上贵精舍开办之初，东源港腹地有上贵、琳琅、下渚、山下、高贵、高明等六个行政村，计有数百家农户，分别聚居贵溪两岸繁衍生息。错落的村畈，上下左右间隔仅三五里远近，因此，学生生员不愁，走读也比较便捷，附近农户喜欢把学童送来上贵精舍就读。

刚开课那阵子，学童们显得拘谨，课堂秩序井然有序，即使在放学回家的路上，也都相安无事，家长对此都能放心。不过，最让先生头痛的一件事，就是那个根深蒂固的宗族派别观念。先生深知"教书必须育人"的道理，通

过反复思考，决心结合教学，为学童们开设"同是炎黄子孙"的传统"道德课"，深入浅出地向学童灌输爱民族、爱家乡的爱国主义启蒙思想，以此培养学童树立做人、待人的正确人生观。

一个月后的一天下午，先生让学童们搬板凳去门口晒坦围成半圆形坐好，然后听他讲故事。据长辈相传，先生每年开课时总少不了要讲一遍的，就是那个《万可里鱼》的故事，这故事的大意是：

很早以前的人都没有名字。比如生男育女，男的唤作"团"，女的呼为"囡"，两个字看上去、读起来有区别，是为的区分男子和女子，但它们的字义却是相同的，在父母心目中都是"自己的小孩子"。又比如，很早以前的人都没有姓氏。像你们当中"方、何、童、鲁"四姓，其实你们的老祖宗都是同胞兄弟，呼为"万、可、里、鱼"，不想到了你们这一代，仗着自己身上多了那么一个"点"（万加点为方）、一个"单人旁"（可加单人旁为何）、一个"立字头"（里加立为童）、一个"日字脚"（鱼加日为鲁），就自以为是，自命天下老子第一，竟连自家兄弟都不认，你们还算炎黄子孙?

静乐先生这一席话，把几个平时爱欺侮别姓的孩子说得瞠目结舌，最终不得不追悔认错，并向先生承诺，谨记教诲，从今往后再也不敢胆大妄为。当然，也有个别年纪稍大点的学童，憋了一肚子委屈，回家去向父母告先生的"状"，遇上目不识丁的家长，只得去向村里的老辈或读书人讨教，最后总算明白过来，先生说得在理，于是，各自规劝自己孩子，听从先生教诲，认认真真读书，堂堂正正做人。

此外，还有一个故事，那就是听老一辈读书人言传下来的《听静乐先生讲故事》的故事。

据说先生当初最得意的门生有八位，分别出自徐、唐、王、洪、方、何、童、鲁，时称"八奎"（奎即魁）。临结业的前一天，先生特地把他们唤进书房，破例为他们各自沏上一碗茶，作为话别。席间，先生只给大家讲了一个笑话，希望大家终身引以为戒。据1983年谢世的琳琅庄刘雨和老先生弥留之际钩沉，这则笑话的内容为：

"一人谓人曰：'自古至今，圣人最难出世。当初盘古王开天辟地，生人生万物，谁人比得他来？我要让他。'乃屈一指。'其后孔夫子出类拔萃，诗书礼乐，为万世师表，哪个人不敬服他？我只让这第二个。'乃屈二指。'自此二人后，再没有屈得吾指者。'默思良久，点头曰：'是呀，你说圣人难不难？并连我才得三个人'。"

淳安几多进士村

淳安县的云村，因科举之盛，史称"东西两浙罕有匹俦"，也是全国少见的进士村。

云村，雅称云峰。全村吴姓居住，自北宋景德二年（1005）第一名进士吴涟开始，至清代雍正八年（1730）吴璋、吴秉和最后两名进士，700多年中出了21名进士，占全县进士的10%；其中宋代12名，明代6名，清代3名。而且全村举人19名，占全县172名的11%；全县贡生494名，云村吴姓就有41名，占8.3%。据县志和谱牒载，全村大大小小名人共有218位之多。清代光绪《严州府志》为云村吴姓人立传的就有8人，不愧为睦州之最。难怪道光年间任严州知府的聂镐敏撰文说："余以京员外补任睦州守，属邑六，淳独称文献名邦，其最著者为延陵吴氏，自宋迄今，其间甲第蝉联，科名鹊起，英才济济，代有文人。"云村进士举人多，牌坊也多，有20多座，有为吴福建的"会魁坊"，为吴倬、吴钦建的"世科坊"，为吴祚、吴璋建的"双翰坊"，还有为多名进士建的"世进士坊""贤书坊"，等等。更有密密麻麻罗列的旗杆石。早就流传"云村云一云，旗杆绩麻林"的民谣，同时还有民谣说："三百汤瓶四百灶，还有三百无锅灶。"说的是云村千户之村，有三百户是官宦家属，天天炖汤瓶，养尊处优；还有三百户正外出做官，家里不用锅灶；只有四百户是农民，在家烧锅做饭。云村很多人家是进士世家，如宋代任福建节度使的吴骥，其子吴才以下四代连中进士；吴才五个儿子，有四个儿子皆中进士，真所谓"进士村有进士户，代代进士都威武!"

云村是淳东进士村，淳西进士村是蜀阜，俗称蜀口，即今威坪新镇码头以下湖底。蜀阜村先前有"官道""狮子门"古迹，这里牌坊林立，有为工部尚书徐贯立的"勋阶极品坊""都宪坊"，为徐震立的"青宫少保坊"，为徐楚、子应簧、孙鹏程立的"三代联芳坊"，为举人徐宪、子进士徐汝圭立的"乔梓联芳坊"，为徐淑立的"龙门坊"，为徐贯、徐鉴、徐汝圭、徐楚、徐宪、徐淑立的"科甲世承坊"，为徐楚立的"达尊坊"。县城还有为徐贯、胡拱辰立的"同朝尚书坊"。曾流传这样的民谣："蜀阜狮子牌坊立成群，进士和举人，个个跳龙门!"还有说"三斗三升芝麻官，满街行人官碰官"。蜀阜早在宋代乾道年间就有钱大椿登进士、其弟3人同中进士，时有"汪家父子五，钱氏兄弟三"之谚称。钱大椿的儿子就是大名鼎鼎的名儒硕辅钱时，皇帝封他布衣进士。钱时侄钱允文也荣登进士。蜀阜宋明两朝包括皇上恩赐进士、特奏进士、正榜进士有13名，也是名副其实的进士村了。

淳北文昌村，也是有名的进士村。文昌原名富昌，宋咸淳年间，何梦桂得殿试第三名探花，其侄何景文为同榜进士。皇帝赐联"一门登两第，百里足三元"，淳安广泛流传"叔登金榜侄同年"的佳话，并改富昌为文昌。文昌共有进士13名、举人2名、贡士29名。进士村的何氏宗祠由国民党元老何应钦题写。1939年，周恩来曾在何氏宗祠逗留过。

淳安东南隅的赋德村，称淳南进士村，该村以方姓和王姓为主。据传，在明清时期，方、王两姓暗中较劲比赛，读书格外发奋，一时两姓进士连登。方姓有方希曾、方鼎、方尚恂、方士颖、方婺如、方葇如祖孙三代，衣冠蝉联；王姓也有王绶、王嘉烈等。赋德村曾建有宝塔，并盛传"塔对塔，尖对尖，有人得的着，银子十万零八千"，说明此地人杰地灵。

另外还有进贤村，即今千岛湖大桥北岸湖底，原来叫进贤渡。进贤、进贤，贤人荟萃，群贤毕至。传说方纮避王莽篡乱，来歙之东乡，就在这里建有"沙南行宫"，方姓子孙繁衍不断。方初，建安七年拜襄阳太守，后裔方释时人比作"西蜀关张，东吴周鲁"，曾参与打败苻坚。方操为晋代兵部尚书，

后方效、方干、方巢为新安郡太守。至宋明两代，有方恪、方汉、方宗道、方元亮、方飏佐等等皆中进士举人，可谓进士及第，进贤接踵。

淳东门户锦溪村也有"进士村"之誉。宋绍熙元年（1190），洪琰、洪璞兄弟同登进士。洪堪14岁登明洪武丁丑（1397）进士，名震朝廷，敕建书楼。永乐十九年（1421）洪屿登进士，官至吏部侍郎，其弟洪瑛授顺天府通判。洪弼登景泰二年（1451）进士，官至贵州布政使。洪弼侄名廷臣，成化八年（1472）进士，历迁湖南佥事。

淳安还有河村、梓桐慈溪、富山等村中进士也较多。淳西河村，是"五经"徐氏徐陟定居之地，宋代有才子8人，孝宁、孝纪、孝恭、唐佐、梦高等中进士，明代有徐廷绶，也可说是进士村。梓桐慈溪，原称胡溪，宋代就有胡一之、胡南逢、胡诚一连登进士，明代其裔孙胡拱辰又中进士，可谓"一门四进士，两朝双荣耀"。富山有方昊、方一夔、方中、方天雨等中进士，也是钟灵毓秀了。

淳安进士村，值得探索！

李德生率部解放淳安县

　　1949年4月23日，中国人民解放军"百万雄师过大江"，以摧枯拉朽之势，强渡长江，解放了国民政府首都南京。同日，解放军第二野战军12军35师师长李德生率部为前卫，人不停步，马不停蹄，日夜兼程向南挺进。4月27日，以惊人的速度，一举解放徽州城，活捉敌师长郭奉先。5月1日晚，在浙皖交界的太平溪口追歼了敌军73军美械团。李德生命令103团走山路，抄近路，迂回包围浙皖间重镇威坪；5月2日上午，我军如天降神兵一样插到威坪东面山上时，敌军正在埋锅做饭，有的士兵躺在山上晒衣服、捉虱子，敌人突见我军，惊慌逃窜。这时我104团政委鲁之沫带领的一个加强连，沿新安江乘船也到威坪，解放了威坪镇。

　　李德生部沿新安江而下，敌人利用狮子口又窄又陡、靠岩临水的地形放了一个连在这里阻击，被李德生部103团很快地给"报销"了。在战斗中，战士们听见前面嘈杂的马达声，知道前面有大股敌人，连忙翻过山一看，果见前面有200多辆美制卡车在狭窄的盘山公路上仓皇逃命。解放军开展阻截，很顺利地缴获了这些汽车，原来是敌军侯镜如十七兵团团部和安徽省政府官员的全部家当，卡车装满大小皮箱和一些涂脂抹粉的官太太，还有背着大小喇叭的军乐队和带着道具的京剧队。当日下午，中国人民解放军12军35师师长李德生率部押着战利品进军淳安县城，解放了淳安县。李德生为此还写了《狭路相逢勇者胜》和《千里挺进》的纪念文章登在《红旗飘飘》和《星

火燎原》上。

在解放整个淳安县的历史时刻中，5月1日，南逃的敌192师及其收容的88军和保安团残部，从安徽窜进淳安境内五、六、七都源口的蜀阜。5月2日，惊悉威坪已被解放，改道逃窜，结果在六都茶碣的宋家垅、驮家山和我解放军狭路相逢，发生了激战，从5月2日上午8时至下午3时，整整战斗了6小时，赵金昭等13名解放军战士壮烈牺牲。5月5日至5月6日，解放军12军36师在王阜乡的荷包湾、杨柳塘至王阜一线击溃国民党192师，两名解放军战士英勇牺牲。

5月4日，中国人民解放军二野11军33师在师长孟警宇的率领下，自安徽屯溪直插遂安县，是日拂晓，解放军从街门外北面进城，解放了遂安县。

淳、遂解放，人民群众夹道欢迎，红旗招展、标语林立，锣鼓声、鞭炮声、欢呼声交织成一片。从此"千钧霹雳开新宇，万里东风扫残云"，淳遂两县人民在中国共产党领导下，迈开了社会主义革命和建设的新步伐！

历代进士表（部分）

原淳安籍进士

姓名	考取年代	备注	姓名	考取年代	备注
吴少微	唐神龙年		徐时中	宣和三年	
吴 巩	开元年		唐友仁	宣和六年	
皇甫湜	元和元年	对策第一	吴 详	宣和六年	
吴 超	元和四年		吴 诩	宣和六年	
方 卫	乾符年		邵 拱	宣和六年	
任 盛	后梁乾化元年		吴 语	宣和六年	
洪 湛	宋雍熙二年	廷唱第三	吴 琠	绍兴八年	
黄务本	咸平三年		项 忱	绍兴十二年	
邵 炳	天圣五年		黄安仁	绍兴十五年	
项 宣	天圣八年		胡一之	绍兴二十七年	
童 宏	宝元元年	驸马	胡南逢	绍兴二十七年	
项 随	皇祐元年		方有开	隆兴元年	
邵景初	皇祐五年		徐 衡	隆兴元年	

续表

姓名	考取年代	备注	姓名	考取年代	备注
方仲谋	嘉祐二年		徐孝恭	隆兴元年	
徐 任	嘉祐二年		徐孝纪	隆兴元年	
项 陟	嘉祐八年		汪万硕	隆兴元年	
方行可	元祐三年		方 括	乾道五年	
吴 才	绍圣元年		胡朝颖	乾道八年	
汪 常	绍圣元年		钱大椿	乾道八年	
方 间	崇宁二年		邵梦得	淳熙二年	
徐敏中	崇宁二年		方 岳	淳熙五年	
方 闻	崇宁二年		郑绍伊	淳熙八年	
方 闳	大观三年		洪彦华	淳熙十一年	
黄大知	重和元年		郑 烨	淳熙十四年	
邵大受	重和元年		卢南一	淳熙十四年	
唐处仁	重和元年		邵 瓒	绍熙元年	
吴 诚	重和元年		方 佃	绍熙元年	
陆时雍	宣和三年		洪 琰	绍熙元年	
洪 璞	绍熙元年		吴大贤	淳祐元年	
吴 仁	绍熙元年		童元龙	淳祐四年	
任体仁	绍熙四年		黄 蜕	淳祐七年	榜眼
胡 绂	绍熙四年		洪元忠	淳祐七年	
方 强	庆元元年		方逢辰	淳祐十年	状元
卢端谊	嘉泰二年		方 吉	淳祐十年	

续表

姓名	考取年代	备注	姓名	考取年代	备注
洪梦良	开禧元年		吴洪德	淳祐十年	
邵 源	开禧元年		洪 兰	淳祐十年	
胡诚一	嘉定元年		胡梦麟	淳祐十年	
方 甫	嘉定元年		任桂发	宝祐元年	
汪万顷	嘉定元年		洪承祖	宝祐元年	
汪万钟	嘉定元年		方 缋	宝祐元年	
徐九鼎	嘉定四年		洪双孙	宝祐元年	
方 一	嘉定七年		洪文伯	宝祐四年	
于 连	嘉定七年		洪伏龙	宝祐四年	
郑希吕	嘉定十年		黄 嘉	宝祐四年	
黄大立	嘉定十三年		卢万里	宝祐四年	
邵应昌	嘉定间		赵 崇	宝祐四年	
邵 该	嘉定间		黄宗智	宝祐四年	
洪梦炎	宝庆二年		何应斗	开庆元年	
汪自强	绍定二年		方逢振	景定三年	
胡伯骥	绍定二年		吴雄飞	景定三年	
余 淼	绍定二年		胡梦高	景定三年	
黄大用	绍定二年		方龙荣	景定三年	
洪扬祖	绍定五年		汪 淮	景定三年	
邵应豹	嘉熙二年		何梦桂	咸淳元年	探花
林 旂	嘉熙二年		卢逢圣	咸淳元年	

续表

姓名	考取年代	备注	姓名	考取年代	备注
吴季子	嘉熙二年		项雷震	咸淳元年	
徐义甫	嘉熙二年		吴攀龙	咸淳元年	
王铉	嘉熙二年		何景文	咸淳元年	
黄宗仁	淳祐元年		吴斌	咸淳元年	
洪松龙	淳祐元年		童震龙	咸淳元年	
童元清	咸淳元年		宋梦鼎	至顺元年	
何洪	咸淳四年		鲁渊	至正十一年	
邵魁伦	咸淳四年		周潼	明洪武四年	
方逢炳	咸淳四年		徐同生	洪武四年	
方有孚	咸淳四年		鲁瞻	洪武十八年	
徐唐佐	咸淳四年		徐昌允	洪武十八年	
邵惟敏	咸淳四年		卢义	洪武二十一年	
卢逢尧	咸淳四年		洪堪	洪武三十年	
洪熊子	咸淳四年		童铨	建文二年	
邵炎发	咸淳四年		方昶	永乐二年	
洪开	咸淳四年		方豫	永乐十六年	
童虎臣	咸淳四年		洪玙	永乐十九年	
胡栋	咸淳四年		项文曜	宣德八年	
洪鏱	咸淳四年		周瑄	正统元年	
项虎鼎	咸淳七年		胡拱辰	正统四年	
邵桂子	咸淳七年		商辂	正统十年	状元

续表

姓名	考取年代	备注	姓名	考取年代	备注
洪振孙	咸淳七年		应 颢	正统十年	
何炎起	咸淳七年		何 陛	正统十三年	
洪应高	咸淳七年		方 辅	正统十三年	
洪仁俊	咸淳七年		宋 旻	景泰二年	
洪天瑞	咸淳七年		吴 福	景泰二年	
方逢昌	咸淳十年		洪 弼	景泰二年	
童伯和	咸淳十年		许 闾	景泰五年	
方召虎	咸淳十年		徐 贯	天顺元年	
周一杰	咸淳十年		何 礼	天顺元年	
齐龙高	咸淳十年		方 中	天顺元年	
胡元圭	咸淳十年		徐 鉴	天顺四年	
赵梦诜	咸淳十年		项文泰	天顺四年	
吴 暾	元泰定二年		商良臣	成化二年	
徐九龄	泰定二年		何 淳	成化二年	
何汝焕	天历二年		王 宾	成化二年	
方道睿	至顺元年		邵 猷	成化五年	
邵 新	成化五年		方学龙	万历十七年	
吴 祚	成化五年		吴一轼	万历二十九年	
洪廷臣	成化八年		方尚恂	万历四十一年	
吴 倬	成化十一年		吴希哲	崇祯四年	
吴 诚	成化十一年		商民宗	清顺治九年	

续表

姓名	考取年代	备注	姓名	考取年代	备注
卢 鸿	成化十一年		商显仁	顺治十二年	
胡 棨	成化十一年		徐士讷	康熙十五年	
王 宥	成化十七年		方瑞合	康熙二十一年	
程 愈	成化十七年		吴 贯	康熙二十一年	
王子言	弘治九年		张羽飏	康熙二十四年	
方天雨	弘治十五年		方棨如	康熙四十五年	
何绍正	弘治十五年		吴 璋	雍正八年	
王子谟	弘治十八年		吴秉和	雍正八年	
吴 钦	正德三年		王 企	乾隆七年	
徐汝圭	嘉靖五年		黄功成	顺治十八年	武进士
徐 淡	嘉靖八年		方士鼎	康熙二十七年	武进士
徐 楚	嘉靖十七年		洪 灿	康熙四十二年	武进士
徐廷绶	嘉靖四十一年		王 翼	康熙五十一年	武进士
徐应簧	万历十七年		叶华春	乾隆七年	武进士

海刚峰先生去思碑记

〔明〕徐廷绶

遗爱之思，昉于召南棠芾。迨汉史称何武，所居无赫赫名，去后常见思。维不徇名，所以思弗谖。君子于武，可以观政矣！今郡邑以去思碑者林立，求无愧于碑文所载者几何人？若我海侯，殆古之遗爱欤！其永孚民心去思有以也。侯讳瑞，号刚峰，南粤琼人。易直子谅，所志皆古圣贤德业。以名魁署教南平，丕著师范。戊午夏来令我淳，清修劲节，与民更始，移风易俗，厘弊肃纪。民初焉疑，既而翕然信；期年政通人和，颂声洋溢。至是移判嘉兴府，诸士民攀辕卧毂，垂泣拥留，而侯之驾不可延矣。佥谋镂石，备悉德政，以志无穷之思。

适余奉简书，便道归省，乡大夫士暨耆老辈，属余记之。余雅辱侯教泽，又淳民中被德尤深者，曷敢以不文辞。按余严所辖为邑六，淳据上游，为里八十有四，计境内山陵川谷居其半，为田者又十之三，有司百凡支应，取给于里甲。迄今倭变，差役派敛较昔数倍，小民每充役，至有倾产者。侯始至，愀然曰："东南民力竭矣。盍苏诸！"嘉意经理，斟酌区画，皆有成法：谓使客络绎，冲疲不堪也；损夫役，节馈赠，以省送迎之烦。谓料课征人，吏私羡赢也；革分例，禁加耗，以杜侵渔之弊。谓催科严迫，困穷靡给也；舒期限，缓督责，以免称贷之累。岁节贺庆，用侈繁仪，于是严交际之防。却馈遗，遏苞苴，而请托无所乘。播越流离，民冈攸底，于是溥怀徕之惠；蠲负

逋，申播告，而逃亡有所定。告讦纷争，民罹刑宪，于是宏钦恤之仁；轻箠朴，减纸赎，而冤蠹有所控。文献自昔，科第蝉联，时丁靡敝，是以有振作之典；精课试，优激赏，而士儒为之竞劝。棂星创始，兑面允宜，南易否乘，是以有修复之举；崇规制，设宫墙，而文运为之挽回。教场亭榭，湫隘倾颓，武备就弛，是以有创筑之工；辟区宇，时练训，而缓急为之有备。至于建社学以教子弟，浚濠渠以通水利，编保甲以备不虞，罢访察以安良善，发廪储以赈饥乏，凡设施措置，如政事录所志，更仆不能悉纪。

　　若夫时之弗便，有志而未行，势之所拘，将为而见挠者，则当于侯之心求之。盖侯以仁爱忠诚之心，而励清介节省之行，布平易岂弟之政，舒徐优裕，若慈父母之育赤子焉，煦煦然不忍伤。故民于侯之未去也，若赤子之慕慈父母焉，依依然不能舍；既去也，若赤子之远慈父母焉，惶惶然无所归。学者思其作养，赋者思其均平，役者思其简便，讼狱者思其矜恕，困乏者思其缓抚，流移者思其安集。利有当兴，害有当除者，思其干济之才；困于奸宄，屈于豪武者，思其御辑之威。君子曰：于海侯可以观政矣！

　　虽然，侯之政在吾淳者，百代而为范；侯之泽在吾民者，百年而未艾。侯之心在民所未尽谅，众所不及知者，足以表天日，质鬼神而无愧。是故有孚惠德，有孚惠心，不市名而名垂不朽。百姓永受其福，而绎思勿谖。甘棠所说，何武有光哉。金曰，然！遂命剞劂，以昭令德，以风有位。

紫阳书院记

〔清〕刘世宁

　　古圣王之造士也，自闾塾、党庠、州序，以逮国学，其法甚备。秦汉而后或阙矣。士大夫往往作精舍于郊外，所谓春夏读书、秋冬射猎者，即于其所。唐宋以来，或因朝廷赐书，或因故家积书之多，学者就其所在，敬业乐群，因号为书院。相沿日盛，鹿洞、嵩阳、岳麓、石鼓外，其称名者甚繁。淳虽一邑，而蜀阜、石峡，名贤有芳规，青溪、宾兴，长吏有胜迹也。其得人有时过于学校，譬犹军家选锋，别为一队，而更加训练，宜其精锐无前也。

　　我朝列圣相承，各省有书院。皇上御极之初，即颁谕旨，慎选生徒肄业其中；并令酌仿朱子白鹿洞规，立之仪节；仿分年读书法，予之课程。即小州下邑聚英才而教育之，莫不惟朱子为宗师。朱子产于婺，而淳为歙之东乡，去新安不二百里，其后裔分居于淳，先河后海，祭川之义则，然淳人之祀先生有由矣！

　　予一行作吏，崇奖兴怀，欲俾邑中德造深唶其味，而极造其旨，若居肆之有成。谋于学博袁君以为然。于是捐俸为倡，众相劝助，遂于泽宫之旁，前令杨公廷杰建义学之旧所，破础颓垣，仅有存焉者，易其旧而新是图。阅三月告成，疏棂洞，启学舍，共二十四座，周遭以垣。面南有门，匾曰紫阳书院。遴士之懋勉彝训者，丽泽依之。夫亦曰，令者民之师帅，不施启迪，而惟以治之，是有帅无师；此则区区之意所不容己者。一时捐助学田，投牒

踵至，共若干亩。于此，见懿德之好，人有同心矣！嗟乎人心陷溺，而道学不明，佻达者既目为迂腐，玩愒者复惮其烦难。斫轮发冢之喻，所以起于庄周也。顾当日学规具在，自敦伦修身，以至于应事接物，皆布帛菽粟之理，人人当知当行，人人易知易行。下学之功在是，上达之效亦在是；得之可以希圣贤，而失之即无以成其为士。至于文章亦经国大业，古之弦诵咏歌，纳言而飏之，其去业文也无几，而成材迥异。若使文以行合，而本忠信以出之，圣门四教，岂其偏废。

淳地溪山环叠，英贤辐辏，至今故家弟子豪于文者不乏，讵俾昔人专美于前。诗曰："维岳降神，生甫及申。"余于扶舆，有钟灵毓秀之思焉。又曰："高山仰止，景行行止。"余于多士有绍芳踵美之望焉！明体达用，有志竟成。余其歌薪槱楛朴之章，以上佐圣天子作人之化于万一矣！

重修文献名邦坊记

[清] 刘世宁

　　坊表之建，意即古者树风声，表宅里之遗模！与其栉比相望，虽各属一家，而或系于一邑，以昭人杰地灵之盛。厥初以木其制俭，后渐以石其制汰。惟其俭也，古和隽之获，必群萃而立之。自建五丈石，而加之雕文刻镂，夫于指竹木千头，然后辘轳邪许以上，是以难乎其为继，而式闾彰善之意，亦因以渐驰矣！

　　若淳邑之以文献名邦竖坊也，有古意焉。立之标准，其制公也，非私也；其质以木，无朴斫丹臒之勒；其设在丽谯以前，其创始则明令泰和萧公元冈，而其书棹楔者，名笔也。更沧桑之变，风雨飘摇者数矣，而此四字岿然灵光，若有神物护持之。过斯邑者，往往临摹以去，称胜迹云。余惟文献足征，于是观《礼》《诗》之言，老成典刑，即献也、文也。《传》之言，事耆老，咨故实，亦献也、文也。太史公之言，藏名山，传其人，亦文也、献也。韩文公之言，存则人，亡则书，亦献也、文也。何代蔑有，亦何邑蔑有，而独以是名其邦？人亦无有以言大而夸相訾者。盖匪直文毅之三元宰相，接武沂公；而唐之皇甫，称韩门弟子；宋之蛟峰，绍程朱绪言，皆对策第一者也。融堂妙语，潜斋诗歌，以逮元明之交，而鲁道源、徐大年辈，率能近文章，砥砺廉隅，有儒者之规为焉。以故积水成渊，至明中叶，如原之仰浦而益大，坛宇坊表，东西极望，信其为文献林立之邦，而称斯名也，可以不愧矣！

日月既久，拄将欲坏；余仍其旧，贯扶以大材，为盖障之，使不忧旁风上雨。而邑之人士，如方玺、方正、王大乾、何其灼、吴大成、洪风临、童如玑、鲁廷表、何儁、何学海辈，义形于色。周爰执事，凡浃月而绩于成。夫莫为之前，虽美弗彰；莫为之后，虽盛弗传。今既为之后矣，独无有高冈之鸣，哕哕而雍雍者，起而应兹地灵，以竞爽前哲乎？余拭目俟之矣！

上宰相荐皇甫湜书

〔唐〕韦处厚

　　相公阁下：伏以燕国张公说，登翊圣明，底宁泰阶，推心旁求，虚己下纳。房太尉由布衣振起于门下，张曲江自蓬户发挥于岭底，而继播休名，袭佩相印，克懋勋德，不忝揄扬，后之朝望，因以兴劝。不多二公而推燕国者，以杂居群伦，齐齿下辈。崇构栋干，则杪忽方轻；琢饰圭璋，则蒙昧未耀。器用既光，持之于耳目之前，垂后而无配；名节兼大，用之于身世之后，希古而绝伦。夫岂推策考步之为乎？藏往知来之兆乎？盖合以尺牍片言，申以考迹定貌，灵异五行之钟粹也，文章心灵之造形也。著诚居业，本隐以之显；观心择术，自粗以之微。以是而求，则坐决万方之内，立断百代之下。其术既定，其道甚明。

　　窃见前进士皇甫湜，年三十二，学穷古训，词秀人文；脱落章句，简斥枝叶。游百氏而旁览，折之以归正；囊六义以疾驰，讽之以合雅。苟坚其持操，不恐于嚣嚣之讪；修其践立，不诱于藉藉之誉。孟轲黜杨墨之心，扬雄尊孔颜之志，形乎既立，果于将然。至于用心合论，操毫注简，排百氏之杂说，判九流之纷荡，摘其舛驳，趋于夷途，征会理轴，造训词波，无不蹈正超常，曲畅精旨。置之石渠，必有刘向之刊正群言；列之东观，必有孟坚之勒成汉史。施之奏议，必有贾谊之兼对诸生。

　　天既委明于斯人，苟回险其道，未得按轮而驱，则必混翼于天池，殡精

于沉瀣，秉缯缴者从而道之，固无及矣。傥得游门下，信其才能，相公得徇公之名，有摭奇之实。后进幸甚！

舍人骖御贱役也，犹能达扫门之事；祢衡雕虫薄技也，犹能遇非常之荐。今某辱奉恩顾，实百于舍人之俦。皇甫湜蕴积才志，固百于正平之量；处厚百舍人之势，不能达百正平之心。方切恃私于门馆，明者观之，其耻非一也。惧愚瞀不尽，谨缮其书论赋合八首，用卜可否。轻渎严威，下情不任战惧之至。

与詹体仁书

〔宋〕朱 熹

熹窃以春雨复寒，伏维知府经略殿撰侍郎丈。阃制威严，神物拥护，台候动止万福！熹区区托庇，幸粗推遣，但祠禄已满，再请未报，前此延之。诸人报云，势或可得，未知竟如何？居闲本有食不足之患。而意外之费，复尔百出不可支。吾亲旧有躬耕淮南者，乡人多往从之，亦欲妄意为此。然尚未有买田雇夫之资。方此借贷，万一就绪，二三年间，或可免此煎迫耳！

衰病作辍，亦复不常；此旬月间，方粗无所恼，绝不敢用力观书。但时阅旧编，间有新益。如大学格物一条，比方通畅无疑；前此犹不免是强说。故虽屡改更，终不稳当。旦夕别写求教。前本告商省阅，有纰漏处，痛加辨诘，复以示下为幸也！

桂人蒋令过门相访，云尝上疏论广西盐法，见其副封，甚有本末。渠归必请见，因附以此。匆遽不暇详悉。未有侍教之日，临风惘然，切乞以时为国自重，有以慰善类之望，千万至祷！

政事录序

〔明〕海 瑞

君子何为而仕于人哉？天生一物，即所以生万物之理；故一人之身，万物之理，无不备焉。万物之理，备于一人。举凡天下之人，见天下之有饥寒疾苦者，必哀之；见天下之有冤抑沉郁不得其平者，必为忿之。哀之，忿之，情不能已，仕之所由来也。然君子居穷，应一身一家，其事易。及应举人官，事为胶葛，人为奸欺，日临于前，而不能操吾明且刚者以应之，谓能应事之善焉不可也。且身当利害得丧之冲，始于执义，终于舍义随俗；宾客之怂恿，室人之交谪，始于为人，终于舍人为己。初仕，良心扩充之，未能私心牿丧；而可哀可忿之在民者，与我不相关矣。吁，仕云乎哉！

瑞自海滨入中州知淳安县事，初阅册籍，民之逃亡者过半。问之，则曰疲困不能堪赋役，朴直不能胜奸强使之。而予之心恻然痛矣！剥民以媚人，多科而厚费使之，可为民忿，可为民慨之事，日临于目，日闻于耳。而吾不平之气，愤然生矣！问识者以所处方，则曰，在今日不可能也，在今日又不可为也；宁可刻民，不可取怒于上；宁可薄下，不可不厚于过往。彼自为一说，而不能当于予心也。

尝欲自为一编，以纪钱粮，以节财费，以酌事，使节文，昭国制日月之明，扩吾心体备万物之理，使淳得户晓焉。吏不能缘为奸弊，民得安其业，乐其生。予亦得以常目在之，俨有师法。而又念秀才发轫仕途，知识有几，将笔复辍，迟疑三年有奇矣！壬戌入觐归，缘道咏思，恍如有得。归取故籍，参考博访，以订所思。自信或可以究竟利弊，粹乎圣贤中正之道，公己公人之理。我祖宗朝颁行画一之制，一毫世俗之论不与焉。民风士习，借此发明，同心而易向，或有在也夫。彼上司，彼过客，万物之理，赋予于造化，犹之我也，独无为民哀恕之心哉！时乎为己，见己不见人；一觉悟焉，而同归于道矣。

政之大者曰政，政之小者曰事；是帙淳之利弊，兼有巨细，因撮其要，名曰淳安政事录。予曩家食，著严师教戒，以警昏怠。今政事有记，亦严师教戒意也！谆谆然，欲吾民去其竞利争胜，私己罔上之故，而以善新焉。是亦与吾民为严师教戒也。益己益人，举于是册，赖之其可得而已乎！用是梓之，复为序，以告吾民，使知是编之意。

严州府旧志序

〔明〕胡拱辰

太守李公，重修严陵志成，属予序焉。予惟夏之《禹贡》，周之《职方》，志之始也。春秋之列国史，秦之丞相府图籍，汉之司空舆地图，志之渐也。唐宋之地图，宋之图经，国朝之郡县志，志之备也。秦汉以上，无庸考矣！地图在唐三年一修上之，在宋闰年一修上之。图经又在大中祥符中，修之儒臣，而颁之天下。郡县志，在永乐、景泰中，凡再修而再上焉。地图未之见，图经犹有存者。而郡县志，今皆采《大明一统志》矣。唐宋出常制，国朝出特命，顾此何自耶？盖景泰中，严郡奉命所修之志，录本上之翰林，副本存之郡学，今四十年矣，公乃取而重修之也。

予尝观之旧志，所书有若沿革、分野、疆域、至到之类，无所损益，今则仍之而已。其他事物，遗者则补之，误者则正之，来者则续之，而各有微意存焉。夫郡置守，有贰有判，郡之所由治也。县置令，有丞有簿，县之所由治也。郡县治，守令贤矣；生养遂，户口增矣；作息均，田野辟矣；播种时，物产登矣；衣食充，贡赋足矣。由是教化行，而风俗美焉；弦诵闻，而学校兴焉；诚敬将，而祀礼举焉；德业修，而科目盛焉；贤俊用，而人物见焉。不特此也，高尚之士，道学之儒世常有其人矣。而忠臣孝子义夫节妇，何代无之哉。

至若山川之秀钟于人也，或有神灵之及物。坛庙之祀著于今也，或有功德之在人。冥顽怙终，必置之法，而刑狱不可无。劫盗窃发，必加之兵，而武备不可缺。廨宇所以出治，邮驿所以传命，舟楫桥梁所以济众，陂塘堨堰所以利农，与夫积粟有仓，阜财有库，恤孤有院，听讼有亭，劝士有坊，乐宾有馆，古迹有裨于登临，遗事有广于闻见，诗文有关于世教，行遣有切于时宜，若此之类，所以补之、正之、续之者，其亦多矣。此外，非道之同，君子所不与也；非理之正，圣人所不语也。而寺观仙释，旧志必为之书，以备参考，以垂鉴戒者，今劝仍之。

嗟呼！命出先朝，事因前守，创不自乎己也。同修者二郡僚，校正者一儒生，劳不涉乎众也。毫楮之属，一皆给之公储之余，费不及乎民也。不有识见与才力者，其能然乎？然则一郡事物之毕载，诚非小补也；而千载文献之足征，岂非嘉惠哉！予辞不敏，不获已而勉为之序。公名德恢，东安人，一门五世，孝友忠义之笃，爵位勋业之隆，文学科名之著，时鲜及云。弘治六年八月十三日。

古人咏淳安

（以作者在当地知名度排序）

渡新安江贻京邑游好

〔梁〕沈　约

眷言访舟客，兹川信可珍。

洞澈随深浅，皎镜无冬春。

千仞泻乔树，百丈见游鳞。

沧浪有时浊，清济涸无津。

岂若乘斯去，俯映石磷磷。

纷吾隔嚣滓，宁假濯衣巾。

愿以潺湲水，沾君缨上尘。

作者沈约，字休文，南朝梁吴兴武康（今浙江德清）人。博通群籍，著述甚富。为诗工于用意，不露圭角。

[注释] 此诗，清人王士祯所选《古诗笺》题为《新安江至清浅深见底贻京邑同好》，今从清光绪甲申本《续纂淳安县志》卷十五《艺文志》。

新安江：浙江的上游，源出安徽休宁境内率山。始为率水，合吉阳水后称屯溪，至歙县合练溪水，东南流为新安江。入浙江省境经淳安县称青溪（唐书作清溪），经建德市境称建德江，至梅城东南二里与兰江会合。自此以下经桐庐县桐君山下称桐江，经富阳县境称富阳江（又名富春江），经萧山称钱清江，经旧钱塘县境称钱塘江，东流入海。《图经》："自浙江桐庐以上抵歙浦（汉置歙县取名于此），皆曰新安江。"

京邑：南朝都城建康（今江苏南京）。

发青溪锦沙村

〔唐〕崔　颢

北上途未半，南行岁月阑。
孤舟下建德，江水入新安。
海近山常雨，溪深地早寒。
行行泊不可，须及子陵滩。

响山潭

轻舟去何疾，已到云林境。
起坐鱼鸟间，动摇山水影。
岩中响自答，溪里言弥静。
事事令人幽，停桡向余景。

作者崔颢，唐汴州（今河南开封）人。早期作品流于浮艳，其后由于他对社会认识加深，加之去过边塞体验生活，诗风随之转变，内容充实，情调亦较健康。世传，李白游历武昌，登黄鹤楼，本想题诗以志，由于看见崔颢《黄鹤楼》诗而自叹不如，便搁笔不写了。故流传李白对此留有"眼前有景道不得，崔颢题诗在上头"的感慨。

[注释] 锦沙村：旧淳志载，在县西八里，傍山依壑，素波澄映，锦石舒纹，见《太平寰宇记》。

建德：今建德市，旧县治梅城镇。

新安：当指淳安县。淳安始称始新县，隋开皇年间改称新安县，大业间

又改称雉山县，唐文明元年复名新安县。唐开元二十年改称还淳县，永贞元年改称青溪县，至南宋遂定今名。

子陵滩：即严陵濑，东汉严光垂钓处。

响山潭：淳安旧志载，在县西十五里响山下，往来舟行歌呼与响声相答，因名。此诗载淳志《方舆志》"响山潭"条。

青溪泛舟

〔唐〕张 旭

旅人倚征棹，薄暮起劳歌。
笑揽青溪月，清辉不厌多。

作者张旭，字伯高，一字季明，苏州吴县人。工诗，与贺知章、张若虚、包融并称"吴中四士"。嗜酒善草书，每醉后，号呼狂走，乃下笔，或以头濡墨而书，既醒自视，以为神，世呼为张颠。时人以李白歌诗、张旭草书及裴旻剑舞为"三绝"。

过青溪水

〔唐〕王 维

言入黄花川，每逐青溪水。
随山将万转，趋涂无百里。
声喧乱石中，色静深松里。
漾漾泛菱荇，澄澄映葭苇。
我心素已闲，清川澹如此。
请留盘石上，垂钓将已矣。

作者王维，字摩诘，唐蒲州（今山西永济县）人，善写山水诗、田园诗，刻画细致，变化多采，有独创风格。宋人苏轼称赞他"诗中有画"。

[注释] 青溪：水名。淳安旧志称，新安江流经县境始称青溪。唐永贞元年（805），取以为县名。

新安江

〔唐〕李　白

闻说金华渡，遥连五百滩。
他年一携手，摇艇入新安。

青溪二首

青溪清我心，水色异诸水。
借问新安江，见底何如此。
人行明镜中，鸟度屏风里。
向晚猩猩啼，空悲远游子。

青溪胜桐庐，水木有佳色。
山貌日高古，石容天倾侧。
彩鸟昔未名，白猿初相识。
不见同怀人，对之空叹息。

作者李白，字太白，自号青莲居士，祖籍陇西成纪（今甘肃天水附近）。武则天大足元年（701）出生于唐安西大都护府碎叶城（今中亚细亚伊塞克湖西北），五岁随父自西北迁居绵州（今四川绵阳地区），在蜀中度过童年和青年时代；二十五岁始出蜀，漫游天下名山胜地。

[注释] 五百滩：滩名，在浙江金华西五里双溪中，盘亘甚大，舟行牵挽须五百人可渡，故名。

新安：当指新安江。

　　鉴于此几首诗所写之地点争议较大，有必要对此作一说明。据明人徐楚《青溪诗集序》称："第文翰事类志多阔略，观者不察，徒知今之歙郡为新安，而不知睦州之在新安，青溪一带之为新安江也。夫淳西界街口遂名黄江，直达青溪接桐庐，皆所谓新安江。李白诗'青溪胜桐庐'者，是已。窃观淳志凡例，谓诗文不关淳者，一切削去。然沈约渡新安江诗，一统志载在淳安之下，县志果何所据，而竟削之？昔程篁墩志《新安文献志》，恐未免有彼此牵制处。"谨识。

白云溪

〔唐〕吴　巩

山径入修篁，深林蔽日光。
夏云生嶂远，瀑水引溪长。
秀迹逢皆胜，清芳坐转凉。
回看玉樽夕，归路赏前忘。

　　作者吴巩，淳安人。唐开元进士，以文行知名，官至中书舍人。

　　[注释] 白云溪：即云溪，俗称云源。淳安旧志载，在县西四十五里。源出老竹岭，至双溪口受九龙山支流，西流百余里，南注新安江。

　　玉樽：古代酒器名。玉樽夕，喻比月亮西斜。

青溪口送人归岳州

〔唐〕刘长卿

洞庭何处雁南飞，江葵苍苍客去稀。
帆带夕阳千里没，天连秋水一人归。
黄花浥露开沙岸，白鸟衔鱼上钓矶。
歧路相逢无可赠，老年空有泪沾衣。

作者刘长卿，字文房，唐河间（今河北河间县）人。任过睦州司马，以"五言长城"自负，享誉中唐诗坛。有《刘随州诗集》行世。

[**注释**] 葭：初生的荻，似苇而小。

浥露：吸取露水。

新安江行

〔唐〕章八元

江源南去永，野渡暂维梢。
古戍悬鱼网，空林露鸟巢。
雪晴山脊见，沙浅浪痕交。
自笑无媒者，逢人作解嘲。

作者章八元，浙江桐庐人。唐大历间登进士，世称"章才子"，与刘长卿交厚。

[**注释**] 古戍：淳安都督山，在县旧城对岸，西接南山，下瞰新安江。汉时邑人方俨为都督，常驻兵于此，因名。

解嘲：见扬雄《解嘲》，"有人嘲雄以玄之尚白，雄解之，号曰解嘲"。

青溪村居

〔唐〕戴叔伦

年来越客寄禅扉，多话贫居在翠微。
黄鸟数声催柳变，青溪一路踏花归。
空林野寺经过少，落日深山侣伴稀。
负米到家春未尽，烟萝闲却钓鱼矶。

皇甫判官溪居

〔唐〕裴 度

门径俯清溪，茅檐古木齐。

红尘飘不到，时有水禽啼。

作者裴度，字中立，唐河东闻喜（今属山西省）人，贞元进士。曾为官，后因阉宦擅权，不复有仕进意，乃于东都治第，作别墅曰绿野堂，与白居易、刘禹锡等觞咏其中。开成中，拜中书令。有文集二十卷传世。

［注释］皇甫判官：即著名散文家皇甫湜，浙江淳安人。

泛 溪

〔唐〕许 浑

疑与武陵通，青溪碧嶂中。

水寒深见石，松晚静闻风。

遁迹驱鸡吏，冥心失马翁。

才应毕婚嫁，从此息微躬。

作者许浑，字用晦，唐润州丹阳（今江苏丹阳县）人，曾为睦州刺史。他的诗，句法圆稳工整。

［注释］溪：当指淳安境内之青溪。

人日新安道中见梅花

〔唐〕罗 隐

长途酒醒腊春寒，嫩蕊香英扑马鞍。

不上寿阳公主面，怜君开得却无端。

作者罗隐，本名横，字昭谏，新城（今浙江富阳新登）人。自二十八岁至五十五岁奔波游历，十考进士不中，遂名隐。后依吴越王钱镠，官至谏议大夫。其诗歌小品多愤世嫉俗之词，在晚唐独树一帜。有《罗昭谏集》。

[注释] 人日：农历正月初七。

新安道中：泛指新安江。

腊春：岁末年初。

"寿阳公主"句：传宋武帝之女，人日卧于含章殿下，梅花落于额上成五出之状，号为"梅花妆"。

新安道中玩流水

〔唐〕吴　融

一渠春碧弄潺潺，密竹繁花掩映间。
看去便须终日住，算来争得此身闲。
萦纡似接迷春洞，清冷应知有雪山。
上却征车更回首，了然尘土不相关。

作者吴融，字子华，越州山阴（今浙江绍兴）人。曾任左补阙，拜中书舍人。与方干诸辈时有唱和，然反映现实之作甚少。

[注释] 此诗题，从清本《淳安县志·艺文志》。

玩：旧读 wàn，作观赏解。

青溪晚霁

〔宋〕吴　涟

天晚雨初霁，隔溪闻碓舂。
山僧归夜月，幽鸟落长松。
风静砧声急，花敧露气重。

良霄思沅芷，樽酒话从容。

作者吴涟，淳安人。景德二年（1005）进士，官至大理评事。

［注释］砧：捣衣石。

沅芷：比喻人品高洁。见《楚辞》："沅有芷兮，澧有兰。"

青溪行

〔宋〕陈　轩

山色碧于溪，扁舟泛落晖。

水烟帆界破，沙鹭桨惊飞。

岛屿随流曲，渔灯隔岸微。

月明何处宿，待访子陵矶。

［注释］子陵矶：即严子陵钓台，距今建德市梅城镇约50里水路。

泛青溪

〔宋〕陈　轩

晓烟如练曳平津，一棹东风两岸春。

岛鹭沙鸥休恋我，北堂归有白头亲。

作者陈轩，字元舆，宋建阳（今属福建省）人。授平江军节度推官，元祐中以龙图阁侍制知庐州。徽宗立，擢兵部侍郎，兼侍读。每劝帝以治贵清净，帝颇听行之。加龙图阁学士，出知杭州、福州卒。

［注释］平津：渡口。

溪居夜月

〔宋〕何　洪

茅屋濒溪只数椽，护篱黄犬枕沙眠。

柴扉不掩松梢月，恐有山阴访客船。

作者何洪，生平不详，淳安人。淳志《选举志》载咸淳进士，知浦城县，官从仕郎。

[注释]"山阴访客船"句：喻比友人来访。见《世说新语·任诞》："王子猷居山阴，夜大雪……忽忆戴安道。时戴在剡，即便夜乘小船就之。"

漠川

〔宋〕方思温

玉川浮出碧山头，烟树重重翠欲流。

闲把云和弹一曲，浑疑此地即瀛洲。

作者方思温，生平不详，淳安人。淳志《选举志》载为宋绍兴二十四年经元。

[注释]漠川：淳安旧志载，在清平源。旧时石门山下，有石潭，潭清可鉴毛发。

九里湾潭

〔宋〕王　辅

绿树荫荫九里湾，水光山色出尘寰。

黄鹂谷口声偏好，白鸟沙头意自闲。

作者王辅，字、里不详，宋嘉定间为泷水县令。有《峡山神异记》。

［注释］九里湾潭：淳安旧志载在双桂源（一名梓桐源）口慈滩下，潭上有瀑布。初唐睦州女子陈硕真出其地，曾率众举义，自号"文佳皇帝"。

三望潭
〔宋〕吕人龙

归怀却似雨思晴，自昔何曾报得春。

三望潭中空着眼，如今无复倚门人。

作者吕人龙，字首之，淳安人。宋景定三年（1262）进士，仕承务郎。尝受业于钱时。人称凤山先生，有《凤山集》。

［注释］三望潭：淳安旧志载在县南十里赉爵滩下，曲折三回故名。

雉　潭
〔明〕张　复

谁将短棹泛中流，烟树遥连杜若洲。

最爱雉山潭上趣，一泓空碧浸清秋。

作者张复，字明善，淳安人。博通五经，尤邃于春秋，与吴朝阳、宋翔仲、鲁道源并称"春秋四先生"。著有《春秋中的》一卷。

［注释］雉潭：淳安旧志载，在县溪口雉山下。隋大业三年，曾以雉山名县（至唐文明元年改称新安县）。

悬藤滩
〔明〕徐　鉴

浪花逐水荡风回，屹石潜惊万壑雷。

一片秋光山色里，喜随明月上滩来。

作者徐鉴，字克明，淳安人。明天顺进士。授南户科给事中，擢江西左参议，改广东，以疾致仕。

[注释] 悬藤滩：即云屯滩。

宿和尚滩，入夜风大作

〔明〕程敏政

辞家已三日，夜宿苍山矶。
遥看月仰瓦，星斗何依稀。
玄云忽四合，黯尔灯无辉。
孤眠觉有异，起坐披裳衣。
长风挟雷电，雨若天瓢挥。
万响凛不测，势恐孤蓬飞。
舡头屡低昂，知是江波肥。
移床避罅漏，客心转凄危。
古云行路难，此语良不非。
悄然百忧集，君父两难违。
裁诗记所遭，胡宁不怀归。

作者程敏政，字克勤，安徽休宁人。明成化进士。历左谕德，直讲东宫。擢少詹，直经筵，官终礼部右侍郎。学问该博，为一时冠。有《新安文献志》《明文衡》《宋遗民录》《篁墩集》及《咏史集》等。

[注释] 和尚滩：即河上滩的俗名。淳安旧志载，在县西六十五里河上岭下。

苍山矶：东山子峰苍虬峰下。见徐楚《苍虬峰》诗："遥见东山岑，适与兹峰并。"

黄光潭

〔明〕王　宥

水落黄江石，孤舟倚棹看。
浪花浮岛屿，日影动纶竿。
合沓千峰集，萧森万木寒。
狂歌对烟景，遥接子陵滩。

　　作者王宥，字敬之，号约庵，淳安人。明成化进士，官至湖广右参政致仕。

　　[注释] 黄光潭：淳安旧志载，在县西七十五里深渡下，今安徽歙县街口镇水口。今歙县与淳安二县水域以此分界。

青溪古渡

〔明〕徐　楚

江水新安渡，晴虹百丈浮。
乘槎何处客，题柱昔年游。
近市人喧渡，烟空月照楼。
临高频望远，鱼鸟思悠悠。

长　潭

云满滩头月满船，一江虚碧浸遥天。
夜深云净月移渚，相对渔翁山下眠。

南山潭

青溪碧沄沄，彻底无纤尘。
下有严陵濑，遥连新安津。
休文寄游好，白忆同怀人。
高蹈每如此，清风谁与邻。
予以耽山水，抱膝青溪滨。
爱此青溪水，濯缨却垢纷。
兴来驾扁舟，长啸弄烟云。
手持一竿竹，直钩钓游鳞。
白鹭随我立，沙鸥为我群。
明月东山上，皎皎来相亲。
一叶凌太虚，万景浑无垠。
满江落星斗，银海浮昆仑。

龟 滩

倚棹临龟屿，遥峰晓日晴。
波光摇石壁，岚气卷滩声。
小憩心初定，徐看眼倍明。
江山图画影，河洛古今情。
四面风尘绝，中流宝镜清。
悠哉江上叹，元化混流行。

作者徐楚，字世望，号青溪，淳安人。嘉靖进士，官至四川参政。他为官廉明，治军严肃，深受百姓爱戴。死后，湖南酉阳、滇西、西蜀等地，均为他立祠以祀。有《浯溪集》《青溪集》及《蜀阜小志》等传于世。

[注释] 百丈：指淳安旧县治贺城南门外百丈浮桥。

槎：泛指竹筏、木筏与划船。

题柱：见《成都记》："司马相如初西去，过升仙桥，题柱曰：'不乘驷马，不过此桥'。"又见韦庄《东阳赠别》诗云："去时此地题桥去，归日何年佩印归。"

长潭：淳安旧志载，在黄光潭方花谷口。对涧为鸠坑，二坑分绕鸠岭。据《翰墨全书》称，鸠坑产茶，以其水蒸之，色香味俱臻妙境。

南山潭：淳安旧志载，在南山下，岩阔波平，澄碧如镜，环于旧治之前。

休文：梁吴兴沈约。

龟石滩：淳安旧志载，在县西十里小金山东龟石下。龟石，形若龟曳尾，溯流而上，下有棋石布列溪中如棋局。见谯忠《棋石》诗："一石横江上，何年开凿成。"

新安道中

〔清〕方叔元

初发新安路，遥闻古寺钟。
水无不怒石，山有别高峰。
竹里飞孤鹤，林间出老松。
野花开处处，游兴与春浓。

作者方叔元，字纯之，淳安人。博学能文，亦工诗，诗文刻本有《瓿余集》等稿。

[注释] 发：开船，出发。

泛舟清溪

〔清〕徐士讷

春日溪光好，山山尽着花。
小桥通别涧，嫩草发新芽。
怪石侵敧岸，澄潭浸白沙。
扁舟逢胜侣，何异泛仙槎。

作者徐士讷，字恂若，淳安人。康熙进士。授河南嵩山知县，课农垦，设义学，民戴之如父母。擢山东济宁知府，赈恤救灾，全活十万余众。黄河决口，患及济南，士讷详请浚河治水，工程已达十之七八，却以疾卒于任。汤斌称他为"海内第一廉吏"。

〔注释〕仙槎：泛指扁舟。

新安江

〔清〕黄景仁

一滩复一滩，一滩高十丈。
三百六十滩，新安在天上。

作者黄景仁，字汉镛，一字仲则，江苏武进县人。清乾隆诸生。景仁性高迈伉爽，有狂名。工诗，以奇肆新警见长，骈体文绝似六朝，兼善书画，皆极古质。著有《两当轩诗文集》《竹眠词》，凡二十卷行于世。

〔注释〕新安：指代安徽徽州（今歙县治）。
滩：水浅多石而水流很急的河段。

云息道中口占二首

〔清〕于栋如

重峦径峻地无多，油幕临崖醮绿波。
香草袭衣浑不识，鸟声啼破碧山阿。

麦垄青黄半未匀，朝来唤雨憎鸠声。
民生艰餐情何限，默向山灵祝晚晴。

作者于栋如，字隆九，金坛（今属江苏省）人。康熙庚戌进士。初为淳令，期年丁外艰去，后补湖广监利令，擢御史台以终。才名卓绝，下笔有神。

[注释] 云息：即新安江上的云滩、息滩一段航道。淳安旧志载，云滩，东距旧治四十五里；息滩，东距旧治四十里。

青　溪

〔清〕刘世宁

青水青山晓镜涵，乾坤清气许谁探。
我来对此澄心性，不碍舠行石上潭。

作者刘世宁，字翰齐，江西新淦（今清江）人。乾隆进士。乾隆十八年任知县。

[注释] 舠：形如刀似的小船。

冬晚步青溪江上

〔清〕吴 华

寒野殊空阔，茏葱逐望生。

轻帆移霁影，枯树矗霜棚。

草冻行无迹，泥疏履有声。

江村人未起，处处感鸡鸣。

　　作者吴华，字子翼，淳安人。与弟魬刻苦力学，教授生徒，以敦行穷经为举业先。所著有《四书大全》《尚书确论》等。

　　[注释] 江上：江边，岸上。

舟泊港口

〔清〕洪 渐

月浸芦花水浸天，渔翁醉后正堪眠。

夜深何处孤猿咽，不管江边有客船。

　　作者洪渐，生平、字、里不详。

　　[注释] 此诗，旧志载《方舆志·川》"兰谷滩"条下。

　　港口：淳安旧志载，在县南二十里遂安港入新安江处，因名。又值武强溪（即遂安港）与文源（三元商辂故里）汇合处，亦称"文武双港口"。旧设港口镇，为淳安五大古镇之一，今淹没水底。

宿安乐山下

〔宋〕张景修

映窗犹有雪余痕，瓶里梅花枕上闻。
一盏灯寒听夜雨，半床毡暖卧春云。
诗成始觉茶消睡，香尽翻嫌酒带醺。
我是挂冠林下客，山中安乐合平分。

作者张景修，字、里、生平不详。今从淳安旧志卷四《寺观》东岩庵条所释，"唐张景修隐居于此，居民称为岩公，建庵祀之"。

〔注释〕安乐山（又名东岩）：淳安旧志载，在县东七十五里，迤逦接塔岭而来，挥斥众山，削立如笔。传为何华于此飞升，石桌、棋盘至今犹存。今属文昌镇境，与桐庐县交界。

千仞峰

〔宋〕邵　炳

云峰千仞对吾庐，洞古名新郡守书。
须信神灵知受赐，故兴霖雨远随车。

作者邵炳，淳安人。天圣进士，为富阳簿，秩满归隐，筑白云楼以居。范仲淹守睦，招之不就。张纲在谏垣荐之，召赴阙。因上时政机要三篇，除秘书省校书郎。改知义乌县，不赴。时称白云先生。

〔注释〕千仞峰：淳安旧志载，在县南六十里，有洞深邃，其腹可穿。昔邵晃读书于此，其子邵炳复筑室洞侧隐居焉。元祐中，通判殿中丞杨备因行县访之，为名其洞曰霖岩，炳以诗谢之。今属淡竹乡境。

小金山

〔宋〕胡朝颖

天光岚影碧相涵，百顷玻璃一望间。

绿水绕门迷客渡，白云终日伴僧闲。

疏钟破晓潜虬动，老木成荫倦鸟还。

唤取头陀摩石壁，为渠题作小金山。

作者胡朝颖，字达卿，号静轩，淳安人。由进士历武昌令。通判嘉兴时，宰相郑清之家奴暴横，朝颖置诸法，并移书谢云："以天子之命吏，挞宰相之家奴，罪当避位。"清之得书以闻。帝喜曰："得一佳士矣。"除守岳州兼湖北提刑。尝以道学不明，词章隘陋慨然，自信其独见而躬行之。诸生及门者，皆超然拔于俗表。有静轩集二卷传世。

[**注释**] 小金山：淳安旧志载，在县西十里召石对岸，似镇江之金山而小。元人郑玉曾有游记。今没入水下。

蜀阜山

（宋）钱　时

无竞心源妥，幽居气象生。

相呼林鸟下，穿隙野狐行。

且复从吾好，初非避世荣。

向来莘野地，知有几人耕。

作者钱时，字子是，号融堂，淳安人。为杨简弟子，宗陆九渊学派。曾主讲象山学院，新安、绍兴诸郡皆礼请讲学。后以荐授迪功郎，秘阁校勘，又召为史馆检阅，旋求去。淳祐五年（1245）谢世，门人称融堂先生。著有《周易释传》《尚书演义》《学诗管见》《两汉笔记》，以及《蜀阜集》行世。

[注释] 蜀阜山：淳安旧志载，在县西六十五里，山下流水如三峡。钱时始居之，后徐氏族居其地。今属威坪镇，旧村落没入水下。

龙眼石

〔宋〕吕人龙

久矣泥蟠向此中，羞将头角骇儿童。

不知巨眼谁能识，一勺寒波有卧龙。

作者吕人龙，字首之，淳安人。景定三年进士，仕承务郎。尝受业于钱时，人称凤山先生。有凤山集。

[注释] 龙眼石：淳安旧志载，在县西蜀阜山外岙岭（一名黄泥岭）。

东泉山

〔元〕洪震老

青莲浴秋水，　　浮出龙王宫。

平生阅山亦多矣，未有如此奇哉峰。

金焦灵鹫等培塿，词客夸谈不容口。

恨君不上千仞岗，一见天台与庐阜。

通都大邑人争驰，一泉一石小亦奇。

云深路绝无人处，大有佳山谁得知？

作者洪震老，字复翁，号石峰，淳安人。延祐二年（1315）领乡荐，与时相书，言辞耿直。未几，弃官隐居石壁峰下（今光昌乡境铁帽尖麓北寺坞），日以吟咏为事，人呼"石峰先生"。有观光集传世。

[注释] 东泉山：淳安旧志载，在县东北一百三十里，旧名覆船岗。南有一峰名紫瑞，当龙池之上，望之如七朵青芙蓉，俗称七峰尖。出泉三派，往东流。今属屏门乡境。

金焦灵鹫：镇江金山、焦山和杭州灵隐飞来峰。

题白峁山图
〔元〕方道睿

一棹何人弄碧流，离离霜树见西洲。
新安江水清无底，白峁山高万仞秋。

作者方道睿，字以愚，淳安人。南宋名儒方逢辰曾孙。元至顺进士，授翰林编修官。调嘉兴推官，审判罪犯必解脱刑具，给以饮食，温言和气以探其情。再调杭州判官，告病归。所著有《春秋集传》《愚泉诸诗稿》等。

[注释] 白峁山，即峁山。淳安旧志载，在县西南一里，左拱南山，襟安溪水，蹲如峁形，隋时取以名县。

西洲：淳安旧志载，在小金山东。

腊日洪仲柔邀诣密山寓居
〔明〕徐 畈

青鞋踏山入村坞，闲身爱作梅花主。
天寒旭日消林霏，残雪茅檐响晴雨。
故人家住山之阿，满山樵牧禽猿多。
提壶十里出沽酒，酒薄不醉如情何？

作者徐畈，字仲由，淳安人。明洪武初，县令辟掌邑庠，三年后自免去。洪武十四年（1381）诏征秀才，复举其应诏，强起之。旋辞归，自号巢松病叟，以诗酒自放。尤工词曲，其南曲《杀狗记》，盛行于世。

[注释] 密山，一作蜜山。淳安旧志载，在县南茶坡（茶园）。今辟为蜜山风景点。

紫盖峰

〔明〕项文曜

老去投闲紫盖峰，此身应与白云同。

九霄已遂从龙愿，千里曾施泽物功。

去就有时依石壁，飞扬无意逐天风。

于今谢却功名事，拄杖遥看兴不穷。

作者项文曜，字应昌，淳安人。明宣德八年（1433）进士，奉命出使西洋。继而，授兵部主事，除兵部郎中，累官至吏部侍郎。天顺初被诬，卒于家。成化五年（1469）诏复其官，赐祭文，其冤始白。

[注释] 紫盖峰：淳安旧志载，在县东南七十里，山腰微瘦，上乃旁拓，形如拥盖，其麓有法照寺。今属淳安千岛湖东南湖区。

桂峰耸日

〔明〕李东阳

海门红日隐瞳昽，晴彩光浮海上峰。

怪底朝阳双紫凤，夜深飞上玉芙蓉。

作者李东阳，字宾之，号西涯，茶陵（今湖南）县人。天顺甲辰进士。选庶吉士，授编修。孝宗时，官至文渊阁大学士，参预机务，多有匡正。受顾命，辅翼武宗，立朝五十年，清节不渝。刘瑾用事时，东阳潜移默夺，保全善类；但气节之士多非之。年七十四卒，谥文正。东阳为明代一大诗家。其文始主平正典雅，后以沉博伟丽为宗。撰有《怀麓堂集》一百卷，《怀麓堂诗话》一卷，又有《燕对录》《东祀录》等，并行于世。

[注释] 桂峰：指百桂山。淳安旧志载，在县西七十里，香桂丛生，王氏世居其下。

苍岭樵歌

〔明〕徐　贯

幽径通翠微，山深白云绕。

时有伐木人，长歌振林杪。

作者徐贯，字原一，淳安人。天顺进士，累官至工部尚书，加太子少保。因病辞归，加太子太傅。卒赠太保，谥康懿。著有《余力稿》。

[注释] 苍岭樵歌：旧为蜀阜八景之一，多有题咏。苍岭，属蜀阜山，在原淳安县西六十五里，见钱时蜀阜诗注释。

苍虬峰

〔明〕徐　楚

清晓蹑苍虬，摩挲云松顶。

遥见东山岑，适与兹峰并。

珠丛献宝花，丹崖呈古鼎。

巾舃云霞生，衣裳风露迥。

玄秘抉神藏，划然心目醒。

俯首山下人，悲哉尘冥冥。

牛石歌

牛石生何时，下饮青溪水。

风餐露宿秋复春，芳草渡头常见尔。

叩角者谁能复骑，秦皇有鞭鞭不起。

溪流一道引长绳，滩雨时时吼作声。

生来重负千钧力，凝然不动如有情。
君不见，
瞿塘滟滪三峡泻，忽为象兮忽为马。
贾客舟师缩颈看，万艘舻艎戒上下。
岂知石牛心坦平，水没头角无狰狞。
闲时露头还露脊，身濯濯兮耳胂腽。
日饮青溪彻骨清，不向上流饮亦得。

作者徐楚，淳安人。见《青溪古渡》诗。

[注释] 苍虬峰：淳安旧志载，在县西五十五里，东山之子峰也。古松蟠翠高削，亦非恒境。

牛石：淳安旧志载，在县西二十里，偃伏沙洲如卧牛然。其地俗称牛石埠，今金峰乡境。

龙 山

〔明〕 徐应簧

龙山何崒嵂，奕奕凌高秋。
蜿蜒紫气重，百里相绸缪。
翁翳云霞生，怪松舞苍虬。
我来访支遁，直探洞天幽。
扪萝蹑石磴，诘曲羊肠虬。
攀跻陟其巅，乃在天际头。
摩挲杳霭间，上有神仙楼。
金碧耀日月，爽籁鸣琳球。
山僧供雀舌，润我卢仝喉。
主人自高情，列宴罗芳羞。
吴姬侍歌筵，玉指弹箜篌。

一醉风泠泠，焉知天地愁。

诗成白日暮，乱石翠欲收。

归路明月生，江水空悠悠。

作者徐应簧，字轩卿，淳安人，徐楚之子。万历进士。累官至湖广布政司参政。谢政归，年九十，犹日事吟咏。尝云："数亩荒田勿疗饥，子孙清白缵前徽。黄金不是传家物，唯有腰间带一围。"所著有《岞崿堂集》《游览吟编》稿。

[注释] 龙山：淳安旧志载，在县北六里，横嶂排空，不附群峦。旧名龙山。三国吴永安五年（262），黄龙见于此。唐元和元年，观察使牒改为灵岩山。宋儒方逢辰舍其下，更名蛟峰。今辟为一大人文景点。

苍虬：为传说中的龙。

支遁：僧，晋时陈留人，字道林，世称支公，亦曰林公，别称支硎。本姓关氏，或云河东林虑人。隐居余杭山，沉思道行，年二十五始释形入道，入吴立支山寺，留京师三载还山，太和初卒。遁善草隶，好畜马，或谓非道人所宜。遁曰："贫道爱其神骏。"

卢仝：唐诗人，与马异结交。有诗云："仝不仝，异不异，是谓大仝而小异。"

吴姬：见李白诗"吴姬压酒劝客尝"，泛指吴地女子。

游龙山

〔明〕顾汝绅

蹑履龙山上，游观此日奇。

断山青借树，沪水绿成溪。

风软香生袖，云飞岭欲移。

黄鹂似相迓，隔叶两三啼。

作者顾汝绅，上海人。明万历四年（1576）任淳安县训导，生平不详。

[注释] 此诗见载淳安旧志方舆志灵岩山条下。

登老鹰岩

〔明〕汪若浚

空岩悬百尺，俯映碧波微。
石险疑将压，亭危势欲飞。
路缘青壁上，衣惹白云归。
回首登临处，秋猿叫夕晖。

云蒙山

是中佳处不虚传，细看分明在眼前。
林叶舞翻如趁拍，石泉琴弄本无弦。
蛙鸣鼓吹长相和，松奏笙簧合自然。
此乐世人全得少，谁知物外有钧天。

作者汪若浚，字深仲，淳安人。怀才不遇，苦吟嗜酒，落魄而终，死时犹抱酒瓮于怀。其诗大抵怀抱自抒，不求藻丽，近体尤工。著有《晚翠园集》。

[注释] 鹰岩：淳安旧志载，在县西八里，奇峰突出，俯瞰似鹰咮然。

云蒙山：见裴度《云蒙山》诗。

钧天："钧天广乐"的简称。

长　岭

〔清〕孟士模

登山从此叹孤撑，五岭曾无一岭平。
路绕羊肠云外出，径悬马首日边行。
村村水碓随流转，处处溪田带雨耕。
九折王阳非得已，敢言劳瘁不徂征。

金紫峰

〔清〕潘士音

何年天半耸琅玕，鼻祖黄山势远盘。
雪委数峰晴亦雨，霜凝六月暑犹寒。
茯苓深护龟龄永，琥珀高浮鹤影团。
应有飞仙遗药灶，凭谁探得紫金丹。

寄皇甫湜

〔唐〕韩　愈

敲门惊昼睡，闻报睦州吏。
手把一封书，上有皇甫字。
折书放床头，涕与泪垂泗。
昏昏还就枕，惘惘梦相值。
悲哉无奇术，安得生两翅。

浪淘沙二首

〔唐〕皇甫松

滩头细草接疏林，浪恶罾舡半欲沉。
宿鹭眠鸥飞旧浦，去年沙嘴是江心。

蛮歌豆蔻北人愁，松雨蒲风野艇秋。
浪起鸺鹠眠不得，寒沙细细入江流。

采莲子二首

船动湖光滟滟秋，贪看年少信船流。
无端隔水抛莲子，遥被人知半日羞。

菡萏香连十顷陂，小姑贪戏采莲迟。
晚来划水船头湿，更脱红裙裹鸭儿。

岁晚苦寒

〔唐〕方　干

地气寒不畅，严风无定时。
挑灯青烬少，呵笔尺书迟。
白兔没已久，晨鸡僵未知。
伫看开圣历，暗煦立为期。

送邵炳赴召

〔宋〕范仲淹

凤凰含诏入烟萝，喜得从容半月过。
多谢东君壮行色，轻雷一夜起清波。

鸠坑茶

潇洒桐庐郡，春山半是茶。
轻雷还好事，惊起雨前芽。

咏芭蕉

〔宋〕知非子

剥尽皮毛见本真，此中无古亦无今。
等闲窗外东风软，露出先天一片心。

梅花峰

〔清〕徐士讷

三片青螺万仞峥，梅花千载著芳名。
每从天外瞻孤韵，忽向云边见秀英。
人拟楼头增笛弄，客来江山谱琴声。
使君肠绣心如铁，愿徙奇峰就广平。

海公祠

〔明〕徐 楚

垣屋萧萧锦水涯，舟人指点海公祠。
风波自不惊三黜，暮夜谁能枉自知。
虎口脱离濒死日，龙颜回顾再生时。
百年借寇天阍远，惟有棠阴系去思。

铁 井

古井何年凿，芳香玉藻同。
范围成物象，陶铸自天工。

素绠千家汲，清流百尺通。
光涵山月冷，明镜入夜中。

孝子台

〔明〕徐廷绶

溪转卢滩曲，台高孝子名。
泪遭寒雨滴，思结片云横。
舟过人频指，山空鸟自鸣。
寥寥千载下，青史有余评。

游鹤鸣寺咏菊

〔清〕何令范

落叶催秋暮，寒山接远天。
桂华藏月殿，菊蕊斗霜笺。
康柏知同秀，逋梅尚后妍。
白衣频载酒，一别又经年。

茶　园

〔清〕蔡　珮

遥望茶园近，寒烟淡远村。
人家千树暗，野菊一灯昏。
山应林中鼓，更传月下屯。
披衣惊梦起，前路又滩喧。

游羡山

〔民国〕罗祖钦

石磴萦纡绕翠岭，不辞烟露费登临。
云生屐齿江村小，藓锁岩扉岁月深。
探胜喜逢麋引路，坐花静听鸟弹琴。
谷风习习尘埃尽，歌罢沧澜一解襟。

江浙界碑

无名氏

江南接壤浙居民，二水源流派自清。
闲步岭头凭远眺，此疆彼界遂分明。

前 题

岭头古界自安平，一路风光绿树横。
左带江南右带浙，地舆图内两分明。

山水图

〔明〕商 辂

风清月白水无波，二客相从倚棹歌。
醉后不知天欲曙，高怀千载出尘多。

编后记

淳安向以"锦峰绣岭、山水之乡"和文献名邦的声誉称著于世。往日新安江绵延百里，穿境而过，江水清澈见底，江面深潭叠浅滩，两岸崇山接峻岭，千仞云雾戏青松，百鸟呼朋猿清鸣。如此锦山秀水，吸引了不少文人墨客，从古代的李白、王维、朱熹、范仲淹、陆游，直至当代的郭沫若、夏承焘等，都在淳安留下了脍炙人口的传世佳作。

淳安历来崇学重教，至今流传着"卖茅屋也要给孩子读书"的佳话。历代科举、进士有256位，其中，武进士5名，状元3名，12人官至尚书侍郎。有"寒窗苦读攻两榜，一堂进士廿一名"的进士村；有"一门登两第，百里足三元"的方逢辰、黄蜕、何梦桂；有"三元宰相"商辂。据初步统计，历史上有生平记载和传世之作的约400位。有20多位被载入《中国文学家大辞典》，有19位被载入《中国书画家大辞典》，有19人的作品被收入《四库全书》。

淳安人民勤劳勇敢，不畏强暴，历来富有英勇斗争精神。唐朝有"中国历史上第一个称帝的农民起义女领袖"陈硕真，北宋有威震东南六州五十二县的农民起义领袖方腊。中国共产党诞生后，淳安是浙皖赣革命根据地的重要组成部分。周恩来、叶挺、方志敏、粟裕、萧劲光等在淳安留下了闪光的足迹；工农红军、皖浙支队、解放大军都在淳安洒下了热血。在党的领导下，淳安的革命运动风起云涌，成为我党我军的可靠后方和坚强的根据地。1988

年 5 月，浙江省人民政府发文，批准淳安为革命老区。

美好的山水、悠久的历史、厚重的人文积淀，是后人取之不尽、用之不竭的宝贵财富。发掘、整合传承利用好历史文化资源，处理好继承、弘扬与创新的关系，使深厚的历史文化更好地为地方现代化建设服务，是编撰本书的指导思想。

《淳安人文辑要》一书的表述形式为历史与文学的交叉，尤其是在人物纪事部分，以历史上的真人真事为素材，并与民间相关的趣闻逸事自然融合，组成一个个完整而生动的片断，进行一次普及人文历史教育的尝试，以求达到"寓教于乐"的效果。从整个内容中，我们依稀可以听到淳安遥远的历史脚步声。从良渚文化的史前文明、山越文化的古朴厚重到中原文化的渗透融合、人文蔚起，淳安走过了漫长而艰难的交融、同化、升华的反复磨合历程。在历史的长河中，很容易找到儒家思想的因子，欣赏到朱子理学的元素，触摸到新安文化的脉搏，也可以领略到淳安先民的顽强拼搏精神。"年深成古物，名重入州图"，淳安古为"严陵首邑"实在是名不虚传。

《淳安人文辑要》虽与读者见面，但书中错误、缺陷在所难免，望读者不吝指正。

编者：2018 年 8 月 6 日